전면개정판 보정

형사법의 性편향

조국 지음

박영사

GENDER BIAS OF THE KOREAN CRIMINAL LAW AND PROCEDURE

Third Edition

By

KUK CHO

Professor of Law
Seoul National University
School of Law

Pakyoungsa Publishing Co., 2020
Seoul, Korea

전면개정판 보정 머리말

2018년 9월 전면개정판을 발간 후, 2019년 5월 20대 국회는 형법 제305조를 개정하여 미성년자 의제강간·강제추행죄의 연령을 13세 미만에서 16세 미만으로 상향시켰다. 전면개정판의 재고가 모두 소진되어 전면개정판의 보정판을 발간하면서 이 부분을 반영하였다.

2019년 7월 청와대 대통령비서실 민정수석비서관 직을 그만두고 학교로 돌아가지 못하고 8월 법무부장관으로 지명되었다. 그 후 격렬한 정치적·법적 분쟁의 도가니에 빠지게 되었다. 이유 불문하고 국민 여러분께 심려를 끼쳐 송구하다. 하고 싶은 말은 많으나, 저자에 대한 재판이 일단락된 후 밝히고자 한다. 그 이전까지는 서초동의 촛불을 생각하며 굳은 마음으로 사실과 법리에 기초하여 무죄를 다툴 것이다.

2020년 8월
우면산 자락에서 저자

전면개정판 머리말

2003년에 제1판, 2004년에 제2판을 발간한지 많은 시간이 흐른 후 전면개정판을 발간하게 되었다. 그 동안 졸저의 문제제기가 학계에서도 많이 수용되었고, 2012년 형법개정으로 강간죄의 객체가 '사람'으로 바뀌어 '성중립적'(性中立的) 형식을 갖추게 되고 2013년 대법원이 '아내 강간'을 인정하는 등 입법부과 사법부에서의 변화도 있었다. 그 동안 이와 같은 변화한 상황에 대하여 개별 논문을 발표하거나 단상을 정리해두었으나, 다른 연구작업을 진행하느라 전면개정판 발간 자체는 미루고 있었다. 게다가 2017년 5월 11일 대통령 민정수석비서관으로 임명되면서 연구 활동을 전면 중단할 수밖에 없었다.

그런데 2006년 미국 민권운동가 타라나 버크(Tarana Burke)가 최초로 제창한 '미투 운동'(Me Too movement)이 2017년 미국에서 폭발적으로 전개되고, 2018년 한국에서도 전개되는 양상을 접하면서 전면개정판을 발간하기로 마음을 먹었다.

'미투 운동'은 성폭력은 단지 '성욕'의 문제가 아니라 '권력'의 문제임을 보여주었다. 그리고 피해지의 고통은 오랜 시간이 흘리도 쉽게 사라지거나 치유되지 않는다는 것, 성폭력 가해자의 보다 엄격한 처벌과 피해자의 보다 철저한 보호가 필요하다는 것, 법조계·언론계는 물론 일반 시민들도 성적 자기결정권 및 이에 대한 침탈인 성폭력에 대하여 자신의 인식을 전환해야 한다는 것 등에 대하여 상당한 대중적 공감이 이루어지게 되었다. 사실 이러한 사항은 제1판에서부터 저자가 일관되게 주장했던 것이었다.

전면개정판은 저자의 원래 입장을 유지하면서, 제2판 이후 이루어진 긍정적 변화와 여전한 한계를 분석·평가하여 제1, 2장을 전면 수정하였다. 2003년 이 책을 처음 발간하였을 때 비하면, 학계와 실무계에서 많은 긍정적 변화가 있었지만 여전히 부족하다. 그리고 제1-2판 이후 발표했던 위계·위력에 의한 미성년자 간음죄와 미성년자 의제강간죄 최저연령 상향 문제에 관한 글을 추가하였다. 이 두 죄의 경우 논의의 핵심은 '성편향'의 문제라기보다는 미성년자의 '성보호'의 취약성 문제이지만, 연관성이 있는 사안이기에 이 책에 수록하기로 하였다.

한편 제1판 발간 당시에도 여성계 일각에서 요청했고, 최근 '미투 운동' 과정에서 더 강하게 제기되었던 '(폭행·협박·위력 없는) 비동의간음죄' 신설론, 사실적시 명예훼손죄 폐지론, 성폭력피해자에 대한 무고죄 적용금지론 등을 비판적으로 검토하였다. 저자는 이 주장의 문제의식에는 공감하지만, 이러한 주장이 그대로 형법에 반영된다면 다른 심각한 문제가 발생한다고 보기 때문이다. 그리고 한국 여성주의 운동은 성폭력범죄와의 투쟁을 벌이면서 '비동의간음죄' 신설 등 형사실체법적 주제에 집중하고 있다. 투쟁의 요구사항으로 간명하기 때문이다. 그러나 형사법학자의 관점에서 볼 때 이 투쟁이 수사와 재판에서 의미 있는 성과를 거두려면, 이 책 제2장에서 검토하는 형사절차법적 개혁이 더 실효적이라고 판단한다. 예컨대, '비동의간음죄'가 신설되더라도 '비동의' 여부는 형사절차 속에서 '입증'되어야 하기 때문이다. 여성운동 단체와 여성학계가 저자의 논변(論辨)을 찬찬히 검토해주길 희망한다.

전면개정판의 최종교열이 이루어지고 있던 시점, 안희정 전 충남 지사의 형법 제303조 피보호감독 성인 대상 위력간음죄 혐의에 대하여 제1심 무죄판결이 내려졌다. 형법 제297조의 강간죄, 제302조 미성년자 대상 위력간음죄와 달리, 제303조는 그간 법적·사회적으로 본격적 논의가 이루어지지 않았던 조문이다. 제1심 무죄판결에 대한 비판의 연장선에서 '비동의간음죄' 신설론이 다시 제기되고 있다. 이 사건에 대한 법원의 최종 판단은 남아 있기에 이 판결에 대해서는 제1장 제5.에서 소략하게 검토하는 데 그쳤다. 이후 대법원 판결이 나오면, 전체적 조명과 분석을 할 것임을 약속한다.

제2판에 수록되었던 간통죄, 성매매, 포르노그래피 관련 논문은 졸저 『절제의 형법학』(박영사, 2014)의 취지에 더 부합한다고 판단하여 이에 포함시켰으므로, 전면개정판에서는 삭제하였다. 즉, 제1판의 구성체계로 돌아간 것이다. '형법의 도덕화'는 민주주의 국가에서 가장 경계해야 할 경향임을 다시금 강조하고 싶다.

대통령 민정수석비서관으로 임명된 후 숨 가쁘게 달려왔다. 형사법 관련 연구 등 학자로서의 일을 수행하는 것은 완전히 불가능했다. 다행히 청와대로 들어오기 전 발표해둔 논문과 미발표 초고 등이 있었기에 주말에 짬을 내어 재정리하여 전면개정판을 마무리하였다. 겸허한 마음으로 학계, 법조계, 입법부에서 저자의 해석론과 입법론을 검토해주시길 기대한다.

이 자리를 빌려, 언제나 혼신을 다하여 업무를 수행하고 민정수석실 직원들과, 내가 민정수석으로 임무를 수행하는데 음양으로 도움과 격려를 아끼지 않은 소중한 벗에게 감사를 표한다. 금쪽같은 사람들이다. 그리고 흔쾌히 표지의 저자사진을 제공해주신 '뉴시스'의 전신 기자님께도 감사를 표한다. 마지막으로 이 책의 주장은 저자가 '학자'로서 제기하는 것이지, '민정수석'으로 제기하는 것은 아님을 밝힌다.

2018년 8월
광화문에서 저자

책머리에 부쳐

이 책이 다루고 있는 강간죄의 객체, 강간죄의 폭행·협박의 정도, 성폭력범죄 피해자의 형사절차적 보호, 가정폭력에 대한 국가개입의 방식, 가정폭력 피해자의 가해자에 대한 반격행위에 대한 형법적 평가 등의 주제는 형사법 이론에서는 물론이고 형사실무에서도 매우 예민한 문제이다. 이론적 대립각(對立角)이 첨예하며 그 실천적 차이 역시 선명하다.

형사법의 성편향이라는 주제 아래 저자가 "형사법은 남성의 여성지배의 도구이다"식의 기계론적 도구주의 테제를 제출하려는 것은 아니다. 형사법은 불변의 고형물이 아니라, 계급·계층·집단 사이의 투쟁과 타협을 반영하는 유동물이다. 근래 성폭력범죄와 가정폭력범죄에 관련하여 특별법이 만들어진 과정과 그 법률의 내용은 이를 입증한다. 그렇지만 저자는 여전히 우리나라의 형사법률, 이론, 판례 및 실무관행은 명시적·묵시적으로 남성중심적 관념을 보유하고 있는바, 이에 대한 철저한 비판이 필요하다고 생각한다.

'근대'(modern) 형사법이 전제하는 인간은 성중립적(sex-blind, sex-neutral)인 일반평균인이지만, 성중립적인 합리적 인간 기준은 사실상 남성편향이며 여성의 처지와 경험을 체계적으로 무시하는 경향이 있음은 여러 측면에서 드러나고 있다. '현대' 민주주의 국가의 형사법에서는 이러한 편향을 상당 부분 교정하는 개혁이 일어났으나, 우리나라 형사법에서는 별다른 변화가 보이지 않고 있다.

어두웠던 1980년대 전반기에 대학을 다니며 학문을 향한 초발심을 세웠던 저자는, 대학원에 입학한 후 이 주제에 대한 비판적 관점을 형성하기 시작했다. 우리 사회에서 발생하고 있는 가정폭력과 성폭력의 현황을 구체적으로 알게 되고, 이 문제에 대한 여성주의의 비판을 접하게 된 것이 계기였다. 대학원 시절, 민주주의 형사법의 원칙을 지키면서도 형사법의 남성편향에 대한 여성주의의 문제제기를 어떤 지점에서, 그리고 어떤 범위와 정도에서 수용할 것인가를 계속 고민하였다.

1992년 울산대학교에서 '병아리 교수'가 되어 이 주제에 대한 본격적 연구를 계획하였으나, 1993년 갑작스레 형사절차의 전과정을 '현장실습'할 소중한 기회를 갖게 되는 바람에 연구는 중단되었다. 그 해 약 반년간의 '참여관찰'(participatory observance)이 끝나고 미국으로 유학의 길을 떠났다. 이른바 '아이비 리그'보다는 버클리를 택한 것은 캘리포니아의 태양 때문만은 아니었다. '버클리'라는 단어가 상징하는 그 무엇이 나를 끌어당겼고, ― 안토니오 그람시의 말을 빌자면 ― "의지적 낙관"을 가슴에 응축하고서 표표히 도착한 버클리는 나를 실망시키지 않았다. 특히 미국 형법학계의 거목인 샌포드 캐디쉬(Sanford H. Kadish) 교수, 얼 워렌(Earl Warren) 연방대법원장의 법률보좌관(law clerk) 출신인 필립 죤슨(Phillip E. Johnson) 교수, 형사사법체제에 대한 법사회학적 분석에 일가를 이루고 있는 말콤 필리(Malcolm M. Feeley) 교수 등의 수업을 듣고 세심한 논문 지도를 받으면서 형사법학 방법론을 재정립할 수 있었던 점, 그리고 품격을 잃지 않는 수준 높은 논투(論鬪)의 보고(寶庫)였던 미국 연방대법원 판결의 바다 속에서 헤엄칠 수 있었던 점은 행운이었다. 버클리에서는 '위법수집자백 및 물적 증거의 증거능력배제'를 주제로 박사논문을 집필하는 데 집중하였으나 ― 이 주제에 대해서는 별도의 연구서 발간을 준비중이다 ―, 형사법의 성편향에 대한 관심의 끈을 놓지 않았다. 귀국 후 이와 관련된 일련의 논문을 발표하였는데, 박영사에서 기회를 마련해 주어 이를 개고하여 책으로 묶게 되었다.

부족한 학문적 성과를 책으로 묶어 세상으로 떠나 보내는 마음에 두려움이 없지 않으나, 소장(小壯)의 만용을 부려 대가의 엄정한 평가를 받고자 하였다. 저자의 견해에 대하여 주류 형사법학계에서는 '여성편향'이라고 비판할지 모르며, 반면 여성주의 진영 일부에서는 여전히 '남성편향'을 벗어나지 못하였다고 비판할지도 모른다. 어떠한 방향으로부터든 또 어떠한 내용에 대해서든 많은 질정(叱正)을 고대하며, 필자의 천학(淺學)과 비재(非才)는 이후의 용맹정진(勇猛精進)으로 보충해가리라 약속할 따름이다.

학문한다는 것이 원래 "무소의 뿔처럼 혼자서"(숫타니파타 제1장)가는 것이지만, 저자가 형사법 학자로서의 길을 걷는 데 많은 지도와 편달을 해 주신 모교의 스승 또는 선배교수님들께 이 지면을 빌어 감사의 인사를 올리지 않을 수 없다. 지도교수이셨던 이수성 전(前) 서울대학교 총장님은 저자의 경망(輕妄)과 협량(狹量)을 아시면서도 학자로서의 제 몫을 할 수 있도록 이끌어 주셨고, 삶의 위기나 기로에 섰을 때마다 묵직한 훈도(訓導)를 마다하지 않으셨다. 안경환 법대 학장님은 저자가 영미법학에 대한 눈을 뜨도록 인도해주셨을 뿐만 아니라 법학과 법률가의 자만에 대해 경계심을 늦추지 말 것을 주지시켜 주셨다. 어느 '선진' 외국도 아닌 한국 형사법의 역사와 조문에 터잡은 형사법학을 구축하시기 위해 노력하시는 신동운 교수님과, 형법학의 기본개념과 논리틀에 대한 천착에 집중하시는 이용식 교수님은 학문적 엄밀함과 성실함을 갖춘 학자로서의 모범을 보여 주셨다. 그리고 이 책의 주세와 관하여 여러 편의 선도적 논문을 발표하신 한인섭 교수님은 법해석학을 넘어서는 법현실과의 대결정신을 알게 해 주셨다. "비둘기의 순결과 뱀의 지혜"(마태복음 제10장 제16절)를 갖고서 궁구(窮究)하고, 연구하고 또 아는 만큼 실천하여 은덕에 값해야 할 것이다.

마지막으로 각주에서의 외국문헌인용방식은 미국 하버드 법대에서 만들고 전 미국의 법학저널이 사용하고 있는 '블루 북'(Bluebook) 방식을 채택하였으며, 국내외 학자들의 성명을 언급할 때 직함과 경칭을 생략하였음을 밝힌다.

2002년 12월 마지막 날에

관악에서 그 너머를 응시하며, 저 자

이 책의 기초가 된 저자의 논문은 다음과 같다.

1. "미국 강간죄의 법리에 대한 반추 — 한국 형법상 강간죄의 재구성을 위한 전설(前說)," 우범 이수성 박사 화갑기념논문집, 『인도주의 형사법과 형사정책』 (2000).
2. "'매맞는 여성 증후군' 이론의 형법적 함의," 한국형사법학회, 『형사법연구』 제15호 (2001. 6).
3. "'아내강간'의 성부와 강간죄에서 '폭행·협박'의 정도에 대한 재검토," 한국형사정책학회, 『형사정책』 제13권 2호 (2001. 6).
4. "여성주의 관점에서 본 성폭력범죄," 서울대학교 법학연구소, 『서울대학교 법학』 제43권 제2호 (2002. 6).
5. "강간피해 고소여성의 성관계 이력의 증거사용 제한 — 미국 "강간방지법"을 중심으로," 한국법학원, 『저스티스』 제69호 (2002. 10).
6. "'매맞는 여성'에 대한 법적 보호의 한계," 『JURIST』 제387호 (2002. 12).
7. "형사절차에서 성폭력범죄 피해여성의 처지와 보호방안," 한국형사정책학회, 『형사정책』 제14권 2호 (2002. 12).
8. "강간죄 및 미성년자 등에 대한 위계간음죄 재론(再論)," 한국형사법학회, 『형사법연구』 제28권 제4호 (2016. 12).
9. "미성년자 의제강간·강제추행 연령개정론 — '자유'와 '보호' 간의 새로운 균형점 찾기—," <법률신문> (2018. 6. 18).
10. "성폭력범죄 수사와 사실적시 명예훼손죄 및 무고죄," <법률신문> (2018. 7. 6).
11. "'지속적 성희롱'의 경(輕)범죄화 제안," <법률신문> (2018. 8. 27).

차 례

제 3 장 매맞는 아내에 대한 법적 보호의 한계

들어가는 말

"남성에 의해, 남성을 위해 만들어지고, 전(全)역사를 통하여 남성을 대표하여 축적되어 온 법률은 남성적 편향을 법전화하며 또한 여성적 시각을 무시하여 여성을 체계적으로 차별한다." (Ann Jones, 1980)

'봉건'을 대체하고 들어선 '근대'는 사회질서를 "신분에서 계약으로"(from status to contract)[1] 변환시키며 거대한 역사적 진보를 이루었으나, 그럼에도 '근대'가 부여한 자유를 누리는 주체는 비(非)식민지 시민인 유산자 남성이었다. 이에 따라 '근대'와 '근대법'의 한계를 비판하는 각종의 이론과 실천이 차례차례 발생한 것은 필연적이었고, 각 법의 영역에서는 '근대'의 법원리를 수정하는 작업이 이루어졌다. 대표적으로는 공법에서 '사회국가,' '복지국가' 원리의 등장, 민법에서 소유권절대의 원칙, 계약자유의 원칙, 과실책임의 원칙 등의 수정, 그리고 사회법 원리의 등장 등이 그 예이다.

'여성주의'(feminism)[2] 역시 '근대'의 한계를 넘어서려는 기획의 일환으로 1970년대 말 이후 본격적으로 등장하였다. 여성주의 법학

---

1) Sir Henry Maine, *Ancient Law* 165(Dorset Press 1986)(1861).
2) 여성주의란 개념 아래 포괄되는 철학적·사상적 경향은 그 층위와 폭에 있어서 다양한데 비해[이에 대해서는 박은정, "여성주의와 비판적 법이론," 한국법철학회, 『현대법철학의 흐름』(1996), 278-180, 304-317면을 참조하라], 저자의 여성주의에 대한 지식은 초심자 수준에 불과할 것이기에 이에 대한 논의는 능력 밖이다. 따라서 이 책에서 사용하는 여성주의는 우리 사회에 성차별(gender discrimination)이 조직적으로 또한 광범하게 존재하고 있음을 직시하고 이러한 차별을 제거하려는 이론과 실천 정도의 광의의 의미로 사용된다.

은 추상적 인간을 상정하며 구축된 근대 법률과 법원리가 실제로는 여성에 대한 편견과 차별을 함축하고 또한 이를 강화하는 방식으로 작동하고 있음을 비판하면서, "억압받고, 지배받고, 그리고 낮게 평가받는 여성의 경험적 관점"[3]을 법제정과 법해석에 반영하려는 노력을 경주하고 있다. 이는 사실 1789년 프랑스 혁명의 '인간과 시민의 권리선언'이 여성의 인권을 배제하였다고 비판하고, 여성도 남성과 동일한 권리를 가진다고 천명한 1791년의 '여성의 권리선언'(Les Droits de la Femme)을 발표한 후 처형당한 올랭쁘 드 구즈(Olympe de Gouges)의 문제의식을 되살리는 작업이기도 하다.[4] 앤 죤슨의 다음과 같은 언명은 법에 대한 여성주의의 문제의식을 극명하게 드러낸다.

남성에 의해, 남성을 위해 만들어지고, 전(全)역사를 통하여 남성을 대표하여 축적되어 온 법률은 남성적 편향을 법전화하며 또한 여성적 시각을 무시하여 여성을 체계적으로 차별한다.[5]

법은 남성에 의한 여성차별의 도구일 뿐이라는 '도구주의'(instrumentalism)적 테제가 법에 대한 온전한 해명을 가능하게 하는 이론 틀이 될 것인가에 대해서는 당연히 논란이 예상되지만, 이러한 문제제기의 합리적 핵심은 분명히 수용해야 할 것이다.

근대법 일반과 마찬가지로, 근대 형법은 계급·계층·성별 등으로부터 '중립적'인 추상적 인간을 상정한다. 즉, 형법이 전제하는 인간은 성중립적(gender-blind, gender-neutral)인 일반평균인이다. 그러나 "성

---

3) 이은영, "법여성학의 위상과 이념," '법과 사회' 이론연구회, 『법과 사회』(1993년 하반기), 66면.

4) *Women in Revolutionary Paris 1789-1795: Selected Documents*, 64-65, 87-96, 254-259, translated with notes and Commentary by Daline Gay Levy, Harriet Branson Applewhite, Mary Durham Johnson(University of Illinois, Urbana, 1979).

5) Ann Jones, *Women Who Kill* 311(1980).

중립적인 합리적 인간 기준은 남성편향이고 여성의 경험을 체계적으로 무시하는 경향이 있다"[6]는 점은 여러 곳에서 감지되고 있다. 수잔 에스트리치는 말한다.

대부분의 시대에서 남성들의 시각과 기준을 반영하는 형법은 다른 남성들을 해친 남성들에 대하여 자신의 판단을 내린다. 그것은 남성의 싸움에 적용되는 '남성들의 규칙'이다.[7]

1970년대 말 이후 전세계적으로 여성주의가 급속히 성장하면서 선진민주주의 여러 나라의 법학계에서는 기존의 형사법의 제도·원리 및 판례 속에 많은 남성중심적 요소가 내포되어 있음이 비판되었다.

특히 미국에서 시발된 '강간죄 개혁운동'(Rape Law Reform Movement)은 강간죄에 대한 남성중심적 관념의 문제점은 무엇인지, 강간죄의 객체는 어디까지를 포괄하는지, 강간죄 성립에 필요한 폭행·협박의 정도는 어느 정도인지 등에 대한 비판적 논의를 이끌어 내면서 기존의 강간죄 법리를 수정하는 성과를 거두었다. 그리고 '피해자학'(victimology)의 발전으로 성폭력 피해자가 된 여성이 형사절차 속에서 의심과 비난의 대상이 되는 '의사(擬似) 피의자·피고인'이 되어 '제2차 피해자화'를 겪는 현실에 대한 반성이 이루어지고 피해자 여성을 보호하는 여러 형사절차적 개선방안이 확립되기도 하였다.

한편 기존의 형법이론으로는 장기적·반복적 '가정폭력'(domestic violence)의 희생자였던 여성이 가정폭력의 가해자를 살해한 사건에서 피고인의 행위가 정당화 또는 면책될 수 없다는 점이 확인되면서 정당방위 또는 긴급피난의 법리에 대한 재검토가 이루어지고 있다.

한국 사회의 경우 1990년대 초 이후 여성주의 운동은 본격적으

6) Ellison v. Brady, 924 F.2d 872, 879(9th Cir. 1991).
7) Susan Estrich, *Real Rape* 60(1987).

로 형법현실에 대한 비판을 전개하였다. 한국 여성주의 운동은 여성에게 "개인적인 것은 정치적인 것"이고 "사적인 것은 공적인 것"이라는 급진적 여성주의자(radical feminist) 캐써린 맥키넌의 유명한 정식을 수용하였고,[8] "여성에 대한 폭력(violence against women)은 무엇보다도 가부장제 사회의 권력관계의 불균형과 성차별주의를 반영하는 정치적 문제로 설정"되었다.[9]

한밤의 귀가 길에 강간범의 혀를 잘라 자신을 방어한 주부에게 '과잉방위'라는 이유로 1심에서 유죄가 선고되었던 1988년의 변월수씨 사건, 9살 때 성폭행 당한 후 정신분열, 인간관계 상실, 남편과의 불화 등으로 시달리다 가해자를 21년만에 찾아가 살해한 1991년의 김부남씨 사건, 자신을 13년간 강간해 온 의붓아버지를 살해한 1992년 김보은씨 사건 등이 중요한 계기였다.

이후 여성주의 운동은 1994년의 성폭력범죄의처벌및피해자보호등에관한법률의 제정과 1997·1998년 개정, 1997년 가정폭력범죄의처벌등에관한특례법[이하 '가정폭력처벌법'으로 약칭] 및 가정폭력방지및피해자보호등에관한법률의 제정 등의 법적 성과물을 획득하기에 이르렀다. 이 법률들에 대하여 형법에 대한 비판적 성찰이 결여된 "형법의 여성주의적 전략무기화" 또는 "여성편향적 이익형량"이라는 비판이 제기되기도 하지만,[10] 반대로 "남성의 재산관리적 측면을 뛰어넘어 여성의 관점에서 성폭력을 규율"하려는 유의미한 시도라는 평가가 제출되어 있다.[11]

그리고 미국에서 출발한 '미투 운동'(Me Too movement)이 2018년

---

8) Catharine A. MacKinnon, *Toward a Feminist Theory of the State* 191(1989).

9) 신상숙, "성폭력의 의미구성과 '성적 자기결정권'의 딜레마," 한국여성연구회, 『여성과 사회』 제13호(2001), 12면.

10) 이상돈, 『형법학』(1999), 68, 79면.

11) 최은순, "여성과 형사법," '법과 사회' 이론연구회, 『법과 사회』(1993년 하반기), 103면.

한국에 상륙한 이후, 한국 여성들은 '몰카'라고 불리는 불법촬영·유포에 대한 수사기관의 편파수사를 비판하며 "동일범죄 동일처벌"을 요구하는 대규모 시위를 벌인 바 있다. 수사기관이 불법촬영·유포에 대하여 성별 차이를 두면서 수사를 진행하였는지 여부는 실증적으로 확인되지 않고 있다. 그리고 '워마드'(Womad) 등 과격 여성집단의 여러 불법행위가 ─ 남성 범죄인들의 불법촬영·유포행위가 정당화될 수 없는 것과 마찬가지로 ─ 정당화될 수는 없다. 그러나 편파수사의 진위 여부를 떠나서 여성들이 "동일범죄 동일처벌" 구호를 외치게 되는 배경과 맥락은 제대로 이해되어야 한다. 그동안 한국 (형사)법체제와 실무가 명시적 또는 암묵적으로 남성중심적으로 운영된 것이 아닌지를 돌이켜 보아야 한다.

　이 연구는 이상과 같은 상황 속에서 현행법상 여러 '성폭력범죄'[12]의 기본이 되는 강간죄의 객체와 강간죄 성립에 필요한 폭행·협박의 정도, 성폭력범죄 피해자의 형사절차적 보호의 한계, 가정폭력 피해여성에 대한 법적 보호의 한계, 그리고 가정폭력 피해여성의 가해남성에 대한 반격행위에 대한 법적 평가 등의 문제를 비판적으로 분석한다. 동시에 한국 여성주의 운동에서 주장하고 있는 '비동의 간음죄' 신설론, 성폭력 피해자 보호를 위한 사실적시 명예훼손죄 폐지론 및 무고죄 적용금지론을 비판적으로 검토한다. 그런 연후 한국 형사법 속에 뿌리 박혀 있는 **남성편향을 제거하면서 동시에 민주주의 형법의 원칙을 지키는 해석론과 입법론**을 제시하고자 한다.

---

12) 이 책에서 '성폭력범죄'라는 개념은 형법 제23장의 강간 및 추행에 관한 죄 및 성폭력범죄의처벌및피해자보호등에관한법률 제2조에 정의된 '성폭력범죄'를 포괄하는 개념으로 사용한다. 따라서 이는 여성주의가 말하는 "여성에 대한 폭력"(violence against women)보다 좁은 개념일 수밖에 없다.

제 1 장

성폭력범죄의 주요 쟁점
― 남성중심적 판례 비판 및 대안적 해석론·입법론 ―

제 1 장
성폭력범죄의 주요 쟁점
— 남성중심적 판례 비판 및 대안적 해석론·입법론 —

"강간 여부를 동의 아닌 저항, 범인 아닌 피해자를 기준으로 파악하는 현재의 법인식이 여성의 시민권을 근본으로 침해하고 있다."

(배은경, 1997)

제 1. 들어가는 말

2012년 개정 형법 제297조는 "폭행 또는 협박으로 사람을 강간한 자"를 처벌한다. 이 강간죄는 형법 제32장의 강간 및 추행에 관한 죄 및 성폭력범죄의처벌및피해자보호등에관한법률(이하 '성폭력특별법'으로 약칭) 제2조에 정의된 '성폭력범죄'의 출발점이므로, 강간죄에 대한 분석은 여타의 '성폭력범죄'의 분석을 위한 전제가 된다.

우리 학계에서 강간죄의 보호법익은 '정조'나 '여성의 성적 순결'이 아니라, '성적 자기결정권'(right to sexual autonomy 또는 Freiheit der sexuellen Selbstbestimmung)임은 합의되고 있다. 여기서의 성적 자기결정권은 원치 않는 성교를 하지 않을 자유를 뜻한다. 인간은 자신의 몸에 대한 전적인 권리를 갖고 있는바, 폭행·협박으로 '신체적 염결성'(bodily integrity)을 침해하는 것은 중대한 범죄임에 틀림없다. 미국 연방대법원의 강간에 대한 다음과 같은 서술은 국경을 넘어 우리에게도 유효하다.

> 그것[강간]은 도덕적 의미에서 고도로 비난받아야 하며, 또한 피해여성의 인격적 염결성(personal integrity)과 자율성에 대한, 그리고 친밀한 관계가 형성된 사람을 선택할 수 있는 그녀의 특권에 대한 총체적 모욕이라는 점에서 매우 비난받아야 한다. 강간은 여성을 죽이지만 않았을 뿐 피해여성의 "존재 자체에 대한 궁극적 침탈"이다.[1)]

그런데 2012년 개정 전 형법 제297조 강간죄의 구성요건은 "폭행 또는 협박으로 **부녀**를 강간"(강조는 인용자)하는 것으로 규정되어 있었으며, 2012년 개정으로 신설된 '유사강간죄'(형법 제297조의2) ― 폭행 또는 협박으로 구강, 항문 등 성기 제외 신체에 내부에 성기를 넣거나 성기, 항문에 손가락 등 성기 제외 신체의 일부 또는 도구를 넣는 행위 ― 는 존재하지 않았다.

그리고 당시 판례와 학계 통설은 강간죄를 ① 남성이 그의 법률상의 처가 아닌 여성에 대하여 ② '최협의의 폭행·협박'을 사용한 ③ 성기의 강제적 몰입으로 이해하고 있다. 그리하여 법률상의 아내를 폭행·협박하여 성교를 강제하였더라도 강간죄는 성립하지 않고,[2)] 피해자 여성이 거부의사를 밝혔더라도 가해자가 피해자의 저항을 완전

---

1) Coker v. Georgia, 433 U.S. 584, 597(1977)(인용문 생략).
2) 김일수, 『형법각론』(제4판, 2001), 141면; 배종대, 『형법각론』(제4판, 2001), 225면; 오영근, 『형법각론』(2002), 193면; 이재상, 『형법각론』(제4판, 2000), 155면; 이정원, 『형법각론』(증보판, 2000), 197면; 임웅, 『형법각론』(2001), 154면; 정성근·박광민, 『형법각론』(2002), 159면. 아내강간을 인정하는 소수입장으로는 김성천·김형준, 『형법각론』(2000), 221면; 유기천, 『형법학(각론강의 상)』(전정신판, 일조각, 1983), 124면; 백형구, 『형법각론』(1999), 313면 등이 있고, 별거중, 이혼소송중 등의 경우에 한하여 아내강간을 인정하는 입장도 있다[박상기, 『형법각론』(제4판, 2002), 151면; 조준현, 『형법각론』(2002), 128면]. 제1장에서 이상의 교과서를 인용할 때는 저자의 이름으로 인용문헌을 대신한다.

히 불가능하게 하거나 반항을 현저하게 곤란하게 할 정도에 미치지 않는 수준의 폭행·협박을 행사하였다면 강간죄는 성립하지 않으며,[3] 또한 폭행·협박에 의한 질(膣) 삽입이 아닌 항문 또는 구강삽입은 강간죄로 처벌되지 않는 것으로 파악하고 있었다.[4]

그러나 저자는 이 책의 제1판에서 — 그리고 제1판의 기초가 되었던 논문에서 — 이러한 판례와 통설은 강간죄의 보호법익을 '성적 자기결정권'으로 파악하는 시각과는 모순되는 것이라고 비판하였다. 요약하자면, (i) 혼인계약에 폭행·협박에 의한 성교를 감수한다는 조건이 내포되어 있다고 볼 수 없으며, 부녀가 혼인 후에 '성적 자기결정권'을 포기하였다고 볼 수 없다; (ii) 강간죄의 보호법익을 '성적 자기결정권'으로 본다는 것은 강간죄의 성립 여부를 가해자의 폭행·협박의 정도가 아니라 피해자의 의사를 중심으로 판단하는 것이기에 강간죄의 폭행·협박을 '최협의'로 해석해야 할 이유는 없다; (iii) 피해자의 성적 자기결정권의 침해는 질 성교에 못지않게 항문 또는 구강성교에 의해서도 중대하게 침해된다 등이다.

이후 이상의 세 가지 점과 관련하여 형법 개정도 있었고 판례의 변화도 있었다. 전면개정판에서 저자는 2012년 형법 개정 전후 판례와 학설을 평가하고 남아 있는 과제를 분석하면서 저자의 입법론과 해석론을 제시하고자 한다. 2012년 강간죄의 객체가 '사람'으로 변경되었고, 2013년 대법원도 전원합의체 판결을 통하여 '아내강간'을 인정하였기에 한국 강간죄는 '성중립적' 외관을 갖추게 되었다. 그렇지만 강간죄 등 성폭력범죄의 피해자의 다수가 여성이라는 점, 그리고 '최협의의 폭행·협박설'은 피해자 여성의 성적 자기결정권을 온전히

3) 판례로는 대법원 1979. 2. 13. 선고 78도1792 판결; 대법원 1998. 11. 8. 선고 88도1628 판결; 대법원 1991. 5. 28. 선고 91도546 판결 등을, 그리고 학설로는 김일수, 142면; 배종대, 227면; 백형구, 313면; 오영근, 194면; 이정원, 199면; 이재상, 155면; 임웅, 155면; 조준현, 129면; 정성근·박광민, 160면 등을 참조하라.
4) 김일수, 141면; 백형구, 313면.

보호해주지 못한다는 점 등을 계속 주목하고자 한다.

한편 전면개정판에서 저자는 제1-2판에서 소략하게 다루었던 폭행·협박 없는 '비동의간음'의 범죄화 요청에 대하여 보다 상세히 비판을 가할 것이다. 또한 제1-2판에서 다루지 않았던 미성년자·심신미약자에 대한 위계·위력에 의한 간음죄와 미성년자 의제강간·강제추행죄와 관련된 쟁점을 검토할 것이다. 이 두 죄는 본질상 '성편향'의 문제라기보다는 미성년자의 성보호의 취약성 문제이지만, 관련성이 있는 주제이므로 이번 기회에 비판적 검토를 하고자 한다.

제 2. 강간죄 객체의 개정과 판례 변경

I. '부녀'에서 '사람'으로의 개정

2012년 형법 개정으로 강간죄(형법 제297조)의 객체가 '부녀'에서 '사람'으로 변경되어, 강간죄의 객체는 강제추행죄, 준강간죄 등의 다른 성폭력범죄의 객체와 같아졌다. 이러한 법개정은 오랫동안 여성단체가 요구했던 것이다. 한국여성개발원의 2001년 보고서는 "강간죄의 대상을 부녀에 한정한 것은 여성에게만 처녀성과 정조를 지켜야한다는 전통적 이중성윤리 통념을 반영한 것"이므로 강간죄의 대상을 "남녀"로 확장해야 한다고 제안한 바 있다.5)

강간죄의 보호법익의 '성적 자기결정권'이라는 점을 생각할 때, 남성에게 폭행·협박을 행사하여 강제로 간음한 행위가 왜 '강제추행'으로 규정되어야 하는지에 대해서는 의문이 생길 수밖에 없다. 대법원은 강간죄의 객체가 부녀로 한정되어 남성에 대한 강간이 인정되지 않는 것은 "남녀의 생리적·육체적 차이에 의하여 강간이 남성에

---

5) 한국여성개발원, 『여성폭력방지 종합대책(시안): 성폭력·가정폭력을 중심으로』 (2001. 8. 27), 32면.

의하여 감행됨을 보통으로 하는 실정에 비추어 사회적·도덕적 견지
에서 피해자인 부녀를 보호하려는 것"이고, 이러한 법률의 태도가
"일반 사회관념상 합리적인 근거 없는 특권을 부녀에게만 부여하고
남성에게 불이익을 주었다고는 할 수 없다 할 것"이기에 헌법에 위반
되는 입법형식이라고 단정할 것은 아니다라는 입장을 취하고 있었
다.6) 그러나 형법이 강간죄의 객체를 여성으로 한정한 것이 여성을
더 보호하기 위한 것이라기보다는, **남성과 여성 간의 고정적 성역할을 법
제화**한 것이라고 보아야 할 것이다. 대부분 강간죄의 주체가 남성이
라는 점은 사실이지만, 여성에 의한 남성강간이 얼마든지 가능하고
또 발생하고 있다.

　외국의 입법례를 보더라도, 미국의 경우 주형법에서 강간죄의 객
체를 중성화하는 경향이 강해지고 있으며,7) 영국의 경우는 1976년
'개정 성범죄법'[Sexual Offenses(Amendment) Act]에 따라,8) 프랑스의 경
우 1980년 형법 개정으로 남성이 강간죄의 객체에 포함되었고,9) 독일
의 경우는 1997년의 제33차 형법개정으로 강간죄(Vergewaltigung)의 객
체가 '부녀'(Frau)에서 '타인'(eine andere Person)으로 변경된 바 있다.10)

　그리하여 저자는 이상의 근거로 이 책의 2003년 초판에서 강간
죄의 객체를 '사람'으로 변경해야 함을 강조한 바 있다.

　한편 2012년 형법 개정으로 형법 제297조의2가 신설되어, "폭행
또는 협박으로 사람에 대하여 구강, 항문 등 신체(성기는 제외한다)의
내부에 성기를 넣거나 성기, 항문에 손가락 등 신체(성기는 제외한다)의

---

6) 대법원 1967. 2. 28. 선고 67도1 판결. 미국 법원도 '법정강간'(statutory rape) ―
　 우리 형법상 '미성년자 의제강간'(제305조)에 해당 ― 의 주체가 남성으로 되어
　 있는 것이 평등의 원칙에 위배되지 않는다는 입장을 취하고 있다[Michael M. v.
　 Superior Court, 450 U.S. 464(1981)].
7) Wayne R. LaFave, *Criminal Law* 755(3rd ed. 2000).
8) J. C. Smith & Brian Hogan, *Criminal Law* 455(9th ed. 1999).
9) 프랑스 형법 제222-22조.
10) 독일 형법 제177조 제3항.

일부 또는 도구를 넣는 행위"가 '유사강간'으로 처벌되도록 규정되었
다. 이로써 '강간'은 타인의 성기에 자신의 성기를 강제 삽입하는 행
위로 분명하게 정의되었다.

이상과 같은 형법 제297조의 개정과 제297조의2의 신설로 과거
논란이 있었던 문제가 정리되게 되었다.

먼저, 형법 제297조와 제297조의2를 종합하여 판단하면, 폭행 또
는 협박을 사용한 남성에 의한 여성 대상 성기삽입은 물론, 여성에
의한 남성 대상 강제 성기삽입도 강간죄로 의율된다.[11] 법 개정 이전
에는 후자는 강제추행죄로 의율될 수밖에 없었다. 그리고 폭행 또는
협박을 사용하여 남성이 자신의 성기를 남성 또는 여성의 구강이나
항문에 삽입한 경우, 남성 또는 여성이 자신의 손가락 등 신체의 일
부 또는 도구를 남성의 항문 또는 여성의 성기에 삽입한 경우 강제추
행죄가 아니라 유사강간죄가 된다.

둘째, 생물학적으로는 남성이나 성전환수술을 하여 여성의 외관
을 가진 사람['성전환자'(transsexual)]에 대한 강제성교의 문제는 점검할
사안이 몇몇 있다. 2012년 형법 개정 이전 판례는 성전환자를 강간죄
의 객체에서 제외하고 있었다. 즉, 법원은 자신의 음경과 고환을 제
거하고 그 곳에 질을 만들어 넣는 방법으로 여성으로의 성전환 수술
을 받았고, 남성으로서의 성격도 대부분 상실하여 외견상 여성으로서
의 체형을 갖추고 성격도 여성화되어 개인적으로 여성으로서의 생활
을 영위하고 있으며, 여성의 내부성기인 난소와 자궁은 없으나 유방
이 발달하는 등 외관상으로는 여성적인 신체구조를 갖추고 남자와
성생활을 할 수 있으며 성적 쾌감까지 느끼고 있는 사람에 대하여 범
해진 강간사건 판결에서, 피해자가 여성이 아니므로 피해자를 윤간한
피고인들은 무죄라는 원심판결을 유지하였다.[12]

---

11) 직접 성기 삽입을 하지 않는 여성도 강간죄의 공범이 될 수 있음은 물론이다.
12) 대법원 1996. 6. 11. 선고 96도791 판결.

당시 저자는 법학은 생물학이 아니기에, **법학에서의 성은 단지 염색체 구성에 따라 기계적으로 판단되어서는 안 되며 사회적·규범적 평가에 따라 판단되어야 한다는** 입장에 서서 생물학적 성은 남성으로 태어났으나 자신의 성 정체성(gender identity)을 여성으로 파악하고 성전환수술까지 하여 여성으로 살아가는 사람은 여성으로 보고 강간죄의 객체에 포함시켜야 한다는 해석론을 제출하였다. 그리고 저자는 김일수의 다음과 같은 논지에 동의하였다.

> 강간죄의 보호법익이 부녀의 성적 자기결정의 자유를 의미한다면 그와 같은 부녀의 성적 최초 염색체구조에 의해 결정되는 생물학적 성만이 아니라 부녀로서 현실적인 성생활을 영위하는 사회적 성까지 포함한다고 확대해석해야 할 것 … 이 같은 확장해석은 이를테면 여장남성이나 게이를 여성으로 취급하는 것과 같은 금지된 유추적용이 아니라 사회적 생활사실과 부녀의 성적 자기결정권의 보호라는 목적론적 관점으로부터 문언의 가능한 어의의 최대한을 천착하는 허용된 확장해석에 속한다고 할 수 있다.13)

그러나 2012년 형법 개정에 따라 이 문제는 입법적으로 해결되었다. 이제 성전환자에 대한 강제성교의 경우는 행위 양태에 따라 적용법조가 달라진다. 피고인이 자신의 성기를 성전환자의 (인조) 성기에 삽입한 경우는 강간죄, 피고인이 자신의 성기를 성전환자의 구강이나 항문에 삽입한 경우와 피고인의 손가락 등 신체의 일부 또는 도구를 성전환자의 성기에 삽입한 경우는 유사강간죄가 적용될 것이다.

---

13) 김일수, "합동강간치상자의 불능미수 — 대법 1996. 6. 11. 96도791," 고려대학교 법학연구소, 『판례연구』 제8집(1996. 9), 102면.

II. 2013년 아내강간 부정설의 폐기

1. 전사(前史)

저자는 2000-2001년 발표한 두 개의 논문에서, 강간죄 객체인 '부녀'(2013년 개정 전 형법 제297조)에 아내가 당연히 포함된다는 해석론을 제기한 바 있다.[14] 아내강간 전면긍정설은 1983년 고 유기천[15] 교수가 처음 주장한 것에 뒤이어 저자가 주장하였는데, 당시 형법학계에서 극소수설로 취급되었다.[16]

당시 형법 학계의 통설은 아내에 대한 강간죄는 성립하지 않으며, 기껏해야 폭행죄(형법 제260조), 협박죄(제283조), 강요죄(제324조)가 성립할 뿐이라는 입장을 취하고 있었다. 그 근거로는 "부부관계의 특수성"[17]이라는 매우 모호한 관념만을 제시하고 있었다. 그리고 2002년 배종대 교수는 "부부강간이 형법상 심각한 문제로 등장한 적이 있었던 것도 아니"라고 말하며, 아내강간의 인정은 불필요한 형벌권의 확장을 초래할 것이라고 우려한 바 있다.[18]

그러나 저자는 가정폭력이 아내강간으로 이어지고 있다는 실증연구에 주목하였다. 예컨대, 서울시 거주 여성 2,290명에 대하여 이루어진 1990년 한국형사정책연구원의 조사는 구타당한 경험이 있는 여성 1,209명 중 38.6%가 구타당한 후 강제적 성관계를 가지게 되었

---

14) 조국, "미국 강간죄의 법리에 대한 반추 — 한국 형법상 강간죄의 재구성을 위한 전설(前說)," 우범 이수성 박사 화갑기념논문집, 『인도주의 형사법과 형사정책』(2000. 12); 조국, "'아내강간'의 성부와 강간죄에서 '폭행·협박'의 정도에 대한 재검토," 한국형사정책학회, 『형사정책』 제13권 제1호(2001. 6).

15) 유기천, 124면.

16) 당시 박상기 교수는 별거중인 경우에 한하여 아내강간을 인정하였다[박상기, 『형법각론』(전정판, 1999), 145면].

17) 김일수, 141면; 배종대, 225면; 이재상, 155면.

18) 배종대, "부부강간죄 도입은 불필요한 과잉입법이다," 『대한변협신문』 제40호(2002. 1. 17).

음을 밝히고 있으며,19) 1993년 동 연구원의 다른 조사결과에 따르면
남편으로부터 폭력을 당한 직후 성관계를 강제적으로 당한 경험이
있다고 대답한 응답자가 22.9%, 이러한 경험이 여러 번 있다고 대답
한 응답자도 6.2%에 달하였고,20) 그리고 1998년 동 연구원의 다른
조사는 서울시 거주 여성 1,500명 중 25.2%가 아내강간을 당한 경험
이 있고 이 중 8.7%는 강간 직전 남편으로부터 심한 폭행을 당했음
을 밝혀주고 있다.21)

한편 김광일은 자신이 진료한 여성에 대한 조사연구에서 조사대
상자의 54%가 아내구타 후 강제성교를 경험하였고, 6%는 자식들이
보는 앞에서 구타 후 강제성교가 이루어졌음을 밝히고 있으며,22) 상
담소와 쉼터를 찾는 구타피해 여성을 대상으로 한 1993년 여성개발
연구원의 조사연구도 아내폭행 후 성교를 강요하는 경우가 28.8%임
을 밝히고 있다.23)

이후 아내강간 문제는 형사법학계에서 재조명되기 시작하였고,
아내강간을 인정하는 학자들도 급증하였다.24) 그리하여 2009년 <법

19) 심영희·윤성은·김선영·박선미·강영수·조정희, 『성폭력의 실태 및 대책에 관한
   연구』(한국형사정책연구원, 1990), 88면.
20) 김익기·심영희·박선미·김혜선, 『가정폭력의 실태와 대책에 관한 연구 ― 서울시
   의 남편의 아내폭력 현황을 중심으로』(한국형사정책연구원, 1992), 108-109면.
21) 김성언, 『성폭력의 실태와 원인에 관한 연구(Ⅱ)』(한국형사정책연구원, 1998),
   22면.
22) 김광일, "구타당하는 아내의 정신의학적 연구," 김광일 편, 『가정폭력 ― 그 실상
   과 대책』(1988), 154면.
23) 변화순·원영애·최은영, 『가정폭력의 예방과 대책에 관한 연구』(한국여성개발원,
   1993), 38면.
24) 권오걸, "강간죄의 객체에 대한 해석론과 형법정책론 ― 법률상의 처를 중심으
   로," 경북대학교 법학연구소, 『법학논고』 제32호(2010); 김은애, "'아내'의 강간죄
   객체성 인정에 대한 소고," 이화여자대학교 법학연구소, 『법학논집』 제15권 제4
   호(2011); 김학태, "아내강간에 대한 법이론적 논쟁과 판례 분석에 관한 연구,"
   한국외국어대학교 법학연구소, 『외법논집』 제34권 제1호(2010); 김혜정, "시대의
   변화에 따른 강간죄의 객체 및 행위태양에 관한 재구성," 한국비교형사법학회,
   『비교형사법연구』 제9권 제1호(2007); 김기석, "부부강간행위의 강간죄 성립여

률신문>의 조사에 따르면, 형법학자 10명 중 8명이 아내강간을 인정
해야 한다고 답하였다.[25] 마침내 대법원은 2013년 전원합의체 판결
을 통하여 아내강간을 전면적으로 인정하였고,[26] 현재는 긍정설이
통설로 자리잡았다.

2. 2000-2003년 저자의 입론

저자는 2000-2001년 발표된 논문과 2003년 이 책의 초판에서
아내강간 부정설을 비판하며 다음과 같은 주장을 펼쳤다.

먼저 아내강간의 성립을 부정하는 학계의 통설은 1970년의 대법
원 판결을 자신의 근거로 인용하고 있으나, 이 판결은 아내강간 자체
를 부정하는 판결이 아니라 부부 사이에 "실질적인 부부관계"가 있는
지를 핵심기준으로 강간죄 성립 여부를 판단하는 입장을 취하고 있
으므로,[27] [보론 2]에서 소개하는 일본의 판결과 같이 제한적 범위에
서 아내강간을 인정하는 판결로 이해되어야 한다.

둘째, 통설의 "부부관계의 특수성" 이론은 혼인계약의 조건에는
아내는 남편이 원할 때는 언제나 성교에 응한다는 '철회할 수 없는
암묵적 동의'가 포함된다는 관념을 바탕에 깔고 있다. 예컨대 임웅 교
수는 "민법상 부부는 동거의무가 있고(민법 제826조 제1항), 동거의무는

부," 한국형사정책연구원, 『형사정책연구』 제60호(2004. 12); 류화진, "우리 형법
상 아내강간의 강간죄 성립여부," 한국여성정책연구원, 『여성연구』 통권 제67호
(2004); 윤영철, "형법의 법익론 관점에서 본 부부강간의 문제," 한국형사정책연
구원, 『형사정책연구』 제69호(2007); 이종갑, "아내강간의 성립에 대한 소고," 한
양대학교 법학연구소, 『한양법학』 제23집(2008. 4); 이호중, "성폭력 처벌규정에
대한 비판적 성찰 및 재구성," 한국형사정책학회, 『형사정책』 제17권 제2호
(2005); 장영민·손지선, "처의 성적 자기결정권 보호: 부부강간죄의 성립여부에
관한 고찰," 이화여자대학교 법학연구소, 『법학논집』 제6권 제1호(2001. 6) 등.
25) https://www.lawtimes.co.kr/Legal-News/Legal-News-View?Serial=44914
(2018. 8. 1. 최종방문).
26) 대법원 2013. 5. 16. 선고 2012도14788 전원합의체 판결.
27) 대법원 1970. 3. 10. 선고 70도29 판결.

성생활을 함께 할 의무를 내포하는 것이며, 또 성생활의 결함이 이혼 사유가 되는 것으로 보아, 자신의 처에 대한 강간죄는 성립될 수 없 다."[28]고 주장한 바 있다.

그러나 민법상의 동거의무에 강간수인(受忍)의무가 내포된다고는 결코 볼 수 없다. 먼저 여성이 혼인시 자신의 신체에 대한 권리를 포 기하였다거나 강간에 동의하였다고 볼 수는 없다. 그리고 부부 중 일방이 혼인계약을 일방적으로 파기를 요청할 수 있다는 점을 생각 할 때 혼인중의 성교에 대한 동의도 당연히 일방적으로 철회할 수 있 으며, 부부 중 일방이 성교를 거부할 경우 혼인계약 위반을 주장하는 상대방 이 취할 수 있는 조치는 강간이 아니라 소송의 제기와 위자료 청구이어야 한 다.[29]

셋째, 아내강간의 불성립의 근거로 혼인의 프라이버시를 거론할 수도 있겠으나, 이 역시 문제가 있다. 혼인은 "강간면허"[30]가 아니며, 가 정은 남편을 위한 치외법권지대가 아니다. 아내구타가 혼인의 프라이버시 의 명분 아래 형법적으로 용인될 수 없는 것이 분명한 것처럼, 아내 강간도 형법이 개입을 자제해야 할 사안은 아니다. 강간이라는 범죄 의 중대성을 고려할 때, 아내강간은 '형법의 보충성'(Subsidiarität des Strafrechts)의 원칙이 작동할 대상이 아니다.

그리고 실제 대부분의 아내강간은 정상적 부부관계가 파탄이 난 상태에서, 남편의 아내에 대한 폭력과 학대의 연장선상에서 이루어 지고 있다. 혼인이 실질적으로 파탄되어 남편에게 가정폭력처벌법상 의 '보호처분'(제40조)이 부과되어 있거나 남편에 대한 이혼소송이 진 행중이라 하더라도, 법적으로는 부부관계가 해소되지 않았으므로 강

28) 임웅, 154면.
29) State v. Smith, 426 A.2d 38, 44-45(N.J. 1981); Weishaupt v. Commonwealth, 315 S.E. 2d 847, 854(Va. 1984).
30) David Finkelhor & Kersti Yllo, *Licence to Rape: Sexual Abuse of Wives*(1985).

20　제1장　성폭력범죄의 주요 쟁점

간죄는 성립하지 않는다는 논리는 남성중심적 또는 형식논리적 입론이다.

그리고 혼인의 프라이버시를 존중하고 강간남편에게도 기회를 주는 방법은 가정폭력처벌법에 이미 마련되어 있다. 동법상의 '가정폭력범죄'에 강간죄를 추가하기만 하면 아내강간 사건은 '가정보호사건'(제9조)으로 처리될 수 있다.[31] 그리하여 강간당한 아내는 각종의 '임시조치'(제29조)로 보호하고, 남편에 대해서는 형법 적용 이전에 (i) 아내에 대한 접근제한, (ii) 보호관찰등에관한법률에 의한 사회봉사·수강명령, (iii) 보호관찰등에관한법률에 의한 보호관찰, (iv) 가정폭력방지및피해자보호등에관한법률이 정하는 보호시설에의 감호위탁, (v) 의료기관에의 치료위탁, (vi) 상담소 등에의 상담위탁 등의 '보호처분'(제40조)을 부과할 수 있어야 한다. 남편이 보호처분의 결정을 이행하지 아니하거나 그 집행에 응하지 아니하는 때에는 법원의 직권, 피해자의 청구, 보호관찰관 또는 수탁기관의 장의 신청에 의하여 결정으로 그 보호처분을 취소하고 사건을 대응하는 검찰청 검사에게 송치해야 할 것이다(제46조).[32]

당시 저자의 제안을 간략히 도해화하면 다음의 그림과 같다.

---

31) 유엔 인권이사회(UN Commission on Human Rights)가 작성한 '가정폭력에 대한 모범입법안'(A Framework for Model Legislation on Domestic Violence) 제 11조는 아내강간을 가정폭력에 명시적으로 포함시키고 있다[UN Commission on Human Rights, A Framework for Model Legislation on Domestic Violence (E/CN.4/1996/53/Add.2)(2 Feb. 1996) §11].
32) 보호처분이 확정된 후에 이를 이행하지 아니한 행위자는 2년 이하의 징역이나 2천만원 이하의 벌금 또는 구류에 처하도록 규정되어 있다(가정폭력처벌법 제 63조).

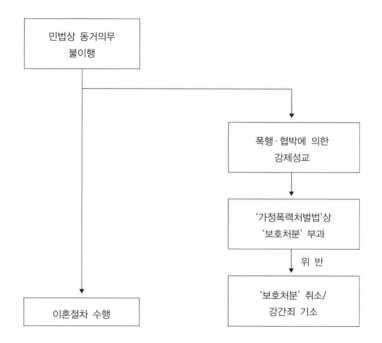

넷째, 아내강간을 강간죄가 아니라 강요죄나 폭행죄·협박죄 정
도로 처벌하면 족하다는 견해 역시 옳지 않다. 먼저 강간죄의 불법은
강요죄나 폭행죄·협박죄의 불법보다 훨씬 높다. 남편의 아내강간은
혼인 관계 외에서 벌어지는 강간과 마찬가지로 심각한 정신적·육체
적 고통을 가져준다.33)

그리고 아내강간을 강요죄의 구성요건인 "폭행이나 협박으로 의
무없는 일을 하게 한"(형법 제324조) 행위로 파악하는 것은 논리모순이
다. 아내강간의 부정론은 아내에게는 남편과의 성교에 응할 의무가
있다고 상정하고 있는바, 이 논리에 따르면 남편이 "의무 없는 일"을
하게 한 것이 아니므로 강요죄로의 처벌도 힘들어진다.34) 사실 성적

---

33) Diana E. H. Russell, *Rape in Marriage*, 190-191, 198-199(2d ed. 1990).
34) 이 점에서 임웅은 강요죄의 성립도 부정한다(임웅, 154면).

자기결정권의 침해가 분명한 범죄를 "권리행사를 방해하는 죄"의 일
종인 강요죄로 처벌한다는 것은 형법상 구성요건 사이의 구별을 무
시하는 매우 부자연스러운 논리이다. 한편 폭행죄·협박죄로 처벌하
자는 제안도 현재 우리 판례는 강간죄의 고소가 있지 않으면 강간
죄의 일부인 폭행·협박으로 공소제기할 수 없다는 확고한 태도 —
"고소불가분의 원칙" — 를 취하고 있다는 점을 고려하면 현실성이
없다.[35]

　　다섯째, 1970년 독일의 제4차 형법개혁법률안 심의시에 제기되
었던 것처럼, '아내강간의 면책'의 필요성을 소송법적 측면에서도 주
장할 수도 있으리라 본다. 즉, 수많은 합의에 의한 성교를 해 온 부부
사이에 강간이 발생하였다는 것을 입증하기가 매우 어렵지 않겠느냐
것이다. 그러나 입증의 곤란이 행위의 범죄성립을 부정하는 논거로
사용될 수는 없다. 아내강간만이 아니라 혼인외의 여성에 대한 강간
역시 목격자가 없는 경우가 대부분이므로 입증의 어려움이 크지만,
범죄 자체가 성립하지 않는다고는 말하지 않는다.[36]

　　그리고 아내강간이 처벌되면 이혼소송에서 유리한 입지를 차지
하기 위하여 아내들의 가짜 강간고발이 많아질 것이라는 주장도 제
기될 수 있을 것이다. 그러나 이 주장도 강한 설득력을 갖지 못한다.
왜냐하면 어떤 사람이 가짜로 고발을 할 수도 있다는 이유만으로 모
든 피해자에 대한 보호가 거부될 수는 없기 때문이다.[37] 요컨대 이러
한 비판은 **형법의 임무를 형사소송의 임무와 혼동**하는 것이다.

　　여섯째, 우리 형법 조문을 1997년 제33차 개정 전과 후의 독일

---

35) 대법원 1974. 4. 27. 선고 75도3365 판결; 대법원 1974. 6. 11. 선고 73도2817 판
　　결. 이에 대한 비판으로는 손동권, "고소불가분의 원칙과 강간범에 대한 공소권
　　의 행사," 형사판례연구회, 『형사판례연구[1]』(1994); 김성천·김형준, 227면을
　　참조하라.
36) Finkelhor & Yllo, supra note 30, at 177.
37) 한상훈, "최근 독일의 성폭력범죄에 대한 입법과 성적 자기결정의 보호성," 『인도
　　주의 형사법과 형사정책 — 우범 이수성 선생 화갑기념논문집』(2000), 199-200면.

형법조문 모두와 비교해 보더라도, 우리 형법에서 아내강간의 불성립을 주장할 근거는 없다.[38] 1997년의 제33차 형법개정 이전의 독일 형법 제177조는 강간죄에 있어서 "혼인외 성교"만을 처벌하도록 규정하고 있었기에, 남편에 의한 폭행·협박을 사용한 간음은 강간죄로 처벌될 수가 없었다. 김일수, 배종대 양 교수는 1997년 개정 이전의 독일 형법의 "혼인외" 문구를 인용하며 아내강간의 성립을 부정하고 있다.[39]

그러나 1997년 개정된 독일 형법은 "혼인외 성교"라는 문언을 삭제하였고, 따라서 법률상의 처도 강간죄의 객체에 당연히 포함되게 되었다. 그런데 "혼인외 성교"라는 문언이 애초에 없는 우리 형법의 해석론으로는 아내강간의 처벌은 법률적으로 가능하다.

마지막으로 국제인권법의 기준에서 볼 때도 아내강간의 부정은 문제가 있다. 1993년 유엔 총회 결의인 '여성에 대한 폭력의 철폐를 위한 선언'(Declaration on the Elimination of Violence against Women)[40] 제2조 (a)는 아내강간을 "여성에 대한 폭력"(violence against women)의 예로 명기하고 있다. 그리고 1999년 유엔인권위원회(UN Human Rights Committee)가 한국 정부의 자유권조약 2차 보고서에 대한 심사결과를 발표하면서 아내강간이 범죄로 성립되지 않는 점에서 대하여 깊은 우려를 표시하였다는 점을 기억할 필요가 있다.[41]

이상과 같은 맥락에서 당시 아무런 공명(共鳴)을 얻지 못하였으나, 통설이 아내강간을 부정하는 것은 "추상적인 독일 관념론의 영향" 때문이라고 비판하며 구체적 사실을 가지고 분석하면 부부간에

38) 한인섭, "성폭력의 법적 문제와 대책," 한국인간발달학회, 『인간발달연구』 제3권 제1호(1996), 176면.
39) 김일수, 『한국형법 Ⅲ[각론 상]』(개정판, 1997), 340면; 배종대, 225면.
40) G.A. res. 48/104, 48 U.N. GAOR Supp. (No. 49) at 217, U.N. Doc. A/48/49 (1993), Art. 2 (a).
41) UN Human Rights Committee, Concluding observations of the Human Rights Committee: Republic of Korea. 01/11/99. CCPR/C/79/Add.114, §11.

강간이 성립될 수 없다고 판단할 아무 근거가 없다고 주장한 고 유기
천 교수의 선구적 주창(主唱)에 저자는 동의하였다.[42]

당시 배종대 교수는 아내강간의 인정은 "불필요한 과잉입법으로
서 정당한 형법이 될 수 없다"로 비판하였지만,[43] 저자는 **아내강간의
불인정은 남성편향의 과소 범죄화**이고 이를 인정하는 것이 형사정책적인
측면에서도 필요한 정당한 입법이며, 현행법에 대한 해석론으로도 아
무 장애가 없는바 아내강간 부정설은 아내의 몸과 성을 남편의 소유
물로 보는 전(前)근대적·남성중심적 사고의 산물로 폐기되어야 한다
고 주장하였다.

3. 하급심 판결의 변화

판례 변화의 시작은 2004년 서울중앙지법 제22형사부의 판결이
었다.[44] 동 재판부는 피고인 남편에게 아내에 대한 강제추행치상죄
유죄판결을 내리면서 다음과 같이 설시하였다.

> **혼인한 부부는 상대방의 성적 요구에 응할 의무는 있지만 각자의 성적 자기
> 결정권을 포기한 것으로 볼 수는 없으므로** 부부간의 관계에 있어서도 성
> 적 자기결정권은 여전히 보호되어야 한다. 따라서 부부의 일방이 폭
> 력을 행사하여 성폭행을 하는 행위는 타방의 성적 자기결정권을 침

---

42) 유기천, 124면.
43) 배종대(각주 18).
44) 서울중앙지법 제22형사부 2004. 8. 20. 선고 2003고합1178 판결(재판장 최완주).
이 사건에서 피고인인 남편은 피해자인 자신의 아내가 이혼을 요구한다는 이유
로 피해자의 옷을 억지로 벗긴 후, 피해자에게 "오늘 너 죽고 나 죽자. 밤은 기니
까"라고 하면서 피해자의 두 팔을 머리 위로 올려 뒤로 꺾어 왼손으로 잡고 움직
이지 못하게 하는 등으로 피해자의 반항을 억압한 다음, 오른손 엄지와 검지를
피해자의 성기와 항문에 집어넣고 마구 찌르는 등으로 피해자를 강제로 추행하
고, 이로 인하여 피해자로 하여금 항문부위 열상을 입게 하였다. 피고인의 이러
한 행위는 2013년 형법개정 이후에는 강제추행죄가 아니라 제292조의2 유사강간
죄로 처벌될 것이다.

해하는 행위로서 형사처벌의 대상이 된다고 할 것이다. 특히 부부간
의 관계는 타인이 간섭하기 어려운 특성이 있어 그 범행이 반복될
수 있다는 점에서 엄한 처벌이 필요하다고 할 것이다.[45]

이 판결은 강제추행치상죄 판결이지만, 별거중이거나 이혼소송
이 제기된 상태가 아님에도 아내에 대한 강제추행을 인정했다는 의
미가 있다. 그리고 부부간의 성폭력은 오히려 엄한 처벌이 필요함을
강조했다는 의미도 가지고 있다.

이어 2009년 부산지법은 부부강간을 전면적으로 인정하는 판결
을 내린다.[46] 이 사건의 피고인 남편은 결혼정보회사를 통하여 혼인
한 필리핀 국적의 아내가 생리기간 중이어서 성관계를 거부하자 가
스분사기와 과도(칼날길이 12㎝)를 아내의 머리와 가슴에 겨누고 죽여
버리겠다고 협박하면서 피해자의 유두와 음부를 자르는 시늉을 하여
피해자의 반항을 억압한 후 피해자의 옷을 모두 벗게 하고 강간하였
다. 동법원은 "자신의 부당한 욕구 충족만을 위하여 처의 정당한 성
적 자기결정권의 행사를 무시하고 … 차마 사람으로서 생각할 수도
없는 행동을 서슴지 않고 자행한 피고인의 그와 같은 행동"을 꾸짖으
며, 특수강간 유죄판결을 내린다. 여기서 1970년 대법원 70도29 판결
이 제시한 "실질적 부부관계" 존속 여부는 검토되지 않는다.

그렇지만 대법원은 여전히 70도29 판결의 기준을 유지하였다.
예컨대, 대법원 2009. 2. 12. 선고 2008도8601 판결은 원심의 특수
강간 유죄판결을 확정한다. 이 사건에서 피고인 남편은 피해자 아내
와 함께 법원으로 가서 협의이혼 신청서를 제출한 후 집으로 돌아와
서 피해자에게 하룻밤만 마지막으로 같이 지내자고 요구하자 피해자
가 동의한다. 그런데 피고인은 피해자의 형부가 자신의 집으로 돌아

---

45) Ibid.(강조는 인용자).
46) 부산지법 2009. 1. 16. 선고 2008고합808 판결(재판장 고종주). 이 판결 이후 피
고인이 자살하면서 이후 항소심 판단은 이루어지지 못한다.

가자 태도를 돌변하여 피해자에게 성관계를 요구하였고, 피해자가 이
를 거절하자 피고인이 부엌칼로 피해자를 찌를 듯이 위협하였고, 피
고인이 강제로 피해자의 옷을 벗기고 가위와 면도기를 이용하여 피
해자의 음모를 깎고 성관계를 가졌다.[47) 대법원은 다음과 같이 판시
하였다.

> 혼인관계가 존속하는 상태에서 남편이 처의 의사에 반하여 폭행
> 또는 협박으로 성교행위를 한 경우 강간죄가 성립하는지 여부는 별
> 론으로 하더라도, 적어도 당사자 사이에 혼인관계가 파탄되었을 뿐
> 만 아니라 더 이상 혼인관계를 지속할 의사가 없고 이혼의사의 합치
> 가 있어 **실질적인 부부관계**가 인정될 수 없는 상태에 이르렀다면, 법
> 률상의 배우자인 처도 강간죄의 객체가 된다.

동 판결은 혼인관계에 지속하는 상태에서의 아내강간 성립에 대
해서는 판단을 유보하면서, 당해 사안에서는 "실질적 부부관계"가 인
정될 수 없는 상태라고 보아 아내강간의 성립을 인정하였다.

4. 2012년 가정폭력처벌법 개정과 2013년 대법원 전원합의체 판결

이상과 같은 상황 속에서 국회는 2012년 가정폭력범죄의 처벌
등에 관한 특례법을 개정하여 강간 등 형법 제32장의 범죄를 '가정폭
력범죄' 개념 안으로 포함시켜, 가정구성원에 대한 강간 등이 '가정보
호사건'으로 처리될 수 있는 통로를 만들었다.

개정이유는 "가족구성원에 의한 성범죄를 가정폭력범죄로 규정

---

47) 피고인은 이 사건 이전에도 피해자를 변태적이고 반인륜적인 방법으로 강간하고,
피해자를 감금, 폭행하였다는 등의 범죄사실로, 2005. 1. 26. 서울고등법원에서
징역 3년의 형을 선고받고 복역하던 중 2007. 4. 30. 가석방되었고 2007. 7. 15.
그 남은 형기가 경과하여, 현재 누범 기간 중에 있음에도, 피고인과 일시적으로
재결합하였다가 피고인의 잦은 폭행 등으로 인하여 다시 협의이혼을 하려는 피
해자에 대하여 다시 변태적인 성행위를 강요하였다.

함으로써 가족구성원에 의한 성범죄 피해자가 이 법 및 「가정폭력방지 및 피해자보호 등에 관한 법률」에 따른 보호와 지원을 받을 수 있도록 하고, 보호처분 상습 위반자, 피해자보호명령·임시보호명령 상습 미이행자에 대하여 3년 이하의 징역이나 3천만원 이하의 벌금으로 무겁게 처벌하도록 함으로써 가정폭력범죄의 재발방지를 도모"하기 위함이었다. 이러한 개정은 상술한 저자의 2003년 제안을 수용한 것이다.

그리고 대법원은 2013년 전원합의체 판결을 통하여 1970년 70도29 판결을 변경하고 아내강간을 전면적으로 인정한다. 이 사건에서 부부인 피고인과 피해자는 불화로 부부싸움을 자주 하면서 각방을 써오던 상황이었는데, 피고인 남편은 여러 번에 걸쳐 주먹과 발로 때리고 부엌칼로 위협하는 등의 방법으로 피해자 아내를 폭행·협박한 후 강제로 성관계를 하였다. 다수의견은 다음과 같이 설시하였다.

> 형법은 **법률상 처를 강간죄의 객체에서 제외하는 명문의 규정을 두고 있지 않으므로**, 문언 해석상으로도 법률상 처가 강간죄의 객체에 포함된다고 새기는 것에 아무런 제한이 없다. … 부부 사이에 **민법상의 동거의무가 인정된다고 하더라도 거기에 폭행, 협박에 의하여 강요된 성관계를 감내할 의무가 내포되어 있다고 할 수 없다. 혼인이 개인의 성적 자기결정권에 대한 포기를 의미한다고 할 수 없고, 성적으로 억압된 삶을 인내하는 과정일 수도 없기 때문이다.** … 헌법이 보장하는 혼인과 가족생활의 내용, 가정에서의 성폭력에 대한 인식의 변화, 형법의 체계와 그 개정 경과, 강간죄의 보호법익과 부부의 동거의무의 내용 등에 비추어 보면, 형법 제297조가 정한 강간죄의 객체인 '부녀'에는 법률상 처가 포함되고, 혼인관계가 파탄된 경우뿐만 아니라 혼인관계가 실질적으로 유지되고 있는 경우에도 남편이 반항을 불가능하게 하거나 현저히 곤란하게 할 정도의 폭행이나 협박을 가하여 아내를 간음한 경우에는 강간죄가 성립한다고 보아야 한다.[48]

---

48) 대법원 2013. 5. 16. 선고 2012도14788 전원합의체 판결(강조는 인용자).

다수의견은 "아내강간의 불인정은 남성편향의 과소 범죄화"[49]라는 필자의 주장에 동의한 것으로, 그 논지는 상술한 2000-2001년 저자의 논지와 정확히 일치한다. 사실 변경 전 판결인 2008도8601 판결과 2012도14788 판결의 사실관계를 비교해보면, 전자에서는 협의이혼 신청서가 제출된 상태이고 후자는 그렇지는 않지만 잦은 부부싸움으로 각 방을 쓰고 있는 상태이다. 후자의 상태와 같이 이혼의사의 합치가 없다고 하여 아내가 강간죄의 보호를 받지 못한다고 말하는 것은 국가형벌권의 자기태만이다.

대법원은 2000년대 이후 아내강간 문제가 공론화되는 것을 지켜보다가, 2012년 강간죄의 객체가 '사람'으로 변경되는 등 성적 자기결정권을 강하게 보호 형법개정을 앞두고서 이와 같은 전환을 결정한 것으로 보인다. 이용식 교수의 평가처럼, 이 판결은 "[개인 vs 사회]의 대립구조에서 애매하게 중간영역으로 존재하던 '가정' 또는 '부부'라는 생활영역이 이제는 해체되고, 완전히 개별성을 갖춘 개인 간의 자유권(성적 자기결정권) 충돌의 문제로 패러다임이 전환되었음을 의미한다."[50] 그리고 2012년 가정폭력처벌법 개정으로 아내강간이 '가정보호사건'으로 처리될 수 있는 길이 열림으로써 아내강간 인정으로 예상되는 과잉형벌화의 위험을 피할 수 있다고 판단하였다. 이런 전환에서는 여성대법관이 2인(박보영, 김소영) 있었다는 점도 영향을 끼쳤을 것으로 추측한다.

2012년 형법 개정과 2013년 대법원 전원합의체 판결 이후 '아내강간'의 문제는 '부부강간'의 문제가 되었다. 통상 남편이 가해자이지만, 2015년에는 아내가 가해자로 구속되는 사건도 발생하였다.[51] 그

---

49) 조국, 『형사법의 성편향』(2003), 31면.
50) 이용식, "판례를 통해서 본 성(性)에 대한 법인식의 변화: 혼인빙자간음죄·강간죄·간통죄를 중심으로," 한국형사법학회, 『형사법연구』 제21권 제4호(2009), 310면.
51) https://www.lawtimes.co.kr/legal-news/Legal-News-View?Serial=96329(2018. 8. 1. 최종방문).

리고 이제 부부 사이에는 강간은 물론, 유사강간, 준강간, 강간상해·치상, 강간살인·치사 등의 범죄가 모두 성립할 수 있게 되었다.

5. 2013년 대법원 전원합의체 판결의 반대의견에 대한 비판

그런데 동 판결에서 이상훈, 김용덕 두 대법관은 다음과 같은 반대의견을 제출하였다.

> '간음'의 사전적 의미는 '부부 아닌 남녀가 성적 관계를 맺음'이고, 강간은 '강제적인 간음'을 의미하므로 강간죄는 폭행 또는 협박으로 부부 아닌 남녀 사이에서 성관계를 맺는 것이라 할 것이다. … 강간죄는 **제정 당시부터** '배우자가 아닌 사람에 의한 성관계'를 강요당한다는 침해적인 요소를 고려하여 형량을 정하였는데, 특별한 구성요건의 변화 없이 형법 제32장의 제목 변경만으로 강간죄를 부부관계에까지 확대하는 것은 강간죄의 규정 취지와 달리 부부관계에 대하여 **과도한 처벌**이 이루어지게 되어 죄형균형의 원칙을 벗어나게 된다. 혼인생활과 가족관계의 특수성이 갖는 이익과 성적 자기결정권이 갖는 이익의 형량 등을 고려하여 강간죄에 의한 처벌 여부를 가려야 한다면, 차라리 일반적인 강간죄가 성립된다고 보지 않고 그 **폭행 또는 협박에 상응한 처벌**을 하는 것이 다양한 유형의 성적 자기결정권 침해에 대처할 수 있고 처의 혼인생활 및 권리 보호에 충실할 수 있다. … **종전 대법원판결을 규범으로 삼아 행위를 하였던 사람들의 예측가능성에서 벗어나는 결과에 이르게 되고**, 이미 오래 전에 이루어진 행위에 대하여 사회적 평가의 변경을 근거로 사후적으로 처벌하는 것과 마찬가지라고 할 수도 있으므로, 실질적으로 죄형법정주의나 형벌불소급의 원칙에 어긋나는 것은 아닌지 심각히 살펴보아야 할 것이다.[52]

그러나 반대의견의 논지는 문제가 있다. 첫째, '간음'이 시민의 언어생활에서 혼인외 성교의 의미로도 사용되고 있고, 1953년 형법

---

52) 대법원 2013. 5. 16. 선고 2012도14788 전원합의체 판결(이상훈, 김용덕 대법관의 반대의견; 강조는 인용자).

제정 당시 입법자도 유사한 생각을 하고 있었다고 추론할 수 있다.53)

그러나 설사 반대의견의 주장처럼 1953년 형법 제정 당시 입법자는 아내강간을 상정하지 않았다고 할지라도, 입법자가 1995년 제32장의 제목을 '정조에 관한 죄'에서 '강간과 추행의 죄'로 변경하였고, 2012년 가정폭력처벌법을 개정하여 강간을 '가정폭력범죄'에 추가하였다는 점을 주목해야 한다. 1953년 이후 2012년까지 입법자는 성적 자기결정권을 강화하는 방향으로, 아내강간을 인정하는 방향으로 움직여왔음은 분명하다. 요컨대, 입법자의 의사는 1953년 시점에 고착되어 추출되어서는 안 되며, 시대의 변화를 고려하면서 동태적으로 해석되어야 한다.

둘째, '간음'의 의미는 형법과 아동·청소년의 성보호에 관한 법률 등을 종합하여 파악해야 한다. 형법 제32장 강간과 추행의 죄에 배치되어 있는 여러 범죄구성요건은 '간음'이라는 개념을 사용하고 있다. 그런데 만약 이상의 조항에서의 '간음'을 혼인외 성교로 해석한다면, 남성에 대한 남성의 '간음'을 전제로 하고 있는 형법 체제와 충돌한다. 형법이 남성간의 '혼인내 성교'와 '혼인외 성교'를 구분하고 있다고 볼 수 없기 때문이다. 그리고 이창섭 교수가 지적했듯이, 아동·청소년의 성보호에 관한 법률 제9조의 '간음'도 "전통적인 '간음' 개념"과 일치한다고 보기 어려우며 — 이 점은 형법상 미성년자간음죄(제302조), 13세 미만자 의제강간죄(제305조) 등의 경우도 마찬가지이다 —, 일반인의 언어관념도 변화하였다.54) 그리고 반대의견의 '간음' 해석에 따르면, 1970년 70도29 판결 등 변경 전 대법원 판례의 입장마저 부정하는 모순에 빠지게 된다.

요컨대, '간음'의 의미는 혼인외 성교가 아니라 **불법적 성행위** 또

---

53) 이에 대해서는 이창섭, "'강간' 개념의 해석과 입법론," 한국형사법학회, 『형사법연구』 제26권 제2호(2014), 43-45면.

54) Ibid. 52, 55, 57-58면. 사실 일반인의 언어 관념에서 '혼인외 성교'는 '간음'이 아니라 '간통'으로 표현되고 있다.

는 "부정적으로 평가되는 성관계"55)라고 보는 것이 입법자의 전체적 취지에 부합한다(입법론으로는 '간음'이라는 도덕적 뉘앙스가 강한 개념을 '성행위', '성관계' 등과 같이 가치판단이 배제된 개념으로 변경하는 것이 논란의 소지를 없앨 것이라고 판단한다).56) 오영근 교수의 평가처럼, "형법에서 부정적으로 평가되는 부부간의 성관계를 '간음'이라고 표현해도 문리해석의 한계를 넘었거나 유추해석이라고 할 수는 없"으며, "형법이 '간음'이라는 용어를 사용하는 것은 성기의 결합이 있는 간음과 성기의 결합이 없는 추행을 구별하기 위한 것"이라고 보아야 한다.57)

셋째, 강간에서 사용되는 '최협의의 폭행·협박'은 매우 강력한 폭력으로 불법의 정도가 매우 높은바, 아내강간을 강간이 아니라 폭행·협박으로 처벌해야 한다는 것은 과소범죄화이다.58) 아내에 대한 '협의의 폭행·협박'이 폭행 또는 협박죄로 처벌되는데, 아내에 대한 강간을 같은 죄로 처벌한다는 것은 반대의견과 정반대의 의미에서 죄형(罪刑)균형의 원칙을 위배하는 것이다. 그리고 강간죄의 법정형이 높은 것은 아내를 객체에서 제외하였기 때문이 아니라, 성적 자기결정권의 중요성과 강간에서 행사되는 '최협의의 폭행·협박'의 불법성이 높기 때문이라고 보아야 한다.

넷째, 피고인에게 불리한 판례변경은 형벌불소급의 원칙에 위배되지 않는다는 것이 판례의 태도이고,59) 필자는 이러한 소급효 긍정설을 지지한다. 헌법 제13조 제1항과 형법 제1조 제1항에 의하여 소급효가 금지되는 것은 '법률'이며, 이에 '판례'는 포함되지 않는다. 영

---

55) 오영근, "2013년도 형법판례 회고," 한국형사판례연구회, 『형사판례연구』 제22호 (2014), 526면.
56) 관련하여 반대의견의 논리에 따르면, 동거중 여성과 사실혼·법률혼 상태의 여성 사이에 후자의 성적 자기결정권은 덜 보호되어야 하는데, 합리적 근거를 찾기 어렵다.
57) 오영근(각주 55), Ibid.
58) 조국(각주 49), 29면.
59) 대법원 1999. 9. 17. 선고 97도3349 판결; 대법원 1999. 7. 15. 선고 95도2870 전원합의체 판결.

미법과 달리 한국에서 '판례'는 '법원성'(法源性)을 가지고 있지 않다. 현행 형사소송법과 법원조직법상 판례의 기속력이 당해 사건에 인정되는 것이 아니라 장래효(將來效)만을 갖는 판례변경은 불가능하며,[60] 이를 허용하면 "법원을 입법기관화하는 결과"[61]를 초래한다. 손동권·김재윤 교수의 말처럼, "대륙법계에서 판례변경은 국민이 충분히 예측할 수 있는 사법활동"이며, "판례가 변경될 수 없다는 신뢰는 대륙법계에서는 보장되지 않는다."[62]

'판례'를 '법률'에 포함시켜 해석하면 피고인에게 유리한 해석을 낳겠지만, 이는 입법자의 의도는 넘는 것이다. 입법자 의사는 '법률'을 통한 소급효 인정은 부정하면서도 피고인에게 불리하더라도 **문언의 가능한 범위 내에서라면** '판례' 변경을 허용하는 것으로 보아야 한다. 이 사안에서 '부녀' — 2012년 형법 개정후 '사람'에는 물론 — 에 '아내'가 포함된다는 것은 문언해석상 너무도 당연하다. 남는 것은 변경 전 판례에 대한 피고인의 기대와 신뢰인데, 이는 형법 제16조 위법성의 착오 문제로 해결해야 한다.[63]

6. 남은 문제: 가정폭력처벌법과의 관계

2013년 대법원 전원합의체 판결은 이하를 요구하였다.

---

60) 임웅, 『형법총론』(제6정판, 2014), 26면; 장영민, "판례변경의 소급효(I)," 이화여자대학교 법학연구소, 『법학논집』 제4권 제4호(2000), 44면; 정영일, "피고인에게 불리한 판례변경과 형법 제1조 제1항," 『지송이재상교수화갑기념 형사판례의 연구 I』(2002), 7면.

61) 장영민(각주 60), 44면.

62) 손동권·김재윤, 『새로운 형법총론』(2011), 39면.

63) 손동권·김재윤(각주 62), 39면; 임웅·소재용, "소급효금지원칙과 판례변경의 소급효 — 형법 제16조(위법성의 착오)와 관련하여 —," 성균관대학교 비교법연구소, 『성균관법학』 제16권 제1호(2004), 520면; 정영일(각주 60), 9면; 천진호, "피고인에게 불리한 판례변경과 소급효금지원칙," 『지송이재상교수화갑기념 형사판례의 연구 I』(2002), 20-21면.

검사 또는 법원으로서는 아내에 대한 강간죄를 가정폭력특례법에 따라 가정보호사건으로 처리할 것인지, 아니면 피고사건으로 처리할 것인지를 결정함에 있어 부부 사이에서 발생한 성폭력범죄라는 특수성과 함께 이를 피고사건으로 처리할 경우 적용될 강간죄의 법정형을 아울러 고려하여 신중히 판단하여야 할 것이다.[64]

이제 부부강간 사건에는 형법 적용과 가정폭력처벌법 적용이 모두 가능하다. 먼저 피해자를 위하여 가정폭력처벌법상 '응급조치'(제5조), '긴급임시조치'(제8조의2), '임시조치'(제29조) 등 — 이에 대해서는 제3장 제3.에서 상술한다 — 이 적극적으로 활용되어야 함은 물론이다.
다음으로 피의자에 대한 조치이다. 형사소송법에 따른 경로와 가정폭력처벌법상 '가정보호사건'의 경로 사이에서의 선택을 위한 분명한 기준은 현재 존재하지 않는다. 가정폭력처벌법 제9조는 "검사는 가정폭력범죄로서 사건의 성질·동기 및 결과, 가정폭력행위자의 성행 등을 고려하여 이 법에 따른 보호처분을 하는 것이 적절하다고 인정하는 경우에는 가정보호사건으로 처리할 수 있다. 이 경우 **검사는 피해자의 의사를 존중하여야 한다.**"(강조는 인용자)라고 규정하고 있을 뿐이다. 가정폭력처벌법상 '가정폭력범죄' 중 강간 등 성폭력범죄(제2조 제3항 마)가 가장 불법성이 높은 범죄이다. 그럼에도 불구하고 부부강간이 '가정보호사건'의 경로 쪽으로 운용된다면 가해자에게 "일종의 특전을 부여하는 셈"이 되고,[65] 피해자에게는 피해 감수를 요구하는 셈이 된다.
생각건대, 강간등 상해·치상, 강간등 살인·치사, 상습범 등에 대해서는 '가정보호사건'으로 처리되어서는 안 된다. 그리고 강간, 유사강간, 준강간, 강제추행 등의 경우는 피해자의 의사가 무엇인지를 가

64) 대법원 2013. 5. 16. 선고 2012도14788 전원합의체 판결.
65) 한인섭, "가정폭력법의 법적 구조와 정책지향에 대한 검토," 서울대학교 법학연구소, 『서울대학교 법학』 제39권 제2호(1999), 306면.

장 중요하게 생각하면서,[66] 부부관계의 상태, 범행의 우발성 여부, 가해자의 폭행·협박의 종류와 강도, 가해자의 반성 여부 등을 고려하여 '가정보호사건'으로의 처리 여부를 결정하여야 할 것이다.

제 3. 강간죄에서의 폭행·협박의 정도 — '최협의의 폭행·협박설' 비판

우리 판례와 학계의 통설은 강간죄의 보호법익을 사람의 '성적 자기결정권'으로 보고 있으나, 판례와 통설이 취하고 있는 '최협의의 폭행·협박설'은, 가해자가 피해자의 저항을 완전히 불가능하게 하거나 반항을 현저히 곤란하게 할 정도의 폭행·협박을 행사한 것이 입증될 때만 강간죄 성립을 인정한다.[67] 그리고 '최협의의 폭행·협박'에 대한 판단은 유형력을 행사한 당해 폭행·협박의 내용과 정도, 유형력을 행사하게 된 경위, 피해자와의 관계, 성교 당시와 그 후의 정황 등 제반사정을 종합하여 판단한다(이하 '종합판단설'로 약칭).[68] 이러한 입장은 2012년 신설된 '유사강간죄'(형법 제297조의2)의 폭행·협박을 해석하는데도 동일하게 적용될 것이다.

이하에서는 강간죄에서의 폭행·협박의 정도에 대한 미국과 독일 형법의 태도가 어떻게 변화해 왔는가를 살펴보면서 이 주제의 핵심이 어디에 있는가를 검토하고, 이어 '최협의의 폭행·협박설'의 문제점을 비판하기로 한다.

---

66) 2013년 형법개정으로 강간죄는 친고죄가 아니게 되었으므로, 형사처벌을 위하여 피해자의 고소가 필요하지 않다.
67) 이는 대법원 1972. 7. 25. 선고 72도1294 판결 이후 일관되게 유지된다.
68) 이는 대법원 1992. 4. 14. 선고 92도259 판결 이후 일관되게 유지된다.

Ⅰ. 미국 형법상 강간죄의 폭행·협박의 정도

1. '극도의 저항'(utmost resistance) 요건의 폐기

1970년까지 미국 법원은 강간죄 성립을 검토할 때 피해자가 자신이 지쳐 떨어질 때까지 모든 육체적 힘을 다하여 가해자와 싸우는 '극도의 저항'을 하였을 때만 비로소 피해자의 동의가 없다고 인정하고 있었다. 대표적인 예를 보면,

> [강간이라는] 행위는 여성의 의지와 동의에 반하여 범해지는 것인데, 이 때 그 여성은 가능한 모든 수단을 동원하여 공격에 저항했어야만 하며, 자신이 폭력에 의하여 압도되거나 공포로 무감각해지거나 또는 기진맥진하여 또는 살해나 중대한 신체적 해악에 대한 두려움으로 저항을 중단할 때까지 저항을 계속하여야 한다.[69]

그러나 이러한 이론은 여성의 '극도의 저항'이 있으면 강간은 불가능하다는 왜곡된 관념의 소산이며, 모든 여성에게 단일한 그리고 가부장제가 요구하는 방식으로 강간에 대응하기를 요구하는 것이라고 강력히 비판받게 된다.[70] '강간죄 개혁운동'(Rape Law Reform Movement)[71]이 본격화되기 전이었으나 1962년 기초된 '모범형법전'의 기초자들은 주석에서 과거의 강간죄 법리가 피해자 여성의 행위만을 부적절하게 강조하였음을 비판하면서, 강간죄의 성립요건에서 '부동의'의 요건을 삭제하고 강간죄를 오직 가해자의 '폭력'(force)에 초점을 맞추어 정의하였다.[72] 저항 요건에 대한 모범형법전의 비판을 보면,

---

69) King v. State, 357 S.W.2d 42, 45(Tenn. 1962).
70) Susan Schwartz, "An Argument for the Elimination of the Resistance Requirement from the Definition of Forcible Rape," 16 *Loy. L.A. Rev.* 567, 568-569(1983).
71) Cassia Spohn & Julie Horney, *Rape Law Reform: A Grassroots Revolution and Its Impact* 20(1992).
72) '모범형법전'은 행사된 '폭력'의 양과 가해자와 피해자의 관계 등에 따라 성범죄를

첫째, 저항은 죽음이나 심각한 신체적 해악을 초래할 수 있다. 둘째, 피해자의 상황에 처해 있는 합리적 인간에게 법원이 기대할 수 있는 헌신과 강도로, 피해자가 자신을 방어하는 데 실패하였다는 점을 근거로 하여 남성 공격자를 용서하는 것은 잘못이다.[73]

이후 '강간죄 개혁운동'의 결과 1974년 미시간 주를 필두로 하여 대다수의 주형법이 저항요건 자체를 폐지한다.[74] 대표적인 예로 아이오와주 형법의 문언을 인용하자면,

성적 학대(sexual abuse) 행위가 폭력에 의하여 또는 당사자의 의지에 반하여 범해졌다는 것을 입증하기 위해서 당사자의 육체적 저항을 입증할 필요는 없다. 그렇지만 그 행위가 폭력에 의하여 또는 타인의 의지에 반하여 행해졌는지 여부를 판단하는 데 있어서 그 행위가 범해졌던 상황은 고려요소가 된다.[75]

셋으로 범주화한다. 그 첫째는 '제1급 강간죄'인데, 이는 "가해자가 폭력을 행사하거나 또는 즉각적인 살해, 심각한 상해, 극도의 고통 또는 납치 등의 위협을 가하여 피해자를 굴복"시켜 간음한 경우를 의미한다[Model Penal Code, §213.(1)(a)]. 둘째는 '제2급 강간죄'로 이상의 경우 이는 '일급 강간'과 동일한 요건을 갖추고 있으나, ① "가해자의 자발적인 사회동료(voluntary social companion)인 피해자가 사전에 성교의 자유를 허락하지 않은 경우" 또는 ② "가해자가 성교과정에서 피해자에게 심각한 상해를 입힌 경우"를 제외한 경우를 포괄한다. ①과 ②의 경우는 '제1급 강간죄'이다(Ibid. §213.1). 셋째는 '제3급 중범'으로 처벌되는 '중간음죄'(gross sexual imposition)인데, 이는 가해자가 "보통의 결의(ordinary resolution)를 가진 여성의 저항을 막을 수 있는 협박으로 피해자를 굴복"시켜 간음하는 것을 말한다[Ibid. §213.(2)(a)]. 여기서 '모범형법전'이 '극도의 저항' 이론을 채택하지 않았음이 확인된다.

73) Model Penal Code, §213.1 Commentaries at 305(American Law Institute, 1980).
74) Alaska Stat. §11.41.470(4)(A); Ⅲ. Rev. Stat. ch. 38, para. 12-17; Mich. Comp. Laws Ann. §750.520(i); Minn. Stat. Ann. §609.347(2); Ohio Rev. Code Ann. § 2907.02(C); Pa. Stat. Ann. tit. 18, §3107; R.I. Gen. Laws §11-37-12; Vt. Stat. Ann. tit. 13, §3254.
75) Iowa Code. Ann. §709.5. 오레곤주 형법도 "구두의 또는 육체적 저항이 존재하지 않았다는 그 자체가 동의를 구성하지 않는다. 그러나 이 점은 모든 다른 관련

법원도 이에 호응한다. 대표적인 판결을 보면, 1976년 'Curtis v. State 판결'76)은 피해자가 가해자에 대한 두려움 때문에 저항을 할 수 없었더라도 이는 '폭력적 강제'(forcible compulsion)를 구성한다고 판시하였다.77) 후술할 1986년의 'People v. Barnes 판결'78)은 어떤 여성은 원하지 않는 성적 공격에 대한 두려움으로 마비가 된 듯이 꼼짝도 못하게 되어 아무 저항도 못할 수가 있음을 확인하였고,79) 1994년 'People v. Iniguez 판결'80)은 피해자의 저항이 없더라도 '폭력'의 요건을 입증할 수 있다는 'Barnes 판결'의 입장을 지지한다.81)

그리고 저항이라는 개념을 계속 사용하고자 한 판례의 경우도 '극도의 저항'이 아니라 **'진지한 저항'**(earnest resistance)82) 또는 **'합리적 저항'**(reasonable resistance)83) 정도만을 요구하는 입장을 채택하게 된다.

예컨대 1982년 'Lima 판결'의 경우 피해자가 도주를 시도하지 않았고 두려움 때문에 필사의 저항도 하지 않았으나 계속 울면서 그만 두라고 호소하였는데 법원은 피해자의 '진지한 저항'이 있었고 강간에 필요한 '폭력적 강제'가 존재하였다고 보았다.84) 또한 1994년 'Marlow 판결'의 경우 피해자는 야간에 침입한 남편의 친구의 공격에 계속적으로 거부의사를 밝히며 피고인을 손으로 밀고 발로 찼으나

증거와 함께 사실의 판단자[배심: 역주]에 의해 고려될 수 있다"라고 하여, 같은 취지를 명시하고 있다(Oreg. Rev. Stat. §163.315).
76) 223 S.E.2d 721(Ga. 1976).
77) Ibid. at 723.
78) 721 P. 2d 110(Cal. 1986).
79) Ibid. at 118-119.
80) 872 P. 2d 1183(Cal. 1994).
81) Ibid. at 1186-1187.
82) State v. Lima, 643 P. 2d 536, 540(Haw. 1982); State v. Archuleta, 747 P. 2d 1019, 1022(Utah 1987); Powe v. State, 597 So.2d 720, 721(Ala. Crim. App. 1991).
83) People v. Dozier, 85 A.2d 846(N.Y. 1981); McQueen v. State, 473 So.2d 971(Miss. 1985); State v. Marlow, 888 S.W.2d 417, 422(Mo. Ct. App. 1994).
84) Lima, 643 P. 2d. at 537-538.

소용이 없자 포기하고 피고인이 "끝내기만을 희망하고" 누워있었는데, 법원은 이 경우 피해자의 '합리적 저항'이 존재하였고 '폭력적 강제' 요건이 충족되었다고 파악하였다.[85] 그리고 펜실베니아주 형법은 강간죄 성립에 필요한 폭력적 강제의 협박 정도를 "합리적 결의(reasonable resolution)를 가진 자의 저항"을 막을 수준의 것이라고 정의하고 있다.[86]

2. '폭력' 또는 '폭력행사의 위협'의 정도

이리하여 강간죄 성립에서 저항요건은 폐기되었지만, '폭력' 또는 '폭력행사의 위협'(threat of force)의 요건은 존속한다. 현재 미국 법원은 이 '폭력' 또는 '폭력행사의 위협'의 필요치를 정하고 있지는 않으며, '폭력' 또는 '폭력행사의 위협'의 정도는 상대적인 것이고 "상황의 총체성"(totality of the circumstances)을 검토하여 사안에 따라 개별적으로 판단하여야 한다는 점에 합의하고 있다.[87]

(1) 피해자의 동의가 없다면 별도의 '폭력'이 없이도 강간죄는 성립하는가?

먼저 피해자의 동의가 없는 경우 강간죄 성립을 위해서는 어느 정도의 '폭력'이 필요한가에 대한 논의를 살펴보자. 이는 피해자가 구두로 거절의 의사를 명백히 밝혔으나 물리적으로 저항하지 않았고, 가해자는 성교에 필요한 일정한 유형력 이외의 폭력은 사용하지 않은 경우 강간죄 성립을 인정할 것인가의 문제와 직결된 것으로, 통상 이른바 '지인(知人)에 의한 강간'(acquaintance rape) 또는 '데이트 강간'(date rape)[88]과 관련하여 논의되고 있나(이는 후술할 제 4.에서 검토할 폭

---

85) Marlow, 888 S.W. 2d, at 419, 422.
86) Penn. Con. Stat. Ann. §3121.
87) Commonwealth v. Rhodes, 510 A.2d 1217, 1226(Pa. 1986); People v. Patterson, 410 N.W. 2d 733, 740(Mich. 1987).
88) 현재 미국에서는 통념과는 달리, 강간의 대부분이 무장한 낯선 치한이 갑자기 나

행·협박 없는 '비동의간음죄'의 신설문제에 대해 직접적인 시사점을 준다).

먼저 소수견해를 대표하는 것으로 1992년의 'In re M.T.S. 판결'[89]의 입장이 있다. 이 사건에서 십대 청소년들인 피해자와 피고인은 피해자의 침대에서 "입맞춤과 농도 짙은 애무"를 합의에 따라 교환하였는데, 피고인의 성교 요구에 피해자가 거절하였으나 피고인은 성교를 감행하였다.[90] 이 사건에서 피고인은 성교 외에 특별한 폭력이나 협박을 사용하지 않았음이 확인되었다. 그런데 뉴저지주 대법원은 강간이 반드시 성교 외의 별도의 폭력을 수반한다는 관념은 낡은 것이라고 간주하면서, 피고인의 '성폭행'(sexual assault)의 유죄를 선언하였다. 동 법원은 다음과 같이 설시하였다.

피해자가 재판에 올려지는 것이 아니며, 그녀의 반응이나 방어행동도 중요한 것이 아니다. … 특정한 성행위에 대하여 피해자가 긍정적으로 그리고 자유로이 허락을 하지 않은 상태에서 이루어진 어떠한 성적 삽입(sexual penetration)도 성폭행을 구성한다. 따라서 성교행위가 불법이 되기 위해서는 그 행위에 내재한 물리적 폭력을 초과하는 폭력이 필요한 것은 아니다.[91]

타나서 범하는 것이 아니라, 친구, 친척, 동료 등 피해자의 지인에 의하여 범해진다는 사실이 점차 밝혀지고 있다[Susan Estrich, *Real Rape* 29(1987); Jullie A. Allison & Lawrence S. Wrightsman, *Rape: The Misunderstood Crime* 60-64 (1993); Diana Russell, "The Prevalence and Incidence of Forcible Rape and Attempted Rape of Females," 7 *Victimology* 81(1982); *Acquaintance Rape: The Hidden Crime* 10(Andrea Parrot & Laurie Bechhofer, eds. 1991)]. 그리고 가해자도 범행시에 물리적 폭력이 아니라 언어폭력을 사용하는 경우가 많으며 [Menachem Amir, "Forcible Rape," *Rape Victimology* 45(1975)], 피해자의 경우도 가해자의 신체크기, 반복되는 언어폭력, 분노표출 등을 자신에게 가해진 '폭력'이라고 지목하고 있다[Robin Warshaw, *I Never Called It Rape* 89(1988)].

89) 129 N.J. 422(1992).
90) Ibid. at 428.
91) Ibid. at 443-444. 뉴저지 형법에서는 '강간'이라는 용어 대신에 '성폭행'이라는 용어를 사용한다[N.J.S.A. 2C: 14-2C(1)].

요컨대 법원은 성교 그 자체에 '폭력'이 내재해 있는 것이므로, 피고인이 강간죄 성립에 필요한 '폭력'을 사용하였는가를 검토할 필요가 없다는 것이다. 즉, 피해자의 동의 없이 성교가 있었다고 입증되면 바로 '폭력'은 동시에 입증된다는 것이다. 이러한 입장은 몇몇 주에 수용되어 강간죄와 별도로 폭행·협박 없는 비동의간음을 처벌하는 입법이 제정된다.[92]

이러한 입장과 대비하여 다수견해의 입장을 대표하는 판결로는 1994년의 'Commonwealth v. Berkowitz 판결'[93]이 있다. 이 사건에서 피해자는 친구의 대학기숙사 방으로 들어가자 친구는 없었고 친구의 룸 메이트인 피고인을 만났는데, 피고인은 피해자를 계속 애무하고 옷을 벗기고 마침내 성교까지 나아갔다. 그 과정에서 피해자는 저항이나 탈출시도를 하지 않았으나 구두로는 거절의사를 밝혔다.[94]

펜실바니아주 대법원은 피고인이 피해자와 성교를 하면서 '폭력'을 행사하거나 또는 폭력행사를 위협하지 않았기에 강간죄를 범한 것이 아니라고 판시하였다.[95] 그리고 피해자의 구두거부에 대하여 동 법원은 다음과 같이 말하였다.

피해자가 피고인과의 만남의 전과정에서 '안돼'라고 말했다는 진술에 대하여, 우리는 그러한 사실의 주장은 동의가 있었는가 하는 점과 관련이 있는 것이지 폭력이 있었는가와는 아무 관련이 없다.[96]

---

92) Fla. Stat. §794.011(4)(b)(5); Haw. Rev. Stat. §§707-700, 731, 732; Mo. Stat. Ann. §566.010; Neb. Rev. Stat. §28-319(1); 18 Pa. Cons. Stat. Ann. §§3124.1 (West 1998); N.H. Rev. Stat. §632-A(2)(1)(m); Vt. Stat. §3252(a)(1); Wash. Crim. Code §9A.44.060; Wisc. Stat. Ann. §940.225.
93) 641 A.2d 1161(Pa. 1994).
94) Ibid. at 1163-1164.
95) Ibid. at 1166.
96) Ibid. at 1164.

법원은 구두로 성교를 거부했다는 것과 피고인이 '폭력'을 사용하여 강간하였다는 것은 다른 문제라는 점을 강조한 것이다.[97]

요컨대, 강간죄 성립을 위해서는 동의 없는 성교 그 자체로 족한 것인지, 아니면 성교 이외의 별도의 '폭력'이 존재해야 하는지의 문제는 현재 여전히 미국 학계와 재판실무에서 논쟁이 진행중인 사안이다.

(2) '폭력행사의 위협'에 대한 '합리적 공포'(reasonableness of the victim's fear)의 요건

한편 미국 법원은 '폭력행사의 위협'의 경우 이에 따라 피해자가 즉각적이고 심각한 신체적 해악을 두려워하는 상태에 놓여야 하고, 피해자의 공포는 객관적으로 보아 합리적이어야 한다는 입장을 취하고 있다[98]('합리적 공포'의 요건). 그런데 '폭력행사의 위협'이 반드시 명시적일 필요는 없고 가해자의 언동에 의해 암시적으로 행해질 수 있다.[99] 캘리포니아주 형법은 강간죄에서 필요한 '협박'(duress)을, "보통의 감수성(susceptibility)을 가진 합리적인 인간을 … 강제하는 데 충분한 폭력(force), 폭행(violence), 위험 또는 보복의 직접적 또는 암묵적 위협"이라고 정의하고 있다.[100]

이와 관련한 대표적 판결을 보도록 하자. 먼저 1981년의 'State v. Rusk 판결'[101]의 사실관계를 보면, 피고인은 아는 사이인 피해자

---

97) 그런데 1994년 콜로라도 항소법원은 'People v. Schimidt 판결'[885 P. 2d 312 (Colo. Ct. App. 1994)]에서 다음과 같이 설시하면서 'Berkowitz 판결'의 입장을 부정한다: "우리는 피해자의 "안 돼"라는 언명이 피해자가 성교에 저항하였고 따라서 피고인이 "피해자의 의지에 반한 복종"을 야기시켰다고 배심이 판단할 수 있는 충분한 근거를 제공한다고 결론짓는다"(Ibid. at 316).

98) State v. Rusk, 424 A.2d 720, 726-727(Md. Ct. App. 1981); Goldberg v. State, 395A.2d 1213(Md. Ct. Spec. App. 1979); People v. Barnes, 721 P. 2d 110, 122 n. 20(Cal. 1986).

99) State v. Gossett and Clapper, 808 P. 2d 1326, 1328(Idaho Ct. App. 1991).

100) Cal. Penal Code §261 (b), §262 (c)(강조는 인용자).

101) 424 A.2d 720, 726(Md. Ct. App. 1981).

에게 집까지 태워다 달라고 요청하고 집 앞에 도착하자 함께 자신의
집으로 들어가자고 제의하였다. 피해자가 거절하자 차 엔진을 끄고
열쇠를 뺏고 난 후 반복하여 집안으로 들어가자고 말하였고, 이에 겁
을 먹은 피해자가 집에 들어갔다. 집안에서 피해자는 소란을 떨지도
않았고 탈출하려고 시도하지도 않았다. 피해자는 집안에서도 계속 떠
나겠다고 울음을 터뜨리며 애원하자 피고인은 자신의 손을 피해자의
목에 대고 가볍게 눌렀고 계속 성교를 요구하였다. 피해자가 피고인
에게 원하는 것에 응해주면 보내주겠냐고 묻고 이에 피고인이 긍정
적으로 답하자, 피해자는 피고인이 원하는 구강성교와 성기성교에 응
하였다.102) 여기서 매릴랜드주 항소법원은 피해자의 공포는 객관적으
로 보아 합리적이었다고 판단하였다.103)

  그리고 I . 1.에서 언급한 1986년의 'Barnes 판결'도 유명하다.
이 사건에서 피해자는 자신의 친구인 피고인의 집에 마리화나를 사
러 가서 같이 마리화나를 피웠다. 그런데 피고인이 피해자를 애무하
기 시작하자 피해자는 이를 거절하고 떠나려 하였다. 그러자 피고인
은 매우 화를 내면서 피해자를 때릴 듯한 움직임을 보이고 위압적인
언동으로 계속 협박하며 성교를 요구하였다. 피해자는 피고인이 육
체적 폭력을 행사하기 전에 순응해야겠다고 생각하고 성교에 응하였
고, 성교 이후 양자는 같은 침대에서 잠이 들었다.104) 이에 캘리포니
아주 대법원은 강간죄에서 '저항요건'의 충족이 불필요함을 언급한
후,105) 피고인에 의한 위협이 명백히 명시적으로 드러나지 않는 경우
조차도 육체적 해악에 대한 피해자의 주관적 공포가 중요함을 명시
적으로 인정하면서,106) 피고인의 유죄를 인성하였다.

---

102) Ibid. at 720-722.
103) Ibid. at 728.
104) Barnes, 721 P. 2d, at 111-112.
105) Ibid. at 123.
106) Ibid. at 122.

II. 1997년 제33차 독일 형법개정과 강간죄 구성요건의 확대[107]

1997년 형법 개정 전 독일 형법상 2년 이상의 자유형에 처해지는 '강간죄'는, "폭행 또는 신체나 생명에 대한 현존하는 위험에의 협박"(mit Gewalt, durch Drohung mit gegenwärtiger Gefahr für Leib oder Leben)(독일형법 제177조 1항)라는 표지(標識)가 필요하였다. 그런데 이 시기에도 이러한 정도에 미치지 않는 폭행·협박에 의한 협박의 경우 (in minder schweren Fällen)는 불처벌이 아니라, 6월이나 5년 이하의 자유형에 처하는 규정이 있었고, 지금도 그러하다(동조 제5항).

그런데 개정 독일형법 제177조 1항은 종래의 행위유형 외에 "피해자가 행위자의 공격에 대하여 보호 없이 노출되어 있는 상태를 이용하여"(unter Ausnutzung einer Lage, in der das Opfer der Einwirkung des Täters schutzlos ausgeliefert ist)라는 표지를 추가함으로써 강간죄의 범위를 확장하였다. 이로써 피해자가 경악으로 몸이 굳어 버렸다거나, 또는 가해자에 대한 공포, 기타 다른 심리적 이유로 저항할 능력이 없었던 경우,[108] 또는 피해자가 타인의 도움을 전혀 기대할 수 없고 가해자는 체력적으로 우월하여 저항하는 것을 무의미하다고 생각하여 처음부터 저항을 포기한 경우에도 강간죄가 성립될 수 있게 되었다.[109]

III. 한국 형법상 강간죄 성립요건인 '최협의의 폭행·협박설' 비판

이상에서 검토한 미국에서의 '극도의 저항' 요건의 폐기, 피해자의 주관적 공포감을 고려하는 '합리적 공포' 기준의 채택, 독일 형법에서의 강간죄 구성요건의 확대 등의 경향은 우리나라의 통설과 판

---

107) 보다 상세한 내용은 한상훈(각주 37), 197-198면을 참조하라.
108) Fischer, in: Tröndle/Fischer, Strafgesetzbuch Kommentar, 49. Aufl., 1999, 177 Rdnr. 13 참조.
109) Ibid. §177 Rdnr. 11 참조.

례의 '최협의의 폭행·협박설'과 대조를 보인다. 앞에서 검토한 각국
의 법리를 도해화하면 다음과 같다.

	한국/일본	舊미국법리	新미국법리	舊독일형법	新독일형법
피해자의 저항 전제 여부	암묵적 전제	전제 (="극도의 저항" 요건)	부전제 ("극도의 저항" 요건 폐기/ "합리적"·"진지한" 저항 필요)	부전제	부전제 [=(준)강간 죄의 구성 요건 표지 확장]
감경적 구성요건 존재 여부	부존재	존 재	존 재	존 재	존 재

'최협의의 폭행·협박설'은 일본의 통설과 판례의 복제판인데,[110]
이는 독일 형법에 규정되어 있는 경(輕)한 강간죄의 구성요건은 무시
한 채 동법 제177조 제1항에서 규정된 2년 이상의 자유형에 처해지
는 중한 강간죄의 표지, 즉, "폭행 또는 신체나 생명에 대한 현존하는
위험에의 협박"만을 수용한 것이며, 또한 '강간죄 개혁운동'이 전개되
기 이전의 미국법의 입장과도 유사하다.

1. 1990년대 이후 주요판례

먼저 '최협의의 폭행·협박설' 및 '종합판단설'의 논리가 분명히
드러나는 1990년대 이후 판례를 몇 개 보도록 하자.

피고인이 동료 공원인 피해자와 커피와 맥주를 마신 후 기숙사
방으로 가시 "갑자기 피해자를 방바닥에 눕히고 몸으로 짓누르며 내
의를 벗기어 간음하려" 하려 한 사건에서, 대법원은 피해자가 "몸부
림을 치고 저항하는 것만으로 피고인으로부터 벗어날 수 있었고, 판
시 범행장소 또한 다수의 사람이 기숙하는 곳으로서 피해자가 얼마

---

110) 日本 最判 昭 24. 5. 10 集3. 6. 72; 最判 昭 33. 6. 6. 裁集 126. 171.

간의 반항을 하여도 주위에서 곧 알아차릴 수 있는 상황이었는데도 그 방 밖에서 연탄불을 갈고 있던 공소외인도 피해자의 거부의 의사표시나 다투는 소리 이외에는 **별다른 저항**이나 고함을 알아차리지 못하였다"는 이유로 강간죄 성립을 부정하였다.[111]

피고인이 카바레에서 만난 피해자를 여관으로 화투를 치자고 유인하였고, 피해자가 이를 거절하였으나 피고인이 피해자의 손을 끌고 여관으로 들어갔고, 4층 방으로 들어가자마자 문을 잠근 후 피해자에게 방에서 나가면 죽인다고 하면서 피해자를 그 곳 소파에 밀어 넘어뜨리고 유방을 만지면서 피해자를 강간하려 하였고, 피고인이 피해자의 핸드백을 빼앗아 자신의 목에 걸고 화장실문을 열어 놓고 소변을 보면서 피해자에게 나가면 죽인다고 말하는 사이 피해자가 여관방의 유리창문을 통하여 아래로 뛰어내려 전치 24주의 상해를 입은 사건에서 대법원은, "피해자가 피고인과 만나 함께 놀다가 **큰 저항 없이** 여관방에 함께 들어갔으며, 피고인이 강간을 시도하면서 한 폭행 또는 협박의 정도가 강간의 수단으로는 **비교적 경미**"하였다는 이유로 강간치사 유죄를 인정한 원심을 파기하였다.[112]

다른 사건에서 피고인은 피해자를 만나 사귀면서 같이 술을 마신 뒤 여관에 들어가 한 방에서 같이 잠을 자다가 성교를 시도하였으나 피해자가 적극적으로 거부하므로 성교를 포기하고 잠만 같이 잔 일이 있었는데, 이후 같이 술을 마신 뒤 여관에서 잠을 자게 되었는데 피고인이 아침에 깨어나 피해자의 옷을 벗기고 성교하려다 실패한 사건에서 대법원은, "피해자는 잠에서 깨어나 하지 말라고 하면서 몸을 좌·우로 흔드는 등 거부하였으나 몸을 일으켜 그 장소에서 탈출하려고 하거나 소리를 질러 구조를 요청하는 등 **적극적인 반항**은 하

---

111) 대법원 1990. 12. 11. 선고 90도2224 판결(강조는 인용자).

112) 대법원 1993. 4. 27. 선고 92도3229 판결(강조는 인용자). 또한 대법원은 피해자가 강간을 모면하기 위하여 4층에서 창문을 넘어 뛰어내릴 것이라고 예견할 수 없다라고 판단하였다.

지 않"았다는 이유로 강간죄의 성립을 부정하였다.[113]

피고인이 인터넷 채팅사이트에서 만난 피해자(14세)와 함께 비디오방으로 가서 영화를 보다가 '야, 우리 하자.'고 말하면서 그 곳 소파에 누워 있던 피해자의 몸 위에 올라 타 움직이지 못하게 하고 강제로 옷을 벗긴 후 성교를 하였고, 같은 날 피고인이 근무하는 회사 숙직실에서도 같은 방식으로 강제로 성교를 한 사건에서 대법원은, "피고인은 **피해자의 의사에 반하는 정도의 유형력을 행사하여 피해자를 간음한 것으로 볼 여지는 있으나**, 더 나아가 그 유형력의 행사로 인하여 피해자가 반항을 못하거나 반항을 현저하게 곤란하게 할 정도에까지 이르렀다는 점에 대하여는 합리적인 의심이 없을 정도로 증명이 되었다고 보기는 어렵다"는 이유로 강간죄의 성립을 부정하였다.[114]

2. 비 판

이상의 판결을 보면 피해자가 명시적으로 성교에 대한 거부의사를 표시했고 피고인이 이를 무시하고 유형력을 사용하여 성교를 하였으나 그 유형력이 '최협의'의 수준에 이르지 못하였다 또는 그것이 입증되지 못하였다는 이유로 무죄의 결론을 내리고 있다. 그리고 "종합 판단"의 이름 아래, 피고인과 피해자가 사건 발생 이전에 술을 같이 먹었다던가, 춤을 같이 추었다던가, 여관에 같이 들어갔다던가, 또는 이전 합의성교의 경험이 있었다던가 등의 일이 있으면, 피해자의 진술은 품행이 방정하지 않은 사람의 진술로 의심하고 있다.[115]

그리하여 1990년대 중반 이후 학계에서는 '최협의의 폭행·협박설' 및 '종합판단설'에 대한 비판이 제기되고 있다. 이를 종합하여 재정리하면 다음과 같다.

---

113) 대법원 1999. 9. 21. 선고 99도2608 판결(강조는 인용자).
114) 대법원 2004. 6. 25. 선고 2004도2611 판결(강조는 인용자).
115) 조국(각주 49), 44, 48, 94면.

첫째, 미국이나 독일과는 달리 한국 형법에서는 강간죄의 감경적 구성요건이 없는바, 피해자의 반대를 '최협의의 폭행·협박' 수준에 미달하는 강제력으로 제압하고 행한 강제성교는 비범죄화되어 버리므로 성적 자기결정권 보호에 중대한 공백이 생기게 된다.116) 즉, '화간'(和姦)과 '최협의의 폭행·협박을 사용한 강간' 사이의 중간지대는 존재하지 않으므로, 피해자의 저항을 완전히 불가능하게 하거나 반항을 현저하게 곤란하게 하는 정도에 이르지 않는 정도의 폭행·협박을 사용하는 간음은 법적으로 허용되는 셈이 된다. 현행 형법상 위계·위력에 의한 간음죄는 미성년자나 심신미약자를 대상으로 하는 경우(형법 제302조)나, 업무, 고용 기타 관계로 인하여 자기의 보호 또는 감독을 받는 사람을 대상으로 하는 경우(제303조)에만 처벌되기에 그 공백은 더 커진다.117)

무고한 가해자가 되어버릴 수 있는 피고인의 진술도 충분히 경청해야 함은 타당하지만, 피해자의 거부의사를 폭행·협박으로 제압하고 성교를 하였음이 확인된 피고인이 형사책임에서 완전히 해방된다는 것은 과소범죄화이다. 사용된 폭행·협박의 정도는 유·무죄가 아니라 양형에서 고려되어야 할 문제이다.118)

둘째, '최협의의 폭행·협박설'의 문언 그 자체로는 피해자의 저항이 현실적으로 있을 것으로 요구하지 않지만,119) 앞의 판례에서 보

---

116) 박상기(각주 2), 62면; 조국(각주 14, 2001), 28면; 한인섭, "형법상 폭행개념에 대한 이론(異論)," 한국형사법학회, 『형사법연구』 제10호(1998), 126, 129면.

117) 여기서 '위력'은 "피해자의 자유의사를 제압하기에 충분한 세력을 말하고, 유형적이든 무형적이든 묻지 않으므로 폭행·협박뿐 아니라 행위자의 사회적·경제적·정치적인 지위나 권세를 이용하는 것도 가능"하다(대법원 2005. 7. 29. 선고 2004도5868 판결).

118) 신윤진, "'의제화간'의 메카니즘 — 강간죄 해석에 있어서의 최협의 폭행·협박설 비판 —, 한국성폭력상담소 편, 『성폭력, 법정에 서다』(2007), 111면.

119) 변종필, "강간죄의 폭행·협박에 관한 대법원의 해석론과 그 문제점," 한국비교형사법학회, 『비교형사법연구』 제8권 제2호(2006), 161면; 이호중, "성폭력 처벌규정에 대한 비판적 성찰 및 재구성," 한국형사정책학회, 『형사정책』 제17권 제2호

앉듯이 실제 사건을 "종합 판단"함에 있어서는 피해자의 저항은 핵심적 판단기준으로 작동한다.

박상기 교수의 지적처럼, 피해자의 정신적·신체적 유형에 따라 강간에 강력히 저항하는 이도 있지만 반면 공포로 인하여 저항을 포기하는 경우도 있음에도, 피해자인 "여성으로 하여금 강간 시도에 대하여 강하게 저항하였음을 입증하여야 하는 책임을 부담시키게 되고, 그 결과 강간의 피해자에게 자기방어에 소홀한 점을 들어 책임을 전가할 가능성"을 높이게 된다.[120] 그리하여 신윤진은 "최협의설은 강하게 반항할 수 없는 상황에서 강하게 반항해야만 충족할 수 있는 모순을 가진 기준이다"라고 비판한다.[121]

셋째, '종합판단설'은 가해자와 피해자와의 관계, 성교 후의 피해자의 태도 등을 고려할 것으로 요구하는데, 여기서 가해자와 피해자가 친교가 있었거나, 범행 이전에 가해자와 피해자 사이에 합의 성행위가 있었거나, 대법원의 기준으로 피해자가 품행이 방정하지 않은 사람이라고 판단되면 강간죄 성립이 부정되는 경향이 강해진다.[122] 또한 강간후 피해자가 겪는 정신적·심리적 혼란, 갈등, 공포는 무시 또는 오해되고, 심지어 피해자의 주장이 무고임을 입증하는 증거로 사용되는 경향이 있다.[123] 장임다혜의 비판처럼, "성별화된 합리성의 기준에 따라 실제 권리를 침해받은 여성이 놓여 있는 구체적인 상황과 맥락은 고려되지 않"기 때문이다.[124]

(2005), 94면.
120) 박상기, "강간죄의 폭행·협박의 정도,"『판례월보』(1996. 2), 58면. 조국(각주 14, 2001), 27면; 한인섭(각주 116), 124면; 한인섭(각주 38), 179면 등도 동지.
121) 신윤진(각주 118), 88면.
122) 변종필(각주 119), 162면; 신윤진(각주 118), 101면; 조국, "강간피해 고소여성의 성관계 이력의 증거사용 제한 — 미국 "강간방지법"을 중심으로," 한국법학원,『저스티스』제69호(2002), 181-182면; 조국(각주 49), 94면; 한인섭(각주 38, 1998), 127-128면.
123) 조국(각주 49), 97면.
124) 장임다혜, "여성의 언어와 경험에 기초한 강간죄 해석의 가능성," 한국성폭력상

넷째, 이와 관련하여 임웅 교수는 이른바 '꽃뱀'이 상대방 남자로부터 강간당했다고 무고할 가능성을 언급하며 '최협의의 폭행·협박설'을 옹호한다.125) 무고를 일삼는 '꽃뱀'이 존재한다는 점은 사실이지만, '최협의의 폭행·협박설'은 극도의 저항을 하지 않은 여성 전체를 '꽃뱀'으로 간주하는 셈이다. 그리고 '꽃뱀' 여부를 밝히는 것은 형사소송의 과제이며 '꽃뱀'의 존재가능성이 형법의 범죄구성요건의 해석을 규정하는 요소는 아니다.

3. 변화의 시작 — '종합판단설'의 수정

이상과 같은 비판은 하급심 판결과 대법원 판결에 반영되기 시작한다.

(1) 서울북부지방법원 2004. 10. 22. 선고 2004고합228 판결

이 사건에서 피고인은 자신의 처남과 사실혼 관계에 있던 피해자에게 연정을 품고 있었는데, 피해자가 가정불화로 도움을 요청을 하자 가출을 권유하고 여관으로 오게 하였다. 피해자가 여관방으로 오자 피고인은 피해자의 머리카락을 손으로 만지면서 키스를 하려는 중 피해자가 이를 거부하자 일단 밖으로 나갔으나, 이후 다시 들어와 피해자를 끌어안아 한 팔로 피해자의 상체를 붙잡아 몸으로 짓누르고, 피해자가 피고인의 몸을 밀치면서 발버둥을 치고 소리를 지르자 피해자의 입을 틀어막으며 주먹을 쥐고 "가만히 있어봐, 나는 원래 여자 잘 안 때리거든"이라고 말하면서 때릴 듯이 겁을 주고 1회 간음하였다. 그리고 피고인이 구해주어 피해자가 거주하고 있는 빌라지하방을 찾아가, 유사한 방식으로 수회 간음하였다.

재판부(재판장 박철)는 피고인에게 유죄판결을 내리면서, 기존의 '최

담소 편(각주 118), 213면.
125) 임웅, 155-156면.

협의의 폭행·협박설' 및 '종합판단설'과는 다른 평가를 내리고 있다.[126]

먼저, 피해자가 강간을 당한 후 약 8개월이 지난 시점에 이르러서야 고소를 하게 된 것에 대하여 재판부는, 당시 피고인이 피해자 남편의 매형이었고, 당시 피해자의 시어머니가 피해자를 며느리로서 탐탁하지 않게 여기고 있던 상황에서 그러한 사실이 문제가 될 경우 오히려 자신의 잘못으로 비추어져서 모든 책임이 자신에게 전가될 수도 있으며, 혼자서 참고 견디면 다른 식구들에게 피해를 주지 않고 아무런 문제가 없을 것이라고 생각하였기 때문이라고 평가한다.

둘째, 재판부는 "피해자가 얼마나 큰 소리로 구조요청을 하였는지 여부가 이 사건에서 강간 여부를 판단하는 주요사항이 되지 않는다"고 판단하면서, 변호인의 현장검증신청은 채택하지 않는다. 그러면서 재판부는 다음과 같이 설시한다.

> 어떤 사람들은 다른 사람과 눈이 마주쳤다는 이유만으로 사람을 칼로 찌르는 반면 어떤 사람들은 이유 없이 뺨을 맞고도 참을 줄 안다. 무섭게 노려보는 것만으로 겁을 먹고 몸이 얼어붙는 사람들이 있는 반면에 어떤 사람들은 칼을 든 상대방에게 용감히 저항하기도 한다. … 피해자 반응의 특이성의 형식적 측면만을 들어서 피해자 진술의 신빙성을 가볍게 배척한다면 이는 복잡하고도 다양한 인간 심리와 인간성에 대한 이해와 상상력의 부족 때문이라는 비난을 면하기 어려울 것이다. … 성폭력을 당한 것이 모멸적인 경험이 될지언정 피해 여성의 인격적 가치를 떨어뜨리는 일이 될 수 없는 현 문화 속에서 법과 국가가 성폭력에 직면한 여성들에게 목숨을 건 저항을 요구하는 것은 온당한 일이 아니다. 또한 **범죄에 직면한 피해자가 구조를 요청한다고 하여 반드시 구조되지 않고 더 강한 폭력, 더 큰 피해를 초래하는 경우도 얼마든지 있다는 것이 우리의 경험이며 현실이다**.[127]

---

126) 서울북부지방법원 2004. 10. 22. 선고 2004고합228 판결.
127) Ibid.(강조는 인용자).

셋째, 재판부는 '최협의의 폭행·협박설' 및 '종합판단설'의 기준을 확인하면서도, 이를 보충하는 기준을 제시한다.

　누군가 강력한 폭행·협박을 행사하지만 않으면 여성의 명백한 거부의사에도 불구하고 완력으로 여성의 옷을 벗기고 강제로 성관계를 가지더라도 죄가 되지 않는다고 말한다면 이 법원은 그러한 생각은 틀렸다고 분명하게 말해주고 싶다. 결론적으로 말하자면, 이 법원은 강간죄를 구성하는 '피해자의 항거를 불가능하게 하거나 현저히 곤란하게 할 정도의 폭행·협박'이 있었는가를 판단함에 있어서 **현실적으로 표출된 가해자의 폭행·협박의 내용과 정도만을 기준으로 판단할 것이 아니라 당시 정황에서 피해자가 가해자의 폭행·협박에 대하여 저항할 경우 더 강한 폭행이 초래될 것으로 예상하였고 당시 정황에 비추어 피해자의 예상에 상당한 이유가 있었는가를 기준으로 판단하여야** 하며, 실제 사건에서 피해자가 가해자의 폭행·협박에 대하여 적극적인 저항이 더 강한 폭행을 초래할 뿐 강간의 피해를 막을 수는 없겠다고 판단하여 적극적인 저항을 포기하였고 그 판단에 상당한 이유가 있다면 강한 폭행·협박이 실제로는 표출되지 않았다고 하더라도 강간죄를 구성하는 '피해자의 항거를 불가능하게 하거나 현저히 곤란하게 할 정도의 폭행·협박'에 해당한다는 것이 이 법원의 견해이다.[128]

이상과 같은 2004고합228 판결은 '최협의의 폭행·협박설' 및 '종합판단설'에 대한 비판의 핵심을 모두 수용하고 있다. 그리고 가해자의 폭행·협박에 대한 피해자의 예상이라는 새로운 고려사항을 추가함으로써 성적 자기결정권을 강하게 보호하고자 하였다.

　(2) 대법원 2005. 7. 28. 선고 2005도3071 판결과 대법원 2012. 7. 12. 선고 2012도4031 판결
　2005년 대법원은 2004고합228 판결의 취지를 잇는 의미 있는 판

---

128) Ibid.(강조는 인용자).

결을 내린다.[129]

이 판결의 원심은 ① 피고인이 노래방의 방실 밖으로 나간 일이 있음에도 **피해자가 그대로 머물러 있었던 점**, ② 피고인이 피해자를 때리거나 위협적인 말로 협박하지는 않았던 점, ③ 피해자가 그녀의 옷이 벗겨진 경위에 관하여 **다소 일관성 없게** 진술하고 있는 점, ④ 피해자의 주장대로 피고인이 양손이나 몸으로 피해자의 어깨부위를 강하게 눌렀다면 피해자의 어깨부위 등에 멍이 드는 등 상당한 정도의 상해를 입었을만한데 그와 같은 상처가 없는 점, ⑤ 성행위 당시 피해자가 몸을 일으켜 그 장소를 탈출하려고 하거나 소리를 질러 구조를 요청하는 등 **적극적으로 반항한 흔적을 찾아볼 수 없는 점**, ⑥ 피해자가 피고인의 성기를 잡거나 피고인이 성기를 피해자의 입 안에 넣었을 때 피해자로서는 보다 적절하게 피고인에게 대항하여 그 자리를 모면할 수 있었을 것으로 보임에도 그와 같이 행동하지 않은 점, ⑦ 공소외 1, 공소외 2가 이 사건 노래방에 들어와서 성교가 중단되었을 당시 피해자가 **공소외 1 등에게 피고인으로부터 강간을 당하였다고 말하지 않았던 점** 등에 비추어 그대로 믿기 어렵거나 그것만으로는 항거를 불가능하게 하거나 현저히 곤란하게 할 정도의 폭행·협박을 받았다고 인정하기에 부족하다는 등의 이유로 무죄를 선고한 제1심판결을 유지하였다.[130]

원심 판결은 '최협의의 폭행·협박설'과 '종합판단설'을 그대로 적용했음을 쉽게 확인할 수 있다. 그런데 대법원은 원심판결을 파기한다.

대법원은 피해자가 울면서 하지 말라고 하고 '사람 살려'라고 소리를 지르는 등 반항하였음에도 피고인이 피해자를 소파에 밀어붙이고 양쪽 어깨를 눌러 일어나지 못하게 하는 등으로 피해자의 반항을

---

129) 대법원 2005. 7. 28. 선고 2005도3071 판결.
130) 광주고법 2005. 4. 28. 선고 2005노94 판결(강조는 인용자).

억압하고 강제성교하였다는 피해자의 진술은 피고인이 강간범의를
확정적으로 드러내기 이전에 피해자가 노래방에서 벗어날 기회가 있
었다거나 옷이 벗겨진 구체적인 경위를 기억하지 못한다는 것만으로
쉽사리 배척할 수 있는 내용이 아니라고 판단한다. 그리고 다음과 같
이 설시한다.

> 강간죄가 성립하기 위한 가해자의 폭행·협박이 있었는지 여부는
> 그 폭행·협박의 내용과 정도는 물론 유형력을 행사하게 된 경위, 피
> 해자와의 관계, 성교 당시와 그 후의 정황 등 모든 사정을 종합하여
> 피해자가 성교 당시 처하였던 구체적인 상황을 기준으로 판단하여
> 야 하며, **사후적으로 보아 피해자가 성교 이전에 범행 현장을 벗어날 수 있**
> **었다거나 피해자가 사력을 다하여 반항하지 않았다는 사정만으로 가해자의 폭**
> **행·협박이 피해자의 항거를 현저히 곤란하게 할 정도에 이르지 않았다고 섣불**
> **리 단정하여서는 안 된다.**[131]

이 판결은 '최협의의 폭행·협박설'과 '종합판단설'을 유지하면서
도, "종합 판단"시 피해자의 강력한 저항 여부와 범행 전후 피해자의
행동을 평가할 때 피해자가 처해 있던 두려움과 당황과 고통의 상황
을 심각하게 고려해야 함을 요구한 것이다. 특히 피해자의 현장 이탈
이 없었다던가 사력을 다한 반항이 없었다는 점을 이유로 피해자가
불리한 판단을 하지 말 것을 명시적으로 요구하였다. 이러한 새로운
요구사항은 "최협의설의 규범적 기준을 실질적으로 완화하는 효과"
를 가져온다.[132] 이러한 중요한 변화에는 주심 대법관인 김영란 대법
관의 뜻이 반영되었을 것이라고 추측한다.

이러한 2005도3071 판결의 취지는 대법원 2012. 7. 12. 선고 2012

---

131) 대법원 2005. 7. 28. 선고 2005도3071 판결(강조는 인용자).
132) 이호중, "최협의설의 자성? ─ 2005도3071판결의 의미와 시사점 ─," 한국성폭력
상담소 편, 『성폭력 조장하는 대법원 판례 바꾸기』(2006), 12면.

도4031 판결에서 재확인된다.

이 판결의 원심은 ① 피해자는 이 사건 성관계 당시 피고인이 피해자의 어깨를 눌러 옆으로 눕히고 팬티를 억지로 내리는 **유형력을 행사한 외에 폭행 또는 협박을 가한 사실은 없다**고 진술하고 있는 점, ② 이 사건 성관계가 피고인의 소형 승용차 뒷좌석의 좁은 공간에서, 피고인이 피해자의 핫팬츠와 팬티를 완전히 벗기지 않고 종아리까지만 내린 상태에서 이루어졌다는 점에 비추어 당시 피해자가 피고인의 차량 문을 열거나 몸을 움직이는 등의 행동만 하였어도 피고인에 의한 일방적인 성관계가 쉽게 이루어지지는 않았을 것으로 보이는 점, ③ 피고인 차량이 주차되어 있던 장소는 횡단보도와 육교가 접한 대로변으로 주변에 늦게까지 영업하는 상가가 있고 차량의 통행도 있었으며 **피고인과 피해자가 수년 전부터 알고 지내던 사이**로 피해자가 성적인 자기방어를 포기할 정도의 심리적 억압상태에 있었다고 보이지는 않는 점, ④ 이 사건 성관계 당시에 피해자로서는 피고인과의 성관계가 주변에 알려지는 것이 두려웠던 것으로 보이기는 하나, **피해자가 강간에 대한 반항을 완전히 포기할 정도의 심리적 항거불능 상태에까지 이르렀는지 또는 성관계 당시 이를 용인하는 이외의 다른 행위를 기대할 수 없는 상태였는지 여부에 관해서는 여전히 의문이 제기되는 점** 등을 종합하여 판단하면서, 제1심의 유죄판결을 파기하고 무죄를 선고하였다.[133] 원심 판결은 상술한 '최협의의 폭행·협박설'과 '종합판단설'의 기준이 계속 관철되고 있음을 보여준다.

그러나 대법원은 2005도3071 판결을 인용하면서, 피고인은 피해자의 의사에 반하여 피해자의 반항을 억압하거나 현저하게 곤란하게 할 정도의 유형력을 행사하여 피해자를 강간하기에 이르렀다고 보기에 충분하다고 판단하고 원심판결을 파기한다. 여기서 대법원이 주목한 사실을 원심판결이 주목한 사실과 비교할 필요가 있다.

---

133) 서울고법 2012. 3. 22. 선고 2011노3250 판결(강조는 인용자).

대법원은 ① 밴드동호회 회원 술자리 후 피고인은 피해자에게 대리기사를 불러 자신의 차량으로 피해자를 데려다 주겠다면서 피해자를 피고인의 승용차 뒷좌석에 태운 후 실제로는 대리기사를 부르지 않았고, 대리기사를 기다린다며 차량 뒷좌석에 있는 피해자 옆에 타고는 피해자를 껴안으려 한 사실, ② 피해자는 피고인을 밀치면서 억지로 껴안는 것이 싫다고 얘기하였음에도, 피고인은 이를 무시하고 '**억지로 하는 것이 뭔지 보여주겠다**'고 하면서 손으로 피해자의 얼굴을 잡고 억지로 키스를 하고, 온몸을 만지고 피해자의 어깨를 잡고 옆으로 눕힌 사실, ③ 피고인이 피해자의 치마를 걷어 올리고 그 안에 입은 핫팬츠를 벗기려고 하자 **피해자는 옷을 벗기지 못하도록 버티면서 하지 말라고 울면서 애원하였고**, 그럼에도 **피고인은 강제로 피해자의 핫팬츠와 팬티를 내린 후 피해자를 간음한 사실**, ④ 피고인은 키 175㎝, 몸무게 70㎏의 건장한 체격의 성인 남성인 데 비하여 피해자는 키 158㎝, 몸무게 51㎏ 정도에 불과하여 **체격의 차이가 크고**, 당시 술에 취한 상태인 피해자가 좁은 차량 안에서 피해자를 잡고 있던 피고인을 벗어나기는 어려웠던 사실, ⑤ 이 사건 차량이 대로변에 있다고 하여도 당시 주변에는 차량이나 다니는 사람이 없었고 **새벽 2시 30분경의 추운 날씨에 입고 있던 핫팬츠와 팬티가 종아리까지 벗겨져 있는 상태에서 피해자가 피고인을 물리치고 피고인의 차량 문을 열고 뛰쳐나가기는 쉽지 않은 상황**이었던 사실, ⑥ 피해자는 이 사건 당일 아침 곧바로 밴드동호회 리더인 공소외인에게 밴드를 그만두겠다는 문자메시지를 보냈고, 그 메시지를 보고 전화를 한 공소외인에게 '피고인이 강제적으로 성관계를 했다'는 취지의 얘기를 한 사실, ⑦ 피고인이 같은 날 피해자에게 '밴드를 그만두지 마라, 자신이 잘못했다'는 취지의 문자메시지를 보내자, 피해자는 전날의 피고인의 행위를 '성폭행'으로 규정하면서 강력하게 항의한 사실, ⑧ 피고인도 계속 피해자의 용서를 구하는 문자메시지를 보낸 사실, ⑨ 피해자는 '생각 같아서는 경찰에 신고하고 싶

어~ 어떻게 할지 지금 고민중이야'라는 문자를, '그만한 각오도 없이
그런일을 벌이다니~ 그날 나는 이러다 죽는게 아닌가 하고 얼마나 무서웠
고~ 지금까지 일도 제대로 못하고 있어~ 잠도 못자고~'라는 내용의
문자를 보낸 사실, ⑩ 피해자는 주변 사람들이 피고인과의 성교 사실
을 알게 되는 것이 두려워 어떠한 조치도 취하지 못하던 중 위 성교
로 인해 자궁외임신이 되고 급기야 복강경하 좌측 나팔관절제술을
받게 되자, 피해자의 주거지나 직장과는 동떨어진 성북경찰서에 가
피고인을 강간죄로 고소한 사실 등을 주목하였다.

이상의 두 개의 대법원 판결은 향후 대법원이 '최협의의 폭행·
협박' 요건을 판단할 때 범행시 소리를 질러 구조를 요청하지 않았다,
사력을 다해 저항하지 않았다, 범행 후 즉각 타인에게 피해를 호소하
거나 고소를 하거나 도주를 하지 않았다 등을 중시하지 않을 것임을
예고한다.

4. 입법론과 해석론 제안

이상에서 '최협의의 폭행·협박설' 및 '종합판단설'의 문제점과 이
에 대한 비판, 그리고 판례의 변화를 살펴보았다. 대법원 2005도3071
판결과 2012도4031 판결은 중요한 변화를 예고하지만, 이는 '종합판
단설'의 내용을 수정한 것으로 '최협의의 폭행·협박설' 그 자체를 변
경하지는 않았다.

대법원이 '최협의의 폭행·협박설'을 고수하는 이유는 '경(輕)한
강간죄'가 존재하지 않는 상황에서 3년 이상의 법정형을 갖고 있는
제297조와 2년 이상의 법정형을 갖고 있는 제297조의2가 확장 적용
되는 것을 막기 위함이다. 최선의 해결은 제297조와 제297조의2의
감경적 구성요건을 추가하는 것이다. 2003년 필자는 '중한 (유사)강간
죄'의 경우 '최협의의 폭행·협박'을 구성요건으로 설정하고, '경한 (유
사)강간죄'의 경우 '협의의 폭행·협박'을 구성요건으로 설정하는 입법

론을 제안한 바 있다.[134] 2012년 형법개정을 반영하여 개정안을 다시
제시하자면, 다음과 같다.

> 제297조[강간] 사람의 저항을 현저히 곤란하게 하는 폭행 또는 협박으로
> 사람을 간음한 자는 3년 이상의 징역에 처한다.
> 제297조의2[유사강간] 사람의 저항을 현저히 곤란하게 하는 폭행 또는
> 협박으로 사람에 대하여 구강, 항문 등 신체(성기는 제외한다)의 내부
> 에 성기를 넣거나 성기, 항문에 손가락 등 신체(성기는 제외한다)의 일
> 부 또는 도구를 넣는 행위를 한 사람은 2년 이상의 유기징역에 처한다.
> 제297조의3[경한 강간 및 유사강간] 사람의 의사에 반하여 폭행 또는 협
> 박으로 간음 또는 유사간음한 자는 1년 이상의 징역에 처한다.

그러나 그 전이라도 '협의의 폭행 · 협박'을 사용한 강제 성교를
처벌할 수 있는 새로운 기준이 필요하며, 이를 위한 해석론이 필요하
다. 즉, 대법원 2005도3071 판결과 2012도4031 판결의 취지를 고려
하면서, '최협의의 폭행 · 협박설'의 내용을 수정해야 한다. 2005도
3071 판결이 나왔으나 2012도4031 판결의 원심판결 같은 해석이 계
속 나오고 있는바, 2005도3071 판결만으로는 부족하다.

이에 필자는 현재의 "피해자의 저항을 완전히 불가능하게 하거
나 반항을 **현저히** 곤란하게 할 정도의 폭행 · 협박"을 "피해자의 저항
을 완전히 불가능하게 하거나 반항을 **상당히** 곤란하게 할 정도의 폭
행 · 협박"으로 변경할 것을 제안한다.[135] 이러한 수정이 이루어진다
면, 이는 수정된 '종합판단설'과 결합하여 성적 자기결정권을 보다 더
보호하고 법관에게는 보다 분명한 판단 지침을 제공할 수 있을 것이다.

---

134) 조국(각주 49), 46면.
135) 2000-2001년 필자는 "피해자의 저항을 완전히 불가능하게 하거나 합리적 또는
   진지한 반항을 곤란하게 할 정도의 폭행 · 협박"이라고 표현했으나[조국(각주 14,
   2001), 28면; 조국(각주 49), 48-49면], 기존 대법원 판례의 문언을 활용하고 한
   국적 법률용어를 선택하여 새로이 표현한다.

제 4. 폭행·협박·위력 없는 '비동의간음죄' 신설의 문제

한편 여성계에서는 '최협의의 폭행·협박설'을 비판하면서, 그 해
결책으로 '비동의간음죄' 신설을 요구하고 있다. 즉, 피해자의 동의
없이 성교가 이루어졌다면 가해자가 **폭행·협박·위력 등을 사용하지 않
았다고 하더라도** 범죄로 처벌되어야 한다는 것이다.

예컨대, 일찍이 1993년 최은순 변호사(현 한국여성단체연합 공동대
표)는 "여성은 동의에 의한 성관계와 강간 사이의 연속선상 어딘가에
위치 지울 수 있는 수많은 비동의적인 성을 경험하고 있"136)음에도
형법이 이 중 극히 일부만을 범죄로 규정하고 있음을 비판하면서, '비
동의간음죄' 신설을 주장하였다. 그리고 1994년 한인섭 교수는 기존
의 강간죄에 더하여, (i) 항거곤란의 정도는 아니었지만 피해자의 동
의 없이 간음·추행한 경우, (ii) 항거곤란을 입증하기는 어렵지만 동
의가 없었음을 입증할 수 있는 경우, (iii) 저항의 외적 표시를 남길
여지가 없이 공포심에 짓눌려 당한 경우 가해자를 처벌할 수 있도록
'비동의간음죄'의 신설을 제안한 바 있다.137) 이를 통하여 "성적 자기
결정권의 측면을 명확히 인정할 수 있을 뿐만 아니라, 수사 공판절차
에서 피해자의 사기를 고무하고 가해자의 사기를 꺾는 역할을 할 수
있을 것"138)이라고 예상하였다.

최근 '미투 운동'이 활발히 전개되면서 2018년 '비동의간음죄' 신
설 주장은 여러 언론에서 소개된 바 있으며, 여당인 더불어민주당과
여성가족부, 법무부는 '비동의간음죄' 신설을 논의하였다. 관련 법안

---

136) 최은순, "여성과 형사법," '법과 사회' 이론연구회 편, 『법과 사회』(1993년 하반
   기), 100면.
137) 한인섭(각주 38), 182면; 한인섭, "성폭력특별법과 피해자보호: 그 문제와 개선
   점," 『피해자학연구』 제3호(1994), 37면.
138) 한인섭(각주 38), 183면.

도 연이어 제출되었다. 대표적으로 홍철호 의원 대표발의 형법일부개정안은 (유사)강간죄 및 강제추행죄의 구성요건을 "폭행이나 협박 또는 사람의 의사에 반하여"로 변경하고 있고,[139] 강창일 의원 대표발의 형법일부개정안과 백혜련 의원 대표발의 형법일부개정안은 모두 (유사)강간죄 및 강제추행죄의 구성요건에서 폭행·협박을 삭제하면서 대신 각각 "상대방의 명백한 동의가 없는 상태에서"[140] 또는 "상대방의 의사에 반하여"[141]를 구성요건으로 규정하고 있다. 그리고 천정배 의원 대표발의 형법일부개정안은 "동의 없이 사람을 간음한 사람은 3년 이하의 징역 또는 1천만 원 이하의 벌금에 처한다."라고 규정하는 '비동의간음죄'와 "동의 없이 사람을 추행한 사람은 1년 이하의 징역 또는 500만 원 이하의 벌금에 처한다."라고 규정하는 '비동의추행죄'를 별도 조항으로 신설하고 있다.[142] 발의한 의원들의 당적은 진보와 보수, 여와 야 모두에 걸쳐 있다.

이상의 주장은 몇몇 외국 입법례의 영향을 받은 것으로 보인다. 예컨대, 미국 뉴욕주[143]와 워싱턴 주[144] 형법은 '비동의성교'를 '3급 강간죄'로 규정하고 있고, 오스트레일리아 뉴 사우쓰 웨일즈 주 형법도 '비동의성교'를 별도 구성요건으로 규정하고 있으며,[145] 영국은 '강간'을 '비동의성교'로 정의하고 있다.[146] 최근 2018년 스웨덴 의회도 유사한 법개정을 이루었다.[147] 이러한 "노 민스 노"(No means no) 명제의 입법화를 넘어 "예스 민스 예스"(Yes means yes) 명제를 입법화하

---

139) 의안번호 12532(2018. 3. 19).
140) 의안번호 12564(2018. 3. 20).
141) 의안번호 12601(2018. 3. 22).
142) 의안번호 12795(2018. 3. 30).
143) New York Penal Law, section 130.25.
144) Washington Criminal Code, section 9A.44.060.
145) Crimes Act 1900 No. 40, section 61I.
146) Sexual Offences Act 2003, sec. 142.
147) https://news.joins.com/article/22766368(2018. 8. 1. 최종방문).

려는 나라도 있다. 즉, 2018년 스페인에서 18세 여성을 집단 성폭행한 5명의 피고인이 징역 9년형을 선고받자 전국적인 항의시위가 전개되었고, 페드로 산체스 총리는 'Yes'라고 말하지 않은 성교는 모두 성폭행으로 처벌하는 법안 발의를 약속했다.148)

그러나 여성이 경험하는 **모든** 비동의적 성교를 모두 '범죄'로 규정하자는 제안에 대해서는 신중한 검토가 필요하다. 먼저 한인섭이 제시한 유형 중 첫 번째, 두 번 째 유형은 앞에서 제시한 필자의 '경한 (유사)강간죄' 신설론이나 폭행·협박의 정도에 대한 완화된 해석론에 따르면 강간죄에 포괄될 수 있을 것이다.

문제는 폭행·협박·위력이 사용되지 않은 비동의간음이다. 이 경우 여성의 거절의사가 표명되었으므로 여성의 성적 자기결정권이 침해되었음은 사실이다. "노 민스 노"라는 수잔 에스트리치의 명제는 성적 자기결정권의 핵심을 간명하게 표시한 탁월한 명제이다.149) 그렇지만 이 명제는 단지 형법적 분석을 시작하게 하는 것이지 종료시키지 않는다.

첫째, 현재 여성계 또는 정치권에서 신설을 주장하는 '비동의간음죄'의 내용을 보면, (유사)강간죄의 '폭행' 또는 '협박'은 물론 형법 제302조 미성년자·심신미약자에 대한 간음죄가 요구하는 '위력'150)도 없는 비동의간음을 처벌하자는 취지이다.

그런데 미성년자 또는 심신미약자의 성적 자기결정권 침해에 대한 처벌은 가해자가 최소한 '위계' 또는 '위력'을 사용한 경우에만 가능하며(형법 제302조), 업무, 고용 기타 관계로 인하여 자기의 보호 또는 감독을 받는 사람에 대한 강제성교의 경우도 가해자가 최소한 '위계' 또는 '위력'을 사용한 경우에만 처벌가능하다(형법 제303조). 그럼에

---

148) https://news.joins.com/article/22814718(2018. 8. 1. 최종방문).
149) Susan Estrich, "Rape," 95 *Yale L. J.* 1087, 1182(1986). 또한 Susan Estrich, *Real Rape* 98, 101-02(1987)를 보라.
150) 동죄의 '위력'에 대한 정의는 제5.Ⅰ.에서 후술한다.

도 의사능력이 있는 성인 또는 업무, 고용 기타 관계로 인하여 보호·감독을 받지 않는 사람의 성적 자기결정권 침해에 대한 처벌을 위하여 일체의 '폭행', '협박', '위력'이 필요 없다고 말하는 것은 과잉범죄화 편향이다.

둘째, 서보학 교수가 비판하였듯이, 이러한 비동의간음은 "그 행위양태가 다양하고 외연이 불분명해 명확성을 본질적 요소로 갖는 형법상의 범죄로 규정하는데 큰 어려움이 따른다."151) 왜냐하면, '비동의간음죄'에서는 여성의 '동의' 여부가 범죄 성립의 관건인데, 이 '동의' 여부에 대한 판단은 쉽지 않다. 강간죄의 경우는 폭행·협박이 사용되었다는 것이 확인되면 — 피고인이 고의를 부인한다고 하더라도 — 피해자의 부동의와 피고인의 고의가 입증되는데 어려움이 없을 것이나, '비동의간음죄'에서는 성교에 대한 '동의'에 대한 판단 기준이 명확하지 않은 것이다.

셋째, 홍철호, 강창일, 백혜련 등 세 국회의원의 법안 방식으로 '비동의간음죄'가 만들어진다면, 동 조항과 형법 제302조, 제303조 사이의 관계가 문제가 될 수밖에 없다.

이 세 법안에서 '비동의간음'은 강간죄, 유사강간죄, 강제추행죄에 포섭되는데, 법정형은 각각 3년 이상의 유기징역, 2년 이상의 유기징역, 10년 이하의 유기징역 또는 1천 500만 원 이하의 벌금이다. 그런데 범죄의 객체가 미성년자 또는 심신미약자인 경우, 업무, 고용 기타 관계로 인하여 자기의 보호 또는 감독을 받는 사람인 경우에는 각각 제302조와 제303조의 적용을 받아 법정형이 각각 5년 이하의 유기징역, 5년 이하의 유기징역 또는 1천 500만 원 이하의 벌금이다. 따라서 미성년자 또는 심신미약자를 '위계' 또는 '위력'을 사용하여 간

---

151) 서보학, "성폭력 범죄와 형법 정책,"『현상과 인식』제22권 1·2호(1998. 7), 57면. 단, 서보학의 비판은 강간죄 성립에 대해서는 '최협의의 폭행·협박설'을 유지하면서 이루어진 것이기에, 저자와는 기본시각이 상이하다.

음한 경우, '위계' 또는 '위력'도 없이 간음한 경우 보다 가벼운 벌을 받게 된다. 또한 업무, 고용 기타 관계로 인하여 자기의 보호 또는 감독을 받는 사람을 '위계' 또는 '위력'을 사용하여 간음한 경우, '위계' 또는 '위력'도 없이 간음한 경우 보다 가벼운 벌을 받게 된다.

'비동의간음죄'가 입법화된 나라가 있지만, 이들 나라의 형법상 성폭력범죄 체계는 한국의 경우와 차이가 있음을 유념해야 한다.

넷째, 성교에 대한 '묵시적 동의'나 '조건부 동의'는 동의와 거절 사이의 회색지대에 존재하는 것이고, 이는 언제든지 피해자의 거절로 해석될 수 있기 때문에 이 경우 사실상 입증책임이 피고인에게로 전환된다. 남녀관계의 유동성과 복잡성을 생각할 때, 합의성교 후 관계가 나빠져서 '비동의간음'이었다고 고소가 이루어지는 경우가 충분히 예상되기 때문이다. 그리하여 이영란 교수는 폭행·협박이 행사되지 않은 비동의간음을 범죄로 규정하면 "범죄행위자의 처벌여부가 전적으로 피해자의 의사에 따라 좌우된다는 불합리한 결과를 초래하게 된다."[152]고 비판한 것이다.

상술하였듯이 판례 변경으로 아내강간이 인정되었다는 점을 생각하면, '비동의간음죄' 신설의 문제점은 더 증폭된다(현재의 '비동의간음죄' 신설론은 동죄의 객체에서 부부를 제외하지 않고 있다). 부부 사이에 폭행·협박·위력도 없었지만 '동의'도 없이 이루어진 성교가 '범죄'로 처벌되는 것은 과잉범죄화의 폐해를 바로 불러일으킬 것이다. 부부가 '쿨'하게 헤어지기보다는 이혼 과정에서 서로 '원수'가 되는 일이 허다한 현실에서, '비동의간음죄'는 투쟁의 도구로 사용될 가능성이 많을 것이다.

'비동의간음죄'의 신설은 남성에게 형사처벌을 피하려면 자신의 데이트하는 여성 또는 아내와의 성교 추구 전에 상대방의 명시적·확

---

152) 이영란, "성폭력특별법의 형법적 고찰," 한국피해자학회, 『피해자연구』 제3호 (1994), 28면.

제 4. 폭행·협박·위력 없는 '비동의간음죄' 신설의 문제 **63**

정적 동의를 **증거로 확보**하라고 요구하는 셈이다. 그리고 '비동의간음
죄'가 신설된다면, 성교에 대한 여성의 '명시적 동의'나 '확정적 동의'
가 확보·입증되지 않은 경우, 여성과의 합의에 따른 농도 짙은 상호
애무 후에 시도된 남성의 성교추구 행위는 항상 '범죄' ─ 적어도 형
법 제300조에 따라 '비동의간음죄'의 **미수로** ─ 로 처벌될 가능성이 있
음도 유념해야 한다.

　마지막으로 근본적인 질문을 던져야 한다. 통상의 의사능력이 있
는 성인 여성의 성적 자기결정권에 대한 일체의 침해를 **형법을 통하여**
막아주어야 하는가의 문제이다. 폭행·협박·위력 등이 사용된 성적
자기결정권 침해와 그렇지 않은 성적 자기결정권 침해는 구별해야
한다. 후자의 경우에도 피해 여성을 보호하기 위해 무조건 형법이 동
원되어야 한다는 것은 오히려 여성주의의 '적'인 가부장주의의 관념
의 산물일 수 있다. 폭행·협박·위력 등이 사용되지 않은 남성의 성
교추구에 대하여 연약한 존재인 여성은 어쩔 수 없이 응할 수밖에 없
으므로, 이러한 남성의 행위를 범죄로 규정하여 남성의 자기통제를
요구하고 여성을 보호해야 한다는 논리는 여성의 의지와 능력을 폄
하하는 것이다. 이러한 경우 여성은 성교를 거절할 수 있을 뿐만 아
니라 그 상황을 종료시킬 수 있다(이러한 여성의 대응에 대하여 남성이 폭
행·협박·위력 등을 행사한다면 강간죄 성립의 문제로 초점이 이동할 것임은 물
론이다). 비비안 버거는 이 점을 날카롭게 지적한다.

　　여성은 과잉보호되어선 안된다. 여성을 어떠한 종류의 압력에도
　　견뎌낼 수 없는 약하고 종속적인 존재로 포괄적으로 묘사하는 것은
　　"여성의 성적 자기결정권, 성적 자율성 및 여성의 자기존중과 여성
　　에 대한 사회적 존중"을 축하하기보다는 오히려 이를 무효로 만들고
　　역전시키며, 철학적 차원에서는 값을 떨어지게(cheapen) 만든다.[153]

---

153) Vivian Berger, "Rape Law Reform at the Millennium," 3 *Buff. Crim. L. Rev.*
　　513, 522(2000).

형법학은 성적 자기결정권 보호의 핵심을 포착하는 여성주의의 "노 민스 노"명제의 취지를 수용하면서도, 이 명제를 그대로 형법 조문화할 경우 예상되는 부작용을 없애면서 입증과 처벌이 확실히 보장되는 범죄구성요건을 만들어야 한다. 이런 방식으로 형법학과 여성주의는 **교집합**을 만들어내야 한다.

상술하였듯이 '협의의 폭행·협박'을 구성요건으로 하는 '경(輕)한 강간죄'를 신설하거나 또는 강간죄의 폭행·협박의 요건을 완화하는 해석론을 취한다면, 처벌되지 않는 비동의적 성교의 범위는 실질적으로 줄어들므로, '비동의간음죄' 신설론의 문제의식은 여기서 대부분 흡수될 것이다. 그리고 실제 상황에서 '협의의 폭행·협박'이나 '위력'조차도 없는 '비동의간음'을 상정하기는 어려우므로 실익도 적다. 요컨대, 저자는 **폭행·협박·위력 없는 비동의간음은 '형사불법'이 아니라 '민사불법'으로 의율되어야 한다**고 생각한다.[154]

이상과 같은 저자의 입장을 도해화하면 다음과 같다.

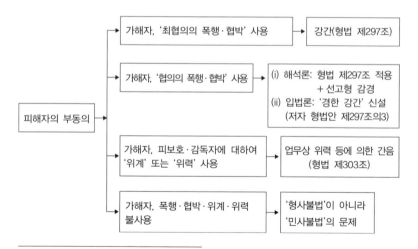

---

154) 이 점에 대해서는 Nora West, Note, "Rape in the Criminal Law and the Victim's Tort Alternative: A Feminist Analysis," 50 *U. Toronto Fac. L. Rev.* 96 (1992)을 참조하라.

제 5. 미성년자·심신미약자에 대한 위계·위력에 의한 간음죄

현행 형법은 성인에 대해서는 업무, 고용 기타 관계로 인하여 자기의 보호 또는 감독을 받는 사람을 대상으로 하는 경우(제303조) 외에는 위계·위력에 의한 간음죄를 인정하지 않는 반면,155) 미성년자 또는 심신미약자에 대해서는 객체의 제한 없이 위계·위력에 의한 간음죄를 인정한다(제302조). 미성년자 또는 심신미약자의 성적 자기결정권은 침해될 우려가 더 높기 때문에 폭행·협박이 아닌 위계·위력으로 인한 침해도 범죄화한 것이다.

I. 위   력

1. 정   의

미성년자·심신미약자에 대한 위력간음에 대한 지도적 판결은 대법원 2005. 7. 29. 선고 2004도5868 판결이다. 이 사건에서 피고인은 아들의 여자 친구였던 피해자(17세)가 아들과 헤어진 것을 알고 피고인의 집 인근에서 같이 술을 마신 후 여관에서 잠을 재워 주겠다고 데리고 가, 피해자를 껴안고 키스를 하면서 "이러지 마세요"라는 피해자의 말을 무시한 채 피해자의 팔목 부위를 저항하기 어려울 정도로 힘 있게 꽉 잡았고, 울면서 눈을 감은 채 몸을 비트는 피해자의 청바지를 힘으로 벗긴 다음 피해자를 간음하면서, "이제부터는 내가

---

155) '위계'를 행위태양을 규정하고 있었던 형법 제304조 혼인빙자간음죄는 위헌결정이 내려져 폐지되었다[헌법재판소 2009. 11. 26. 선고 2008헌바58, 2009헌바191 (병합) 전원재판부]. 저자는 혼인빙자간음죄 위헌론을 제기하고 동 사건에 참고인의견서를 제출한 바 있다[조국, "혼인빙자간음죄 위헌론 소고," 한국형사법학회, 『형사법연구』 제21권 제2호(2009. 10)].

너를 사랑해 줄게"라고 말하였다.

원심은 피고인이 샤워를 하거나 맥주를 사러 밖으로 나갔을 때에도 피해자는 모텔에 그대로 있었고 또 함께 맥주를 마신 점, 피고인이 성관계를 가지기 위해서 **폭행·협박을 하거나 힘으로 완전히 제압한 것도 아닌 점**, 피해자는 성관계 후 모텔을 나온 후 도움을 청하여 만난 다른 사람을 만나 여관에 들어갔고 다음 날 성관계를 가진 점 등을 들어, 유죄를 인정한 1심 판결을 파기하고 무죄를 선고하였다.[156] 원심은 '위력'에 대한 해석을 강간죄에서 '최협의의 폭행·협박설'에 따라 판단한 것으로 보인다.

그러나 대법원은 원심을 파기하였다. 대법원은 피해자가 범행 일까지 피고인을 자기를 사랑해주는 친아버지처럼 신뢰하고 있었다는 사정, 피해자가 간음당한 날 새벽 친구에게 전화하여 피해사실을 알린 점, 피고인이 남자친구의 아버지로서 키가 큰 중년의 어른인 반면, 피해자는 다소 술에 취한 만 17세가량의 여자 청소년에 불과한데다가 심야에 다른 사람의 출입이 곤란한 모텔방에 피고인과 단 둘이만이 있게 됨으로써 **폭행·협박 등 물리력에 의하지 않더라도** 이 사건과 같은 피고인의 돌발적인 행동에 제압당할 수밖에 없었다는 점 등을 원심이 간과하였다고 판단하였다. 그리고 대법원은 '위력'을 다음과 같이 정의하였다.

위력이라 함은 피해자의 자유의사를 제압하기에 충분한 세력을 말하고, 유형적이든 무형적이든 묻지 않으므로 폭행·협박뿐 아니라 행위자의 **사회적·경제적·정치적인 지위나 권세를 이용하는 것도 가능**하며, '위력으로써' 간음 또는 추행한 것인지 여부는 행사한 유형력의 내용과 정도 내지 이용한 행위자의 지위나 권세의 종류, 피해자의 연령, 행위자와 피해자의 이전부터의 관계, 그 행위에 이르게 된 경위, 구체적인

---

156) 서울고법 2004. 8. 24. 선고 2004노1279 판결(강조는 인용자).

행위 태양, 범행 당시의 정황 등 제반 사정을 종합적으로 고려하여 판단하여야 한다.[157]

이러한 판단은 이후 판결에서도 관철된다. 예컨대, 체구가 큰 만 27세 남자가 만 15세(48kg)인 피해자의 거부 의사에도 불구하고, 성교를 위하여 **피해자의 몸 위로 올라간 것 외에 별다른 유형력을 행사하지는 않은 사안에서**, 무죄선고를 내린 원심을 파기하고 '위력'을 인정하였다.[158]

이상에서 대법원은 '최협의의 폭행·협박'이 필요한 강간과 '위력'이 필요한 미성년자 등 간음을 명확히 구별하면서 후자를 전자에 비하여 강도를 낮게 설정하였음을 알 수 있다(그리고 '위력' 여부는 강간죄의 경우와 마찬가지로 '종합판단설'에 따라 판단한다). 이는 양자를 구별한 입법자의 취지에 부합하며, 미성년자·심신미약자의 성적 자기결정권 보호를 위해 타당한 해석이다.[159]

2. 위력간음죄의 성인대상 확장?

미성년자·심신미약자 대상 위력 간음죄와 달리, 성인에 대해서는 **업무, 고용 기타 관계로 인하여 자기의 보호 또는 감독을 받는 사람에 대하여** 위계 또는 위력을 사용하여 간음 또는 추행한 경우에만 형사처벌이 이루어진다(형법 제303조).

---

157) 대법원 2005. 7. 29. 선고 2004도5868 판결(강조는 인용자). 이러한 '위력'에 대한 정의는 업무방해죄의 '위력'에 대한 정의와 동일하다(대법원 2005. 3. 25. 선고 2003도5004 판결; 대법원 2005. 5. 27. 선고 2004도8447 판결 등).

158) 대법원 2008. 7. 24. 선고 2008도4069 판결.

159) 근래 40대 연예기획사 대표자가 피해자가 15세 여중생 시절부터 성폭행하고 임신까지 시킨 사건에서 대법원은 최종적으로 강간죄 무죄판결을 내려 사회적 물의가 있었다(대법원 2014. 11. 13. 선고 2014도9288 판결). 저자는 이 사건에서 검사가 피고인을 미성년자에 대한 위력 간음으로 기소했더라면, 유죄 판결이 나왔을 것이라고 판단한다.

2018년 4월 안희정 전 충남지사 사건이 터지기 전까지는, 강간
죄나 미성년자 등 대상 위력간음죄와 달리 제303조 피보호·감독 성
인 대상 위력간음죄는 사회적·법적으로 큰 주목을 받지 못했다. 동
년 8월 안 전 지사에 대하여 1심 무죄판결이 내려지자, 피해자 김지
은 씨는 변호인을 통하여 "굳건히 살아서 안희정의 범죄행위를 법적
으로 증명할 것"이라는 강한 의지를 표명했고, 자유한국당 신보라 원
내대변인은 "안희정 무죄판결은 사실상 미투 운동에 사형선고를 내
린 것"이라고 비판했다.160)

　　1심 재판부는 '위력' 여부에 대한 '종합판단'을 하면서 피해자의 진
술에 신빙성이 부족하다고 판단하였는바, 통상의 성폭력범죄 재판에
서의 문제점 — 이는 제2장에서 살펴볼 것이다 — 인 재판과정에서
피고인보다는 피해자가 더 의심받는 현상이 발생하였다. 그리고 형
법 제303조의 '위력'이 제297조 강간죄의 '폭행·협박'보다 넓은 개
념이지만, 이 경우도 확실한 증인이나 물적 증거가 없는 경우 "합
리적 의심의 여지 없는"(beyond reasonable doubt) 유죄 입증이 어려움
을 보여주었다. 또한 재판부는 피해자가 안 전 지사의 "씻고 오라"는
말을 듣고 그의 객실로 간 점에 대하여, "(피해자가) 과거 간음 상황
등에 비추어 그 의미를 넉넉히 예측할 수 있었을 것으로 보임에도
별다른 반문이나 **저항 없이** 이에 응했다"라고 판단하였다(강조는 인용
자).161) 여기서 재판부가 '저항' 여부를 유무죄 판단의 중요한 근거로
삼았음을 알 수 있는데, 이는 제1장 제3. Ⅲ. 3.에서 상술한 강간죄
관련 대법원 판결의 변화와 배치된다. 안 전 지사의 형법 제303조 위
반 혐의의 사실관계와 법리 해석 문제는 대법원까지 계속 다투어질

---

160) http://www.yonhapnews.co.kr/bulletin/2018/08/14/0200000000AKR2018081408
　　2800004.HTML?input=1195m (2018. 8. 15. 최종방문); http://news1.kr/articles/?
　　3398363 (2018. 8. 15. 최종방문).
161) 대법원 2005. 7. 28. 선고 2005도3071 판결; 대법원 2012. 7. 12. 선고 2012도
　　4031 판결.

것인바, 본격적 판례 분석은 그 이후로 미루기로 한다.

그런데 안 전 지사의 행위가 폭로된 후 이 행위가 형법 제303조에 의하여 처벌할 수 있는지가 논란이 되자, 자유한국당 이명수 의원은 동조의 구성요건을 "업무, 고용 기타 관계로 인하여 자기의 보호 또는 감독을 받거나 **사회적 지위 등을 이용하여 사실상 영향력을 행사할** 수 있는 사람에 대하여 위계 또는 위력으로써 간음"으로 변경하는 형법개정안을[의안번호 12507(2018. 3. 16); 강조는 인용자], 동당 곽상도 의원은 동조의 구성요건을 "업무, 고용 기타 관계로 인하여 자기의 보호 또는 감독을 받거나 **사실상의 영향력 또는 실질적 영향력 아래**에 있는 사람을 간음"하는 것으로 변경하는 형법 개정안을 대표발의하였고[의안번호 12963(2018. 4. 6); 강조는 인용자], 동당 나경원 의원은 형법 제303조와 별도로 "**경제·사회적 지위를 이용하여 사실상 영향력을 행사**할 수 있는 사람에 대하여 이익의 제공이나 약속 또는 불이익의 위협을 간음"한 자를 처벌하는 조항을 신설하는 형법 개정안을 발의하였다[의안번호 12282(2018. 3. 2); 강조는 인용자].

그런데 이상의 개정안이 사용하고 있는 "(경제·)사회적 지위," "사실상의 영향력," "실질적 영향력" 등은 상술한 2004도5868 판결의 '위력' 개념에 다 포섭되는 내용이다. 이상의 법안 같은 법개정이 이루어진다고 하여 안희정 전 지사와 같은 행위에 대하여 유죄판결이 더 쉽게 이루어지는 것도 아니다. 문제는 제303조의 조문이 아니라, 위력 행사의 존부, 피고인 또는 피해자의 진술의 신빙성 등에 대한 '사실의 판단자', 즉 판사의 시각과 논리이기 때문이다(저자는 법개정이 필요한 것은 제303조를 포함한 성폭력범죄에 대한 '사실판단'을 판사가 아니라 배심원이 하도록 하는 것이고, 이럴 때 유죄 또는 무죄 판단에 대한 시민의 수용성이 높아질 것이라고 판단한다).

이상과 별도로 생각해보아야 할 문제는 현재에는 비범죄화되어 있는 업무, 고용 기타 관계로 인하여 자기의 보호 또는 감독을 받는 사람이 아닌 성인에 대한 위력간음도 범죄화하는 것이 타당한지 여부이다. 즉, 형법 제302조의 미성년자·심신미약자에 대한 위력 간음죄를 성인 전체로 확대하는 것이 옳은가의 문제이다. 현재 이러한 입법론을 제기하는 사람은 없지만, 이는 상술한 '비동의간음죄' 신설론의 변형태(變形態)로 제기될 가능성이 있다.

보호·감독 관계가 없고 정상적 의사능력이 있는 성인을 대상으로 "사회적·경제적·정치적인 지위나 권세를 이용"162)하여 간음하는 행위를 범죄화하는 것이 타당할까? 형식논리에 따르면, 이렇게 성인을 "위력으로 간음"하는 것도 — '비동의간음'과 마찬가지로 — 그 피해자의 성적 자기결정권을 침해하는 것이므로 범죄화되어야 할 것이다. 그러나 형법적 관점에서는 이러한 행위에 당벌성(當罰性)이 있다고 보기 힘들다.

먼저 강간죄로 의율되는 폭행·협박 사용 간음과 달리, "사회적·경제적·정치적인 지위나 권세를 이용"이라는 행위는 추상적이고 포괄적이다. 이러한 행위가 범죄화되면, 행위자가 — 폭행·협박을 사용하지 않으면서 — 보호·감독 대상이 아닌 상대방 성인에게 자신의 신분, 직업, 재력, 권력을 과시하고 이에 상대방이 영향을 받아 성교한 경우도 범죄가 된다.

이러한 행위를 '비도덕적'이라고 비난할 수는 있을 것이다. 그러나 보통 시민의 성생활에서 종종 발생할 수 있는 이러한 행위를 '범죄'라고 규정하게 되면, 과잉범죄화는 필연적이다. 모든 성적 자기결정권을 형법으로 보호하겠다는 '선한' 의도는 나쁜 결과를 낳을 수밖에 없다. 참조로 여성계의 반대에도 불구하고 혼인빙자간음죄가 위헌으로 결정되어 폐지되었다는 점을 생각해보아야 한다.163) 혼인빙자간음의 경우 피해여성은 하자 있는 의사에 따라 남성과 성관계를 맺는

---

162) 대법원 2005. 7. 29. 선고 2004도5868 판결.
163) 헌법재판소 2009. 11. 26. 선고 2008헌바58, 2009헌바191(병합) 결정.

것이지만, 헌법재판소는 이런 경우에 국가형벌권이 동원되어서는 안 된다고 보았다.

II. 위계 — 판례의 축소해석 비판

한편 대법원은 '위계'의 경우 그 의미를 제한적으로 해석하여 이 조문의 역할을 대폭 축소하였다. 미성년자 등에 대한 위계간음에서 '위계'의 의미를 확정한 판결은 대법원 2001. 12. 24. 선고 2001도 5074 판결이다.

이 사건에서 피해자(16세 여고생)는 컴퓨터 채팅을 통하여 성교의 대가로 50만 원을 줄 의사나 능력이 없었던 피고인에게 성교 제안을 받고 성교를 하였다. 원심은 피해자가 성교에 대한 사리판단력이 있는 사람으로서 피고인으로부터 성교의 대가를 받기로 하고 스스로 성교행위에 나아간 것이므로 그러한 금품의 제공과 성교행위 사이에 불가분의 관련성이 인정되지 아니하는 만큼, 이로 인하여 피해자가 간음행위 자체에 대한 착오에 빠졌다거나 이를 알지 못하였다고 할 수 없다는 이유로 피고인의 행위가 청소년의 성보호에 관한 법률 제10조 제4항의 '위계'로 청소년인 피해자를 간음한 것에 해당하지 아니한다고 판단하였다.[164] 대법원은 이를 확정하면서, 다음과 같이 설시하였다.

형법 제302조의 위계에 의한 미성년자간음죄에 있어서 위계라 함은 행위자가 간음의 목적으로 상대방에게 오인, 착각, 부지를 일으키고는 상대방의 그러한 심적 상태를 이용하여 간음의 목적을 달성하는 것을 말하는 것이고, 여기에서 오인, 착각, 부지란 **간음행위 자체에 대한 오인, 착각, 부지를 말하는 것이지, 간음행위와 불가분적 관련성이 인**

---

164) 서울고법 2001. 9. 4. 선고 2001노1601 판결.

정되지 않는 다른 조건에 관한 오인, 착각, 부지를 가리키는 것은 아니다.[165]

이는 대법원 2002. 7. 12. 선고 2002도2029 판결에서 재확인된
다. 이 사건에서 피고인은 정신지체로 심신미약상태인 피해자에게 남
자를 소개해 준다며 여관 방까지 유인하여 피고인이 먼저 피해자와 1
회 성교하고, 계속하여 다른 남성이 피해자와 성교하였다. 원심은 심
신미약자 위계간음의 유죄를 인정하였으나, 대법원은 2001도5074 판
결을 확인하면서 이를 파기한다. 즉,

　　피고인이 피해자를 여관으로 유인하기 위하여 남자를 소개시켜
　주겠다고 거짓말을 하고 피해자가 이에 속아 여관으로 오게 되었고
　거기에서 성관계를 하게 되었다 할지라도, 그녀가 여관으로 온 행위
　와 성교행위 사이에는 불가분의 관련성이 인정되지 아니하는 만큼
　이로 인하여 피해자가 간음행위 자체에 대한 착오에 빠졌다거나 이
　를 알지 못하였다고 할 수는 없다 할 것이어서, 피고인의 위 행위는
　형법 제302조 소정의 위계에 의한 심신미약자간음죄에 있어서 위계
　에 해당하지 아니한다.[166]

상술하였듯이 대법원은 ‘위력’에 대한 해석에서는 업무방해죄의
‘위력’ 개념을 차용하였지만, ‘위계’에 대한 해석은 전혀 다른 해석을
취한 것이다.[167]

---

165) 대법원 2001. 12. 24. 선고 2001도5074 판결. 대법원은 피고인의 행위가 청소년
　　의 성보호에 관한 법률 제2조 제2호에 규정된 “청소년의 성을 사는 행위”에 해당
　　하여 동법 제5조에 따른 처벌 대상이 됨은 인정한다.
166) 대법원 2002. 7. 12. 선고 2002도2029 판결.
167) 업무방해죄의 ‘위계’에 대한 대법원의 해석은 다음과 같다. “위계에 의한 업무방
　　해죄에 있어서 위계라 함은 행위자의 행위목적을 달성하기 위하여 상대방에게
　　오인, 착각 또는 부지를 일으키게 하여 이를 이용하는 것을 말하며, 상대방이 이
　　에 따라 그릇된 행위나 처분을 하였다면 위계에 의한 업무방해죄가 성립된다”(대
　　법원 1992. 6. 9. 선고 91도2221 판결 등).

학계 다수입장은 이러한 판례를 무비판적으로 소개하는데 그치고 있다. 이러한 판례의 태도에 대한 비판은 한영수, 김성천 두 교수에 의해 제기되었다. 한 교수는 "여자청소년을 대상으로 성교의 대가로 거금(?)을 주겠다고 거짓말하는 행위가 '성의 사취'가 아니라 '성의 매수'일 뿐이라는 논리는 설득력이 약하다"라고 비판하면서, "**간음행위와 불가분적 관련성이 있는 조건에 대한 기망**"이 있는 경우 '위계'를 인정해야 한다고 주장한다.168) 김 교수는 미성년자 등에 대한 위계간음죄는 대법원 판례가 상정하는 경우는 물론, "성관계가 이루어진다는 사실은 제대로 인식하지만, 성행위를 하겠다는 의사결정에 본질적으로 중요한 요소가 되는 행위자의 의도에 기망이 있는 경우"가 포함되어야 한다고 해석했다.169)

저자는 이러한 비판에 동의한다. 판례의 해석은 '위계'의 의미를 대폭 축소하는 피고인에게 유리한 해석이다. 그러나 이러한 해석이 입법자의 취지에 부합하는지 의문스럽다. 입법자가 제302조를 만든 것은 미성년자 또는 심신미약자의 성적 자기결정권을 강하게 보호하려는 있는데, 판례에 따르면 제302조의 역할은 대폭 축소된다.

먼저 김성천 교수가 지적했듯이, 중학생 정도면 성교육을 통하여 성행위의 의미를 알고 있는 현실에서 판례의 기준이 적용되는 경우는 청소년이 아니라 유아의 경우일 뿐이다.170) 과거에 비하여 동조 적용 대상 나이에 해당하는 만 13세 이상 19세 미만 미성년자의 성적 활동이 활발해진 것은 사실이지만, 미성년자의 성은 성년의 성에 비하여 더 보호받아야 한다. 이 나이대의 미성년자 중 사리판단 능력을 분명히 가지고 있어 성년과 합의성행위를 선택하는 경우도 있겠지만, 이러한 경우를 전형적인 사례라고 보고 법해석을 해서는 안

---

168) 한영수, "'청소년의 성을 사는 행위'와 '위계에 의한 청소년간음행위'의 구별," 형사판례연구회, 『형사판례연구』 제11호(2003), 521, 526면(강조는 인용자).
169) 김성천, "청소년의 성보호," 중앙법학회, 『중앙법학』 제7집 제3호(2005), 78면.
170) Ibid.

된다.[171)

그리고 2001도5074 판결에서 피고인은 '청소년성매수죄'로 처벌할 수 있겠지만, 2002도2029 판결에서 피고인은 처벌에서 완전히 자유로워진다. 심신미약자에게 혼인을 하자고 속이거나 선물을 주겠다, 숙소와 식사를 제공하겠다 등으로 속이고 성교를 하는 행위는 합법적 '화간'이 되고 만다. 이러한 결과가 입법자가 의도한 것인지, 형사정책적으로 타당한 것인지 매우 의심스럽다.

이상의 점에서 저자는 동죄의 '위계'에 대한 배종대 교수의 2010년 시점 의견에 동의한다.

> 위계는 기망·유혹 등의 방법으로 상대방을 착오에 빠뜨려 정상적 판단을 어렵게 하는 것을 말한다. 그 방법에는 제한이 없어서 **상대방의 부지를 이용하는 등 어떤 형태라도 상관없다.**[172)

제 6. 미성년자 의제강간·강제추행죄

I. 현행법의 태도

2019년 5월 20대 국회는 형법 개정을 통하여 제305조 제2항을 신설하여, 미성년자 의제강간·강제추행죄의 연령을 기존 13세 미만에서 16세 미만으로 상향했다. 이제 만 16세 미만의 사람과 성적 관

---

171) 형법 제302조 문언으로는 미성년자와 미성년자 사이의 성행위도 동조가 규율한다고 볼 수 있겠으나, 조문의 취지상 동죄의 주체는 성년자라고 제한해석해야 할 것이다[한영수(각주 168), 519면]. 또한 같은 맥락에서 심신미약자도 동죄의 주체가 아니라고 해석해야 한다.
172) 배종대, 『형법각론』(제7전정판, 2010), 269면(강조는 인용자). 그런데 배 교수는 이후 판례의 해석을 지지하는 쪽으로 입장을 바꾼다[배종대, 『형법각론』(제9전정판, 2015), 262면].

계는 그 동의 여부와 무관하게 처벌된다[단, 성폭력범죄의 처벌 등에 관한
특례법상 미성년자 의제강간·강제추행죄(동법 제7조)의 연령은 13세 미만으로
유지되고 있다]. 동죄에서 동의173)나 폭행, 협박, 위력174) 등의 존재 여
부는 범죄구성요건이 아니기에, '의제' 강간·강제추행으로 명명된다.
이는 16세 미만 미성년자의 경우 성적 자치결정권 침해 여부 자체를
묻지 않고, 미성숙한 미성년자가 성적 대상이 되는 것을 강력하게 막
기 위한 입법적 조치이다. 김한균 박사의 정리처럼, "최소연령기준
법정의 의미는 일정 연령 미만의 연소자를 성인의 성적 착취나 학대
로부터 절대적으로 보호하는 한편으로 개인 간의 합의에 의한 모든
성적 행위가 완전한 사적 자유의 영역에 있을 수 없음을 법적으로 선
언하는 것이다."175)

　2019년 법개정 이전까지 OECD 국가 중 의제강간 최저기준을
13세로 하는 나라는 일본과 한국 두 나라뿐이었다(스페인 경우 12세로
가장 낮다). 14세를 최저기준으로 하는 나라는 이탈리아, 아이슬란드,
헝가리 등이고, 15세를 최저기준으로 하는 나라는 독일, 프랑스, 오
스트리아, 스웨덴, 그리스, 체코, 슬로바키아, 폴란드 등이며, 16세를
최저기준으로 하는 나라는 영국, 미국 다수 주, 캐나다, 오스트레일
리아, 뉴질랜드, 네덜란드, 룩셈부르크, 포르투갈, 핀란드 등이다.176)
여기서 통상 한국보다 성관념이 개방적이라고 평가되는 서구의 경우
도 대부분 연령 최저기준이 14세 이상임을 알 수 있다. 여기서 2019

173) 대법원 1970. 3. 31. 선고 70도291 판결; 대법원 1982. 10. 12. 선고 82도2193 판결.
174) 대법원 1970. 12. 29. 선고 70도2369 판결; 대법원 1975. 5. 13. 선고 73도855 판결.
175) 김한균, "형법상 의제강간죄의 연령기준과 아동·청소년의 성보호," 한국형사법학
　　회, 『형사법연구』 제25권 제1호(2013), 109면. 뇌과학 차원에서 아동과 청소년은
　　뇌의 "불안정성"과 "미성숙성"이 있으므로 더 많은 보호가 필요하다는 주장도 있
　　다[김희정, "청소년기의 특성을 고려한 청소년과의 '합의'에 의한 성관계의 강간
　　죄 처벌에 관한 고찰 — 미국의 사례를 중심으로 —," 『형사법의 신동향』 통권 제
　　51호(2016. 6), 404-405면].
176) 김한균(각주 175), 112면.

년 법개정 이전까지의 한국 형법의 태도는 일본 형법의 계수(繼受)의 결과임을 추정할 수 있다.

한편 아동·청소년의 성보호에 관한 법률 제8조는 "19세 이상의 사람이 장애 아동·청소년을 간음하거나 장애 아동·청소년으로 하여금 다른 사람을 간음하게 하는 경우"에는 3년 이상의 유기징역에 처하도록 규정하고 있다. 즉, 13세 이상의 미성년자라고 하더라도 장애가 있는 경우에는 이 미성년자와 성교하는 행위는 범죄로 처벌된다. 또한 동법상 "아동·청소년의 성을 사는 행위" ─ 세칭 '원조교제' ─ 는 처벌된다(제2조 제4호, 제13조). 그리고 아동복지법 제17조는 '아동', 즉 18세 미만의 사람에게 "음란한 행위를 시키거나 … 아동에게 성적 수치심을 주는 성희롱 등의 성적 학대 행위"를 처벌한다.

이러한 현행법의 태도를 도해화하면, 이하와 같다.

미성년자의 나이	16세 미만	13세 이상 19세 미만
미성년자와 '합의성교'	범죄화	(i) 미성년자가 장애가 있는 경우, 범죄화 (ii) 미성년자가 장애가 없는 경우, 비범죄화 (iii) 성인 교사와 미성년 학생 간의 성교인 경우, 성인에 대한 행정제재
미성년자와의 '원조교제' & 폭행, 협박, 위력 등을 행사한 미성년자와의 강제성교	범죄화	범죄화

근래 발생한 사건으로 2017년 경남 진주의 32세 초등학교 여교사가 12세 초등학교 6학년 남학생을 유혹하여 성관계를 맺은 사건이 있는데, 이 여교사는 형법 제305조 위반으로 유죄판결을 받았다.[177] 그런데 도덕적 기준으로 보아선 유사한 다른 사건의 결론은 달랐다.

---

177) http://www.newsis.com/view/?id=NISX20171114_0000147372&cID=10812 & pID=10800(2018. 8. 1. 최종방문).

예컨대, 2015년 서울의 영어 학원의 31세 여성 강사는 수강생인 13세 중학생을 유혹하여 성관계를 맺었는데, 중학생의 나이가 13세이었기에 형법 제305조 위반으로 기소되지 못하고 아동복지법 제17조 위반으로 기소되어 유죄판결을 받았다.[178] 2016년 대구의 33세 중학교 여교사는 15세 중학교 남학생과 합의 성관계를 맺었지만, 남학생이 형법 제305조 구성요건의 나이보다 많았기에 처벌될 수 없었다.[179] 그리고 42세 연예기획사 대표자와 15세 여중생의 성관계 사건에서 대법원은 최종적으로 강간죄 무죄판결을 내렸다.[180] 이상의 사건 모두 사회적으로 큰 관심과 논란을 일으켰다.

그리하여 형법 제305조의 연령을 상향해야 한다는 주장이 제기되었다. 오래 전 고 유기천 교수도 16세 상향론을 제시한 바 있다.[181] 국회에서도 의제강간 연령을 16세로 상향하는 형법개정안이 여러 번 제출된 후, 2019년 형법이 개정된 것이다.[182]

II. 문제상황

장애가 없는 13세 이상 19세 미만의 미성년자와 합의성교를 처벌할 것인가는 일률적으로 답을 하기 어려운 문제이다.

우리 사회에서 통상 13세는 중학교 1학년이고, 16세는 고등학교 1학년이다. 여기서 우리는 먼저 한국 사회의 보통평균인의 규범의식이 1953년 형법 제정 시점과 동일한지를 물어야 한다. 이 때 1953년 과는 달리 미성년자의 성을 더 강하고 일률적으로 보호해야 할 필요

178) https://news.joins.com/article/21840666(2018. 8. 1. 최종방문).
179) http://news.jtbc.joins.com/article/article.aspx?news_id=NB11267854(2018. 8. 1. 최종방문).
180) 대법원 2014. 11. 13. 선고 2014도9288 판결.
181) 유기천, 『형법학 각론강의』, 128면.
182) 형법일부개정법률안, 조경태 의원 대표발의, 의안번호 1590(2012. 9. 5); 형법일부개정법률안, 권성동 의원 대표발의, 의안번호 1742(2012. 9. 12).

가 높아졌고, 미성년자의 동의를 빌어 미성년자의 성을 침해하는 현상이 심각해졌다는 판단을 한다면, 최저연령을 상향해야 한다. 반대로 1953년 시기보다 미성년자의 정신적·신체적 발달이 더 숙성되어 있고 미성년자 상호간의 성생활도 활성화되어 있기에 미성년자의 성적 자유를 존중해야 한다는 판단을 한다면, 13세 미만 기준을 유지해야 한다.

형법은 규범학인바, 이에 대한 답은 여론조사를 통하여 도출할 수는 없다. 우리 사회에서 13~15세는 통상 중학생이고, 16세 이상은 고등학생이다. 사회문화·사회규범적 관점에서 볼 때, 같은 미성년자라고 하더라도 성적 자유 측면에서 중학생과 고등학생은 달리 보아야 하고, 따라서 이에 대한 법의 입장도 차이가 나야 한다고 판단한다.

그리고 현대 한국 사회에서 미성년자들의 성생활을 고려할 때도, 고등학생 나이 미성년자의 동의에 기초한 성교는 형법 바깥에 두어야 한다. 즉, 양 당사자는 형법상 가해자도 피해자도 아니다. 한편, 조선시대 <춘향전>에서 두 주인공은 농염한 사랑을 벌이는데, 당시 두 주인공은 '이팔청춘', 즉 16세 청소년이었다. 이 점에서 전통사회에서도 16세가 성적 자유를 향유할 수 있는 나이로 인식되었다고 추정할 수 있다.

가장 논란이 많은 사안은 미성년자 고교생과 성인 간의 — '원조교제'가 아닌 — 합의성교인데, 당해 성인을 반드시 형사처벌해야 한다는 주장이 있다. 그러나 이는 고교생의 성적 판단 능력을 무시하는 것으로 당해 성관계의 구체적 상황을 무시한 채 '보호'의 명분 아래 성적 금욕주의를 형법으로 강제하는 결과를 낳을 수 있다.

예컨대, 18세 미성년자 고교생과 20세 대학생 간의 합의에 기초한 연애와 성교시 후자를 일률적으로 처벌하는 것이 합당한 것인지 의문이 있다.[183] 고교생과 교사 간의 합의에 기초한 연애와 성교는 우리 사회에서는 격렬한 도덕적 비난을 초래할 사안이겠지만, 현 프랑스 대통령 에마뉘엘 마크롱은 15세 고교생 시절 소속 고교 교사로 40세 기혼여성이었던 브리짓 트로뉴와 사랑에 빠져 트로뉴 이혼 후 결혼했다는 사례를 생각해보아야 한다. 이 경우 당해 교사에 대한 적정한 제재는 '형사제재'가 아니라 파면 등 '행정제재'라고 본다.184)

　요컨대, 고교생 나이대 미성년자의 성의 형법적 보호는 미성년자 의제강간·강제추행죄의 최저연령을 상향하는 방식이 아니라, 현행 형법, 성폭력범죄의 처벌 등에 관한 특례법, 아동·청소년의 성보호에 관한 법률의 틀을 유지하는 방식으로 이루어질 필요가 있다.

　반면, 중학생 나이의 미성년자의 경우는 '자유'보다 '보호'에 방점이 놓여야 한다고 판단한다. 그렇다면 13-15세 나이의 중학생의 성에 대한 규범적 판단은 어떻게 하여야 할 것인가. 이 나이대의 미성년자와 합의성교를 한 자에 대하여 개정 형법은 일률적으로 범죄화하였지만, 이러한 태도는 모두 구체적 사안에 적절하게 대응하는 것을 원천봉쇄하는 문제가 있다.

　저자는 미성년자의 나이대를 구분하여 범죄구성요건을 설정하는 독일 입법례를 참조하여 재개정을 할 필요가 있다고 본다. 즉, 형법 제305조에 제2항을 "양육·교육 기타 관계로 인하여 자기의 보호를 받는 16세 미만의 사람"과의 합의성교를 범죄화하는 것으로 재개정하는 것이다(이 경우 상술한 2014년 사건의 연예기획사 대표, 2015년 서울의 영어학원 여강사, 2016년 대구의 중학교 여교사 등은 피해자 학생의 동의 여부와 무관하게 동조 위반으로 처벌될 것이다). 이 점에서 저자는 주광덕 의원 대표발의 형법일부개정법률안(의안번호 10378; 2010. 12. 23. 발의)과 김한균 박사의 제안에 동의한다. 그러나 양자는 16세 이상 미성년자과의 합

---

183) 민법상 18세의 사람은 부모나 미성년후견인의 동의를 얻어 약혼을 할 수 있다(민법 제801조).

184) http://www.yonhapnews.co.kr/bulletin/2017/12/19/0200000000AKR20171219059200065.HTML?input=1195m(2018. 8. 1. 최종방문).

의성교의 경우에도 "우월적 지위의 이용"(김한균), "신뢰관계의 이용"
(주광덕, 김희정) 등의 요건을 설정하여 범죄화하고 있는바,185) 이 점에
는 저자와 차이가 있다. 저자는 이러한 구성요건은 당벌성(當罰性) 여
부를 떠나, '명확성의 원칙' 위반 문제를 일으킨다고 본다.

요컨대, 저자는 미성년자와의 '합의성교'의 범죄화 문제에 있어서
'자유'와 '보호' 간의 새로운 균형점을 찾아야 한다고 보는바, 저자의
입장을 도해화하자면 다음과 같다.

미성년자의 나이	13세 미만	13세 이상 16세 미만	16세 이상 19세 미만
미성년자와의 '합의성교'	범죄화	(i) 미성년자가 양육·교육 기타 자기의 보호를 받는 대상인 경우 또는 장애가 있는 경우, 범죄화 (ii) 위에 해당하지 않는 경우, 비범죄화	(i) 미성년자가 장애가 있는 경우, 범죄화 (ii) 미성년자가 장애가 없는 경우, 비범죄화 (iii) 성인 교사·강사와 미성년 학생 간의 성교인 경우, 성인에 대한 행정제재
미성년자와의 '원조교제' & 폭행, 협박, 위력 등을 행사한 미성년자와의 강제성교	범죄화	범죄화	범죄화

185) 김한균(각주 175), 126면; 김희정(각주 175), 416면; 형법일부개정법률안, 주광덕 의원 대표발의, 의안번호 10378(2010. 12. 23.) 제305조 제2항.

제 7. 맺 음 말

저자는 2003년 이 책의 제1판이 출간하면서 강간죄의 법리에 강고하게 자리 잡고 있는 성편향을 제거하고, 성적 자기결정권의 의미를 심각하고 진지하게 사고하는 강간죄 해석론과 입법론이 필요하다고 주장하였다. 당시 저자의 입장은 학계에서 유별난 소수설로 취급받았다. 다행히도 시간이 흐르면서 형법도 개정되었고, 판례와 학설도 변경되었다. 그러나 아직 바꾸어야 할 점이 많다.

이러한 저자의 시각에 대하여 형사피의자·피고인의 권리를 위축시키는 편향이라는 비판이 제기될 수도 있을 것이다. 그러나 현행 강간죄의 규정과 법리 자체가 남성편향으로 휘어져 있다면, 이는 똑바로 펴는 작업이 필요하다. 남성편향이 교정된 강간죄 규정과 법리 위에서 — 제2장에서 후술할 피해자가 "제2차 피해"를 입지 않고 피의자·피고인과 맞설 수 있게 하는 법제도 개혁과 함께 — 강간죄 피의자·피고인이 자신의 헌법상·법률상 권리를 사용하며 자신을 방어할 수 있도록 조치하는 것이 진정으로 공정한 형법의 자세일 것이다.

강간죄의 규정과 법리의 개혁은 성폭력으로부터 인권을 보호하고 성행위를 상호존중과 합의에 기초한 자유로운 선택행위로 만드는 제도적 출발점이다. 폭행·협박을 사용하여 타인의 성적 자기결정권을 침해하는 것은 그 대상이 누구이든, 그 행위양태가 어떠하든 범죄임이 명백히 선언되고 처벌되어야 한다. 강간은 "영혼살해"(spiritual murder)[186]인 것이다!

그리고 미성년자의 성은 성년에 비하여 더 강하게 보호되어야 하는바, 미성년자에 대한 위계·위력에 의한 간음죄 해석 역시 이러한 방향으로 이루어져야 하며, 미성년자 의제강간죄의 최저연령 규정

---

186) Robin L. West, "Legitimating the Illegitimate: A Comment on Beyond Rape," 93 *Colum. L. Rev.* 1442, 1448(1993).

도 13세 이상 16세 미만 미성년자의 성을 더 보호하는 쪽으로 재구
성되어야 한다.

　한편, 이와 같은 강간 등 성폭력범죄의 조문을 바꾸는 개혁을 추
진하는 데 있어서, 과잉범죄화의 위험은 경계해야 한다. 국가형벌권
이 동원되어 제재를 가해야 하는 행위는 불법의 내포와 외연이 이론
(異論)의 여지없이 분명해야 하며, 범죄구성요건은 수범자(垂範者)인
보통의 시민이 간명하게 이해할 수 있도록 규정되어야 한다. 이 점에
서 입법자는 폭행·협박·위력 없는 '비동의간음죄'를 신설하는 요구
앞에서 매우 조심해야 한다.

[보론 1] '지속적 성희롱'의 경범죄화

1993년 세칭 '서울대 우조교 사건'을 계기로 성희롱(sexual har-rassment)은 전사회적 문제로 부각되었고, 그 결과 성희롱은 손해배상의 책임을 져야 하는 민법상 불법행위임이 법원에 의해 확인되었고,1) 1999년에는 '남녀고용평등법'이 개정되고 '남녀차별금지및구제에관한법률'2)이 제정되면서 성희롱에 대한 법적 규제가 확립되는 등 중대한 변화가 있었다. 더 이상 성희롱은 사소한 농담이나 친근감의 표현이 아니라 직장내에서 벌어지는 인격침해행위임이 법률에 의해 분명히 선언된 것이다. 1998년 대법원은 다음과 같이 설시하였다.

그러한 성적인 언동은 비록 일정 기간 동안에 한하는 것이지만 그 기간 동안만큼은 집요하고 계속적인 까닭에 사회통념상 일상생활에서 허용되는 단순한 농담 또는 호의적이고 권유적인 언동으로 볼 수 없고, 오히려 피해자로 하여금 성적 굴욕감이나 혐오감을 느끼게 하는 것으로서 피해자의 인격권을 침해한 것이며, 이러한 침해행위는 선량한 풍속 또는 사회질서에 위반하는 위법한 행위이고, 이로써 피해자가 정신적으로 고통을 입었음은 경험칙상 명백하다.3)

주로 여성의 성이 상품화되는 사회적 환경 아래에서 성희롱을

---

1) 대법원 1998. 2. 10. 선고 95다39533 판결.
2) 동 법률은 정부조직법 개정으로 남녀차별의 금지·구제에 관한 업무가 국가인권위원회로 이관됨에 따라 2005년 폐지되었다.
3) 대법원 1998. 2. 10. 선고 95다39533 판결.

당하는 여성은 심한 인격적 침해를 느끼며, 남성에 비해 훨씬 많은 수의 여성이 성폭력범죄의 피해자가 되는 현실에서 성희롱을 당하는 여성은 성희롱이 성폭력범죄의 전조가 아닌가 우려한다. 반면 남성의 경우는 여성의 상품화를 즐기는 주체인 경우가 많고, 성희롱이 성폭력범죄의 단초일지 모른다는 여성의 우려를 개의치 않았던바 이제 이러한 남성의 태도가 변해야 함을 법원이 선언한 것이다.

그런데 여성주의 운동에서는 '성희롱'을 여성학적 의미로 사용되는 광의의 '여성에 대한 폭력'(violence against women)의 일종으로 이해하고 있고,[4] 성희롱을 성폭력특별법상의 성폭력범죄에 포괄하여 형사처벌해야 한다는 주장도 제출되고 있다.[5] 한편 성희롱 자체의 개념을 매우 넓게 사용하여 '성폭력'과 거의 같은 개념으로 사용하는 입장도 있다. 예컨대 신성자는 성희롱의 유형 중에 강제적인 애무시도, 강간시도, 원치 않은 성관계 등을 "성행위 요구형" 성희롱에 포함시켰고,[6] 한국여성민우회의 보고서 역시 원하지 않는 입맞춤이나 포옹, 강제추행, 강간미수 등 "몸으로 하는 성희롱"을 성희롱의 한 범주로 제시하고 있으며, 남녀고용평등법과 남녀차별금지및구제에관한법률에 규정된 성희롱에 강간을 포함시켰다.[7]

---

4) 배은경, "성폭력 문제를 통해 본 여성의 시민권," 한국여성사회연구회, 『여성과 사회』 제8호(1997), 68-73면.

5) 이영란, "성폭력특별법의 형법적 고찰," 한국피해자학회, 『피해자연구』 제3호 (1994), 29-30면; 한인섭, "성폭력의 법적 문제와 대책," 한국인간발달학회, 『인간개발연구』 제3권 제1호(1996), 190면. 그리고 1996년 11월 11일 당시 신한국당 국회의원들이 발의한 '성폭력범죄의처벌및피해자보호등에관한법률중개정법률안'은 직장 내 성희롱에 대한 처벌규정을 두고 있었다(안 제11조의2). 즉, "자기 또는 다른 사람의 성적 욕망을 유발하거나 만족시킬 목적으로 업무·고용 기타관계로 인하여 자기의 보호 또는 감독을 받는 사람에 대하여 지속적이고 반복적인 성적 표현이나 행동을 한 자는 1년 이하의 징역 또는 300만원 이하의 벌금에 처한다."

6) 신성자, "직장에서 발생하는 성적 성가심의 유형, 부정적 영향 그리고 피해여성의 개인적 상황적 특성에 관한 연구" 경남대학교 사회과학연구소, 『사회과학연구』 제5집(1993), 93-110면.

7) 한국여성민우회, 『남녀 직장인의 성의식 및 성문화에 관한 실태보고서』(1998)

'미투 운동'이 전개되던 와중인 2018년 3월 28일 천정배 의원 대표발의로 형법개정안이 제출되었는데, "지속적인 성적 언동으로 상대방에게 성적 굴욕감이나 혐오감을 느끼게 한 사람은 1년 이하의 징역 또는 1천만 원 이하의 벌금에 처한다."는 내용의 제299조의2를 제32장 강간과 추행의 죄에 신설하고 있다.8) 비교법적으로 보면, 미국의 몇몇 주9)와 스웨덴이 성희롱을 형법상 범죄로 규정하고 있고, 프랑스 형법은 직장 내 성희롱을 범죄로 규정하고 있다.10)

이러한 견해가 여성에 대한 성희롱이 여성의 인권을 침해하는 것이고 여성에 대한 '폭력'으로 간주해야 할만큼 중요한 문제라는 점을 환기시키는 것이라면 동의할 수 있다. 그러나 이러한 개념설정은 불법성에 있어서 현격한 차이가 있는 성희롱과 강간·강제추행 등의 성폭력범죄를 동일시하는 것은 각각에 대한 차별적 대책을 마련할 수 없게 만들고, 국가형벌권의 과잉을 초래할 가능성이 높다.

먼저 현행 법체계상 성희롱은 '남녀고용평등과 일·가정 양립 지원에 관한 법률'(이하 '남녀고용평등법'으로 약칭),11) '양성평등기본법' 및 '국가인권위원회법' 상의 문제이다. 물론 노인복지법은 "노인에게 성적 수치심을 주는 성폭행·성희롱 등의 행위"에 대하여 5년 이하의 징역 또는 5천만 원 이하의 벌금에 처하도록 규정하고 있고(동법 제39조의9 제2호, 제55조의3), 아동복지법 "아동에게 성적 수치심을 주는 성희롱 등의 성적 학대행위"를 10년 이하의 징역 또는 5천만 원 이하의 벌금에 처

[김정인, 『성희롱 행동의 이해와 실제』(2000), 46면에서 재인용]; 한국여성민우회, 『성희롱: 당신의 직장은 안전합니까?』(2000), 276면.

8) 의안번호 12725(2018. 3. 28).

9) 미국의 경우 델라웨어, 노쓰 캐롤라이나, 텍사스 등이 성희롱을 형사처벌하고 있다. Del. Code Ann. tit. 11, §763(1)(1995); N.C. Gen. Stat. §14-395.1(b)(1)(1997); Tex. Penal Code Ann. §39.03(c)(West 1994) 참조.

10) 윤상민, "성희롱의 형사처벌 문제," 한국법정책학회, 『법과 정책연구』 제6집 제2호(2006), 14-15면.

11) 1998년 제정된 '남녀고용평등법'이 2007년 개정되면서 법률 명칭도 변경되었다.

한다(동법 제17조 제2호, 제71조 제1항 제1의2호). 그러나 이는 노인과 아동이라는 정신적·육체적 취약집단을 특별히 보호하기 위한 것으로, 이경우 외에는 성희롱은 원칙적으로 형사법의 규율대상이 아니다.

'남녀고용평등법' 제2조는 "직장 내 성희롱"을 "사업주·상급자 또는 근로자가 직장 내의 지위를 이용하거나 업무와 관련하여 다른 근로자에게 성적 언동 등으로 성적 굴욕감 또는 혐오감을 느끼게 하거나 성적 언동 또는 그 밖의 요구 등에 따르지 아니하였다는 이유로 고용에서 불이익을 주는 것"이라고 정의하고 있고, 양성평등기본법(제3조 제2호) 역시 유사한 정의를 내리고 있으며, 국가인권위원회법(제2조 제3호 라목)은 성희롱을 "평등권 침해의 차별행위"로 규정하고 있다.12)

2004년 노동부가 남녀고용평등법에 규정된 직장 내 성희롱 예방을 예방하기 위해 내린 지도지침과 여성부가 남녀차별금지및구제에관한법률 시행을 위해 제정한 '남녀차별 금지기준' 고시는 보다 세세한 성희롱 유형을 예시하고 있다. 양자를 대동소이한데 제시된 성희롱의 유형으로는, (i) 육체적 행위에 의한 성희롱(입맞춤이나 포옹, 뒤에서 껴안기 등의 신체적 접촉, 가슴, 엉덩이 등 특정 신체부위를 만지는 행위, 안마나 애무를 강요하는 행위 등), (ii) 언어적 행위에 의한 성희롱(음란한 농담이나 음담패설, 외모에 대한 성적인 비유나 평가, 성적 사실관계를 묻거나 성적인

---

12) 통상 성희롱은 "대가형 성희롱"(quid pro quo sexual harassment)과 "환경형 성희롱"(environmental sexual harassment)으로 나누어지는데, 전자는 고용상의 혜택을 조건으로 성적 접촉을 요구하는 것이고, 후자는 언어나 신체적 행동을 통하여 지속하고 불쾌한 작업환경을 창출하는 행태를 말한다. 이러한 구별은 미국 연방의 '평등고용기회위원회'(Equal Employment Opportunity Commission)의 '성희롱 지침서'[Guidelines on Discrimination Because of Sex, 29 C.F.R. 1694, 11 (a) (1989)]에 따른 것으로, 이 구별은 국내 여성학계에서도 채택되고 있다[이수연, "작장내 성희롱에 관한 실태조사," 『사무직여성』(한국여성민우회, 1994); 장필화 외, "직장내 '성희롱'에 대한 이해와 대처방안의 모색 — 지침서개발을 중심으로 —," 이화여대 한국여성연구소, 『여성학논집』 제11권(1994. 12) 등 참조]. 단, 대법원은 이러한 구별법을 채택하지 않고 있다(대법원 1998. 2. 10. 선고 95다39533 판결).

내용의 정보를 의도적으로 유포하는 행위, 성적관계를 강요거나 회유하는 행위, 음란한 내용의 전화통화, 회식자리 등에서 술을 따르도록 강요하는 행위 등), (iii) 시각적 행위에 의한 성희롱(외설적인 사진, 그림, 낙서, 음란출판물 등을 게시하거나 보여주는 행위, 직접 또는 팩스나 컴퓨터 등을 통하여 음란한 편지, 사진, 그림을 보내는 행위, 성과 관련된 자신의 특정 신체부위를 고의적으로 노출하거나 만지는 행위 등), (iv) 기타 사회 통념상 성적 굴욕감 또는 혐오감을 유발하는 것으로 인정되는 언어나 행동 등이 예시되고 있다.

이러한 행위가 타인에게 성적 굴욕감이나 혐오감을 느끼게 하고 인격권을 침해하였는가 여부는, "쌍방 당사자의 연령이나 관계, 행위가 행해진 장소 및 상황, 성적 동기나 의도의 유무, 행위에 대한 상대방의 명시적 또는 추정적인 반응의 내용, 행위의 내용 및 정도, 행위가 일회적 또는 단기간의 것인지 아니면 계속적인 것인지 여부 등의 구체적 사정을 종합하여, 그것이 사회공동체의 건전한 상식과 관행에 비추어 볼 때 용인될 수 있는 정도의 것인지 여부 즉 선량한 풍속 또는 사회질서에 위반되는 것인지 여부"에 따라 결정된다.13)

이러한 행위가 정도를 넘어서 형사범죄로 나아간다면 형법이 개입해야 하는 것은 물론이다. 예컨대 현행 형법체계는 공연음란죄(형법 제245조), 강간죄(형법 제297조), 강제추행죄(형법 제298조),14) 업무상 위력 등에 의한 간음죄(형법 제303조), 명예훼손죄(형법 제307조 제1–2항), 모욕죄(형법 제311조), 업무상 위력 등에 의한 추행죄(성폭력특별법 제11조), 통신매체이용 음란죄(성폭력특별법 제14조), 통신매체이용 음란죄(전기통신기본법 제48조의 2), 과다노출죄(경범죄처벌법 제1조 제41호) 등을 구비하고 있다. 노동부와 여성부가 제시하는 성희롱의 유형 중 일부

---

13) 대법원 1998. 2. 10. 선고 95다39533 판결.
14) 여성계에서 성희롱 사건으로 파악하는 사례 중 강제추행으로 처벌되는 사례가 많다. 예컨대, 피해자를 뒤에 껴안고 '브루스'를 추는 행위(대법원 2002. 4. 26. 선고 2001도2417 판결), 피해자와 '러브샷'의 방법으로 술을 마시는 행위(대법원 2008. 3. 13. 선고 2007도10050 판결) 등은 강제추행죄로 처벌되었다.

는 이상의 범죄구성요건에도 해당되는 경우가 있을 것이다.

그러나 이러한 범죄에 해당되지 않는 성희롱의 경우는 기본적으로 민사적 또는 행정적 제재가 부과된다. 예컨대, 성희롱을 한 행위자에게는 직장내 징계가 내려지거나 민사상의 손해배상 책임을 지게된다. 국가인권위원회가 성희롱을 인정하게 되면, 피진정인, 그 소속기관·단체 또는 감독기관에게 손해배상, 재발방지조치 등 각종 구체조치를 권고할 수 있고, 피진정인 또는 인권침해에 책임이 있는 사람을 징계할 것을 소속기관 등의 장에게 권고할 수 있다(국가인권위원회법 제44조, 제45조 제2항).

또한 사업주가 직장 내 성희롱을 한 경우에는 1천만 원 이하의 과태료를 부과하고(남녀고용평등법 제39조 제1항), 사업주가 직장 내 성희롱 발생이 확인되었는데도 지체 없이 행위자에게 징계나 그 밖에 이에 준하는 조치를 하지 아니한 경우(동법 제39조 제2항 제1호), 사업주가 근로자가 고객 등에 의한 성희롱 피해를 주장하거나 고객 등으로부터의 성적 요구 등에 불응한 것을 이유로 해고나 그 밖의 불이익한 조치를 한 경우(동법 제39조 제2항 제2호) 500만 원 이하의 과태료를 부과한다. 단, 사업주가 직장 내 성희롱과 관련하여 피해를 입은 근로자 또는 성희롱 발생을 주장하는 근로자에게 해고나 그 밖의 불리한 조치를 하는 경우, 3년 이하의 징역 또는 2천만 원 이하의 벌금에 처하는 형사제재가 가해진다(동법 제37조 제2항 제2호).

현재 우리 사회에서 성희롱이 주로 여성에 대하여 행해지고, 이러한 행위는 넓은 의미에서 '반여성적 폭력'이므로 이에 대한 인식전환과 대처방안 마련이 필요한 것은 분명하다. 그렇다고 해서 성희롱에 대한 민사적 또는 행정적 제재 이외에 모든 성희롱을 성폭력범죄로 규정하여 형사처벌해야 한다고 말하는 것은 문제가 있다.

먼저, 현대 민주주의 국가의 형법원리인 '형법의 보충성'의 원칙에 비추어 볼 때, "포옹," "뒤에서 껴안기," "안마강요," "음란한 농담이나 음담패설,""외모에 대한 성적인 비유나 평가,""성적 사실관계의 문의,""회식자리 등에서 술을 따르도록 강요하는 행위" 등의 행위에 대하여 바로 국가형벌권이 동원되어야 하는가는 의문이 크다. 민주주의 사회에서 형법은 다른 사회규범이나 형법이 아닌 법을 통하여 문제를 해결할 수 없을 때 비로소 '최후수단'(ultra ratio)으로 작동해야 한다. 사회적 일탈행위나 반여성적 행위 모두를 형벌로 규율하려는 시도는 반드시 국가형벌권의 과잉과 '형벌만능주의'를 초래할 수밖에 없으며 이는 시민 — 여성과 남성 모두를 포함한 — 의 자유를 위태롭게 할 것이다(성희롱이 여성에 의해서 남성에 대하여도 일어나고 있음을 고려하자면 더욱 그러하다). 그리고 위에서 예시된 행위를 범죄로 구성할 경우 그러한 범죄구성요건은 법집행자에 의하여 자의적 해석이 얼마든지 가능하므로 민주주의 형법의 대원칙인 죄형법정주의 원칙의 하나인 '명확성의 원칙'(lex certa)을 위반할 가능성이 매우 높다.

2018년 3월 천정배 의원 대표발의 형법개정안 제299조의2의 구성요건의 경우, 제32장의 성폭력범죄보다는 제33장의 명예에 관한 죄 중 모욕죄의 특수형태로 보인다. 어느 쪽으로 배치를 하건, 성희롱의 불법성이 형법상 범죄로 규정될 정도의 불법성인지는 논란이 되지 않을 수 없다.

그리하여 저자는 사업주의 책임과 관련하여 남녀고용평등법에 따른 "직장 내 성희롱" 제재체제를 유지하면서, 성희롱 가해자의 책임과 관련하여 경범죄처벌법 제3조의 경범죄 목록에 '지속적 성희롱'을 추가할 것을 제안한다. 모든 성희롱을 경범죄로 규정하는 것은 과잉범죄화의 문제를 일으킬 것인바, 1998년 대법원 판결의 취지를 수용하여 경범죄처벌법 제3조 제1항 제42호(지속적 성희롱)을 신설하고, 그 구성요건을 "상대방에게 성적 굴욕감이나 혐오감을 일으키는 성적 언동을 지속적으로 하는 사람"으로 할 것을 제안하는 것이다.

이렇게 규정된 '지속적 성희롱'의 불법성은 경범죄처벌법상 경범죄의 불법성 수준과 유사하다. 예컨대, 동법 제3조 제1항 제41호는 '지속적 괴롭힘'(='스토킹')을 경범죄로 처벌한다.[15] 또한 경범죄의 경우 '명확성의 원칙'이 느슨하게 적용될 수 있기에 입법이 수월하다. '지속적 성희롱'이 경범죄로 규정되면, 성희롱 가해자에게는 10만 원 이하의 벌금, 구류 또는 과료 등 상대적으로 가벼운 형사제재가 가해지고, 경범죄처벌법 제3장 특례에 따라 경찰서장 등에 의한 '통고처분'(제7조)과 그에 따른 '범칙금'(제8조) 납부가 이루어질 것이다.

저자의 입장을 도해화하면 다음과 같다.

	현행법	저자의 제안
사업주 자신이 '직장 내 성희롱'을 한 경우	1천만 원 이하의 과태료	유지 + '지속적 성희롱'의 경범죄화
(i) 사업주가 '직장 내 성희롱' 발생이 확인되었는데도 지체 없이 행위자에게 징계나 그 밖에 이에 준하는 조치를 하지 아니한 경우, (ii) 사업주가 근로자가 고객 등에 의한 성희롱 피해를 주장하거나 고객 등으로부터의 성적 요구 등에 불응한 것을 이유로 해고나 그 밖의 불이익한 조치를 한 경우	500만 원 이하의 과태료	유지
사업주가 '직장 내 성희롱'과 관련하여 피해를 입은 근로자 또는 성희롱 발생을 주장하는 근로자에게 해고나 그 밖의 불리한 조치를 하는 경우	범죄화 (=3년 이하의 징역 또는 2천만 원 이하의 벌금)	유지
비(非)사업주 개인이 성희롱을 하는 경우	민사제재	유지 + '지속적 성희롱'의 경범죄화

15) 동법상 '스토킹'의 정의는 "상대방의 명시적 의사에 반하여 지속적으로 접근을 시도하여 면회 또는 교제를 요구하거나 지켜보기, 따라다니기, 잠복하여 기다리기 등의 행위를 반복"하는 것이다.

　　요컨대, 타인에 대한 성희롱 행위는 타인의 인격권에 대한 침해이므로 이에 대하여 민사적 또는 행정적 제재가 가해져야 하고, 이 행위가 형법 위반 수준으로 나아갔을 때는 형사제재가 가해져야 한다. 그러나 모든 성희롱 유형에 대한 국가형벌권의 발동 요청은 궁극에는 성을 불문한 전체 시민의 자유에 타격을 주는 부메랑이 되어 돌아올 것이다. 그리하여 저자는 남녀고용평등법에 따른 "직장 내 성희롱" 제재 체제를 유지하면서도, ‘지속적 성희롱’을 경범죄로 규정하는 보완책을 제시하였다.

[보론 2] 아내강간의 죄책에 대한 비교법적 검토*

Ⅰ. 영미 형법상 '아내강간의 면책'(marital rape exemption)

1. '아내강간의 면책'에 대한 코몬 로 이론과 비판

코몬 로상 남편은 아내강간으로 기소될 수 없었다. 아내강간의
문제를 심각하게 제기하며 아내를 남편의 노예에 비유한 죤 스튜
어트 밀의 선각1)과 투표권과 재산권보다도 자신의 몸을 지킬 아내의
권리의 중요성을 강조한 루시 스톤의 우려2)가 있었으나, 이른바 '아
내강간의 면책'의 법리는 수 백년간 확고부동하였다.

이 법리에 대한 최초의 이론적 정당화는 17세기 영국의 매튜 헤
일 판사에 의해 이루어졌는데, 그는 혼인계약의 조건에는 아내는 남
편이 원할 때는 언제나 성교에 응한다는 철회할 수 없는 동의가 포함
된다고 주장하였다.3) '철회할 수 없는 암묵적 동의'(irrevocable and

---

* [보론 2]의 내용은 한국 법학계와 판례가 '아내강간'을 인정하기 전에 '아내강간'
   인정필요를 주장하기 위하여 제1-2판에 수록했던 것이다. 이제 한국에서도 판
   례 변경과 형법 개정을 통하여 '아내강간'이 인정되었기에 비교법적 검토의 실익
   은 미약해졌다. 그렇지만 오랜 기간 동안 '아내강간'을 부정해오다가 이를 인정하
   는 쪽으로 전환한 다른 나라의 법리를 점검하는 것은 국경을 넘어 공통적으로
   자리 잡고 있는 남성중심적 형법 법리의 문제를 확인하는 의미를 가지기에 '보
   론'으로 수록한다.
1) John Stuart Mill, *The Subjection of Women* 80(The M.I.T. Press 1970)(1869).
2) "Letter from Lucy Stone to Antoinette Brown"(1855), in Diana E. H. Russell,
   Rape in Marriage 27(2d ed. 1990).
3) '아내강간의 면책'과 관련하여 가장 많이 인용되는 문구 중의 하나인 그의 논변을
   소개하면, "남편은 자신의 법률상의 처를 강간한 것에 대해 유죄가 될 수 없다.

implied consent) 이론이라고 불리는 이 입장은 이후 수 백년간 코몬
로의 강간죄 법리를 지배하였다.[4]

미국의 경우 매사츄세츠주 법원이 이 이론을 최초로 채택한 이
후[5] 1980년대 초까지 미국 형법상의 강간죄의 핵심원리로 작용해 왔
다. 여성주의의 문제의식을 수용하지 못하였던 1962년 '모범형법
전'(the Model Penal Code)의 강간죄 조문에서 아내강간은 명시적으로
제외되고 있었다.[6] 영국의 경우도 1990년대 초까지 아내에 대한 강
간은 1976년 '개정 성범죄법'의 "불법적인 성교"에 해당되지 않는다
는 논리가 강하였다.[7]

이 이론이 본격적으로 비판된 것은 여성주의가 급속히 성장하
기 시작한 1980년대가 되어서였다. 먼저 신부가 혼인시 자신의 신
체에 대한 권리를 포기하였다거나 성적 폭력에 동의하였다고 볼 수
는 없다고 비판되었다.[8] 그리고 부부 중 일방이 혼인계약을 일방적
으로 파기를 요청할 수 있다는 점을 생각할 때 혼인 중의 성교에 대

왜냐하면 부부 상호간의 혼인시 동의와 계약에 의하여 아내는 자신을 남편에게
내놓았으며(hath given up), 그녀는 이를 철회할 수 없기 때문이다"[Mattew
Hale, *The History of the Pleas of the Crown*, Vol. 1, 629(S. Emlyn ed., 1778);
Sanford H. Kadish & Stephen J. Schulhofer, *Criminal Law and Its Process*
366(7th ed. 2001)에서 재인용].
4) 단, 코몬 로상으로도 별거시에는 아내의 동의는 사라진 것으로 보았다[Herbert
Jacob, *Silent Revolution: The Transformation of Divorce Law in the United
States* 852(1988)].
5) Commonwealth v. Fogerty, 74 Mass.(8 Gray) 489(1857).
6) Model Penal Code, §213.1(1).
7) Smith & Hogan, supra note 10, at 461. 단, 이혼소송이 제기되었거나
[Miller(1954) 2 QB 282], 이혼 가판결(decree nisi)[O'Brien (1974) 3 All ER
663]이나 별거명령[Clarke(1949) 2 All ER 448; Roberts(1986) Crim LR
188(CA)]이 있었던 경우는 남편은 아내강간죄의 유죄가 인정되었다[이에 대해서
는 Michael Jefferson, *Criminal Law* 568(5th ed. 2001); Jennifer Temkin, *Rape
and the Legal Process* 80-81(2nd ed. 2002)을 참조하라].
8) Susan Barry, "Spousal Rape: The Uncommon Law," 66 *A.B.A.J.* 1088, 1088
(1980).

한 동의도 당연히 일방적으로 철회할 수 있으며, 부부 중 일방이 성교를 거부할 경우 혼인계약 위반을 주장하는 상대방이 취할 수 있는 조치는 강간이 아니라 이혼법정으로 가는 것이어야 한다고 지적되었다.9)

'아내강간의 면책'을 폐기한 지도적 판결로 유명한 1984년 'People v. Liberta 판결'10)이 있다. 이 사건에서 피고인은 법원명령에 의하여 별거명령을 받은 상태에서 아내를 강간한 혐의로 기소되었는데, 미국 뉴욕주 항소법원은 피고인에게 유죄판결을 선고하면서 다음과 같이 설시(說示)하였다.

> 강간은 단순히 당사자가 동의하지 않는 성행위가 아니다. 강간은 피해자의 신체적 염결성(bodily integrity)을 침해하고 장기간의 심각한 육체적·정신적 피해를 종종 초래하는 모멸적·폭력적 행위이다. 그러한 행위에 대한 동의를 암시하는 것 자체가 비합리적이며 어리석은 일이다. … 혼인증명서가 남편이 형사면책을 갖고서 아내를 강간할 수 있는 자격증으로 파악되어서는 결코 안 된다. 기혼 여성도 미혼여성과 똑같이 자신의 신체를 통제할 수 있는 권리를 갖는다.11)

또한 영국의 경우도 1991년 최고법원(House of Lords)의 전원합의체 판결에 의하여 이 이론을 공식적으로 폐기한 바 있다.12)

한편 '아내강간의 면책'을 정당화하는 다른 코몬 로 이론으로는 '단일체'(marital unity)이론이 있었다. 이는 영국의 대법학자 윌리엄 블랙스톤에 의하여 정식화되었던 것으로, 혼인에 의하여 남편과 아내는 법적으로 단일체가 되어 여성은 혼인기간 동안은 독립한 법적 실체

---

9) State v. Smith, 426 A.2d 38, 44–45(N.J. 1981); Weishaupt v. Commonwealth, 315 S.E.2d 847, 854(Va. 1984).
10) 474 N.E. 2d 567(N.Y. 1984).
11) Ibid. at 573.
12) R. v. R., 3 W.L.R.(H.L. 1991).

가 되지 못한다는 주장이다.13) 이 이론은 아내는 재산을 소유할 수
없고 계약을 체결할 수 없으며 소송을 제기할 수 없다는 함의를 갖고
있었고, 강간죄에 있어서는 남편과 아내는 법적으로 '단일체'이므로
남편의 아내강간은 남편의 자신에 대한 강간이기에 법적으로 불가능
하다는 주장으로 귀결되었다.14) 그리고 이 이론은 아내를 남편의 재
산으로 보는 견해와 결합되어 있었다['혼인상의 재물로서의 여성'(women
as marital property) 관념].15)

그러나 이 이론은 19세기 말 '기혼여성의 재산법'(Married Women's
Property Act, 1839–1895)이 제정됨에 따라 코몬 로 상으로 폐기되었으
며,16) 이후 미국 판결에 의해서도 남편과 분리된 아내의 법적 정체성
을 인정하지 않는 것은 여성에 대한 비하라는 점은 재확인되었다.17)

요컨대 '아내강간의 면책'을 정당화하는 전통적 코몬 로 이론은,
아내는 남편에게 복종하여야 하고, 아내의 정체성은 남편의 정체성
속으로 융합되어 버리며, 아내의 재산은 남편의 재산이 되었던 시대
의 산물로서 영미 형법에서는 완전히 폐기되었다.

2. '아내강간의 면책' 이론의 현대적 변용(變容)과 비판

이상의 코몬 로 이론은 폐기되었으나 새로운 논거에 기초하여

13) William Blackstone, *Commentaries* Vol. 1 430(Layton Press 1966)(1765).
14) Rene Ⅰ. Augustine, "Marriage: The Safe Have for Rapists," 29 *J. Fam. L.* 559, 561(1991).
15) 코몬 로상 아내의 정절은 남편의 재산이었고, 딸의 처녀성은 아버지의 재산으로 간주되었기에, 남편이 자신 소유의 물건을 절취할 수 없는 것처럼 자신의 강간하는 것을 법적으로 불가능하다는 결론으로 연결되었다[Charlotte L. Mitra, "… For She Has No Right or Power to Refuse Her Consent," 1979 *Crim. L. Rev.* 558, 560; Note, "To Have and to Hold: The Marital Rape Exemption and the Fourteenth Amendment," 99 *Harv. L. Rev.* 1255, 1256(1986)].
16) Wendy W. Williams, "The Equality Crisis: Some Reflections on Culture, Courts, and Feminism," 7 *Women's Rts. L. Rep.* 175, 177(1982).
17) Trammel v. United States, 445 U.S. 40, 52(1980); People v. DeStafano, 467 N.Y.S. 2d 506, 512(Suffolk County Ct. 1983).

'아내강간의 면책'을 주장하는 입론이 제기되기도 하였다. 대표적인 것이 '혼인의 프라이버시'(marital privacy) 이론이다. 혼인에서의 프라이버시의 권리는 너무도 근본적인 것이기에 법은 그 내부에서 일어나는 행위에 대하여 판단을 내려서는 안 된다는 이론이다. 아내강간 범죄화의 대표적 반대론자인 마이클 힐프의 어법을 빌면, '혼인의 프라이버시'는 혼인 주위에 "커튼"을 쳐서 공적인 것 밖으로 나가게 하고 배우자는 아내로 들어오게 하는 것이다.[18]

그러나 이 이론도 법원에 의하여 기각되었다. '혼인의 프라이버시'는 부부간의 동의에 의한 행위에 적용되는 것이지 성폭행에는 적용되지 않는다는 것이다. 상술한 'Liberta 판결'은 다음과 같이 판시하였다.

> 남편이 자신의 아내를 구타한 책임을 피하기 위하여 혼인의 프라이버시에 호소할 수 없는 것과 마찬가지로, 프라이버시의 구실 아래 남편이 자신의 아내를 강간하는 것은 정당화될 수 없다.[19]

한편 '혼인의 프라이버시' 이론은 이른바 '혼인상의 화해'(marital reconciliation) 이론과 종종 결합된다. 즉, 아내강간에 형법이 개입하게 되면 부부간의 불화를 조장하고 화해를 방해한다는 것이다.[20] 그러나 이 주장 역시 수용되지 못하였다. 즉, 아내강간이 발생하는 상황에서 화해의 여지는 거의 존재하지 않는다는 것, 그리고 부부관계와 화해의 가능성은 강간죄 기소에 의해서가 아니라, 강간 그 자체에 의하어 찢어져 버려진다는 것이다. 1984년 'Weishaupt v. Common-

---

18) Michael G. Hilf, "Marital Privacy and Spousal Rape," 16 *New Eng. L. Rev.* 31, 34(1980). 그리고 힐프는 기혼자는 미혼자보다 인격적 자율성에 대한 기대가 적기 때문에, 아내강간의 경우는 아내가 아닌 여성에 대한 강간의 경우보다 인격적 자율성에 대한 경멸 정도가 적다고 주장하기도 하였다(Ibid. at 41).

19) Liberta, 474 N.E. at 574.

20) Hilf, supra note 18, at 34.

wealth 판결'21)에서의 미국 버지니아주 대법원의 목소리를 들어보자.

강간이라는 폭력적 범죄를 기소하는 것이 어떻게 폭력적 행위 그 자체보다 더 혼인을 찢어놓는 것인지 상상하기 힘들다. 더구나, 성교가 폭력이라는 대가를 치르며 강제되어야만 하는 지점까지 혼인이 악화되었다면, 더 이상 화해할 사안이 남아 있는지 의심스럽다.22)

3. '아내강간의 면책'의 폐기

'아내강간의 면책'에 대한 이론적 비판작업과 이를 폐지하기 위한 전국적 운동의 결과 현재 미국의 각 주에서 '아내강간의 면책'을 전면적으로 인정하는 주는 하나도 없다.23) 1977년 오레곤주가 입법으로 이 면책을 폐지한 것을 시발로 하여, 20여 개 주에서 입법이나 판결을 통하여 이 '면책'은 완전히 폐지되었다. 네바다주 형법의 문언을 인용하자면,

성폭행(sexual assault)을 범한 자가 그 행위시에 피해자와 혼인을 한 상태였다는 사실은 그 행위가 폭력 또는 폭력의 위협에 의해서 범해진 한 성폭행의 기소에 대한 항변(defense)이 아니다.24)

나머지 주는 이 '면책'을 제한적으로 또는 조건부로 인정하는 태도를 취하고 있는데, 이 주들은 두 가지 범주로 나누어진다.25) 첫째

---

21) 315 S.E.2d 847(Va. 1984).

22) Ibid. at 855. 또한 Liberta, 474 N.E. 2d at 574를 보라.

23) Wayne R. LaFave, *Criminal Law* 780(3rd ed. 2000); Russel, supra note 2, at 375.

24) Nev. Rev. Stat. §200.373.

25) Weintraub Siegel, Note, "The Marital Rape Exemption: Evolution to Extinction," 43 *Clev. St. L. Rev.* 351, 368(1995); Note, "Marital Raper: A Higher Standard is in Order," 1 *Wm. & Mary J. of Women & L.* 183, 195–199 (1994).

는 부부가 사실상 또는 법적으로 별거하거나 이혼소송을 제기한 경우에만 '아내강간의 면책'을 인정하지 않는 주인데, 여기에는 켄터키, 미주리, 오클라호마, 사우쓰 캐롤라이나 등 4개의 주가 포함된다. 둘째는 폭행·협박이 행사되는 등 죄질이 중한 아내강간에는 이 '면책'을 부정하지만 폭행·협박이 행사되지 않은 비동의 아내간음의 경우에는 '면책'을 인정하는 주인데, 여기에는 캘리포니아, 코네티컷, 델라웨어, 와싱톤, 일리노이, 매릴랜드 등 16개 주가 있다. 폭행·협박 없는 비동의 간음의 처벌규정이 없는 우리나라와 비교하자면 두 번째 범주의 입법례는 '아내강간의 면책'을 폐기한 것과 진배없다.

영국의 경우도 상술한 1991년 최고법원의 판결[26]을 계기로 1994년 '형사정의 및 공공질서법'이 제정되는데, 이 법률은 과거 아내강간의 불성립의 근거로 원용되었던 1976년 '개정 성범죄법'상의 강간의 정의인 "불법적인 성교"(unlawful sexual intercourse)에서 "불법적"이라는 단어를 삭제한다.[27] 그리고 캐나다, 뉴질랜드, 오스트레일리아 등의 영미법계 국가의 경우는 영국보다 빠른 1980년대에 법개정을 통하여 '아내강간의 면책'을 폐기하였다.[28]

II. 1997년 제33차 독일 형법개정과 '아내강간' — "혼인외 성교" 문언의 삭제

1997년의 제33차 형법개정 이전의 독일 형법 제177조는 강간죄에 있어서 "혼인외 성교"(zum außerehelichen Beischlaf)만을 처벌하도록 규정하고 있었기에, 남편에 의한 폭행·협박을 사용한 간음은 애초에 강간죄로 처벌될 수가 없었다. 아내에 대한 강제성교는 강요죄(독일형

---

27) Criminal Justice and Public Order Act 1994, §142.
28) Temkin, supra note 7, at 86.

법 제240조)로 의율될 수 있다는 이론이 있었으나, 그 형량은 3년 이하
의 자유형 또는 벌금형으로 강간죄(2년 이상의 자유형)에 비하여 현저히
낮았다. 그런데 1997년 개정된 독일 형법은 바로 이 "혼인외 성교"라
는 문언을 삭제함으로써 강간죄의 객체에 법률상의 처를 포함될 수
있도록 만들었다.

아내강간의 문제는 1970년 제4차 형법개혁법률안을 심의할 때에
충분히 인식되고 있었고, 당시에도 성적 자기결정권은 혼인과 함께
종료되지 않는다는 점에는 견해가 일치하고 있었다. 그럼에도 불구하
고 "혼인외" 강간만을 처벌하기로 결정한 데에는 아내강간에 대한 형
법개입이 큰 효과를 거두지 못할 것이라는 판단 때문이었다. 즉, 성
관계와 같은 내밀한 부부간의 관계는 혼인의 본질에 속하는 것이며,
또한 폭력이나 강요의 사실에 대하여도 양당사자의 주장이 대립하는
경우 입증곤란에 처할 가능성이 많으며, 이러한 문제에 국가가 형벌
로써 개입하게 되면 부부간의 또는 가족 내의 대립이 격화되고 이는
결국 혼인관계의 회복을 더욱 어렵게 만든다 라고 보았던 것이다.[29]
이는 I. 2.에서 본 미국에서의 '아내강간의 면책'을 옹호하는 현대적
변용이론과 대동소이하다.

그러나 최근 들어 이러한 입장은 비판되기 시작하였다. 요컨대
성적 자기결정권을 '혼인외'와 '혼인내'로 구분하여 차별적으로 파악
하는 것이 타당한가에 대한 의문이 강력해진다.[30] 그리하여 1997년
의 제33차 형법개정이 이루어지는데, 개정입법안의 개정취지는 다음
과 같다.

---

29) Drucksachen des Deutschen Bundestages(BT-Drucks.) VI/3521, S. 39 참조. 이
  점에 대해서는 한상훈, "최근 독일의 성폭력범죄에 대한 입법과 성적 자기결정의
  보호성,"『인도주의 형사법과 형사정책 — 우범 이수성 선생 화갑기념논문집』
  (2000), 199면을 참조하라.
30) Otto, Die Neufassung der §§177-179 StGB, Jura 1998, 211.

기본법에 의하여 보호되는 혼인이라는 사적 영역에 국가의 개입
이 조심스러워야 한다는 점은 타당하다. 그러나 현행법에 의하여도
성적 행위를 강요한 경우 어쨌거나 국가적 제재가 가능하다. … 혼
인 내의 강간에서 발생한다고 하는 입증곤란의 문제도 사실상 다른
성폭력범죄에서 발생하는 입증곤란과 크게 다르지 않다.31)

그리하여 현재 독일 형법 하에서 아내강간은 아무런 조건이나
제한없이 범죄성립이 가능하며 소추 역시 마찬가지이다.

III. 일본 형법상 '아내강간'의 문제

일본의 경우 구 독일 형법과 달리, 그리고 한국 형법과 같이 "혼
인외의 성교"라는 제한이 없다. 그리하여 일본 학계의 통설은 계속적
인 성관계를 전제로 하는 부부간에는 혼인관계가 실질적으로 파탄되
지 않는 한 강간죄가 성립하지 않는다고 해석하고 있다.32)

그리고 판례도 법률상으로는 부부이지만 혼인이 실질적으로 파
탄이 난 경우 아내강간을 인정하고 있다. 문제의 사건은 남편의 폭력
이 두려워 도망간 아내를 남편이 자신의 친구와 함께 폭력을 사용하
여 간음한 사건인데, 여기서 법원은 다음과 같이 설시하였다.

… '혼인중'이라는 것은 실질적으로도 혼인이 계속되고 있음을 가
리키는 것이고, 법률상으로는 부부이더라도 혼인 파탄되어 부부로서
의 실질이 없어져 명목상의 부부에 불과한 경우에는, 본디 부부간에
언급한 관계는 없으며, 이 때 남편이 폭력 또는 협박을 시용히여 처
를 간음한 것은 강간죄가 성립하고, 남편과 제3자가 폭력을 사용하

---

31) BT-Drucks. 13/7324 S. 5.
32) 대표적으로 大塚 仁, 『刑法各論(現代法律學全集)』 上卷(改訂版·昭 59, 靑林書院),
    238頁을 참조하라.

여 공동으로 처를 윤간한 경우 남편에 대해서도 당연히 강간죄의 공
동정범이 성립한다.[33)]

그렇지만 통상의 혼인관계에서 남편이 폭행·협박을 사용하여 아
내를 간음한 경우의 강간죄 성부에 대해서는 판례가 없는데, 이러한
경우에도 강간죄 성립을 인정하는 학설이 강력하게 등장하고 있다.
그 논거는 혼인관계가 계속적인 성적 관계를 시인하는 제도라고 하
여도 그 성적 교섭을 언제나 할 수 있는가에 대해서는 상호의 성적
자기결정권의 문제가 있다는 것이다.[34)]

---

33) 廣島高松江 地判, 昭和 62. 6. 18. 高刑集 40卷 1号 71頁.
34) 林幹人, 『刑法各論』(平 11, 東京大出版會), 96頁; 淺田和茂 外, 『刑法各論』(補正
版)(青林書院, 2000), 123頁.

제 2 장

형사절차에서 성폭력범죄 피해여성의
처지와 보호

제 2 장
형사절차에서 성폭력범죄 피해여성의 처지와 보호

"성폭력 피해자는 버림받은 자, 더럽혀진 자, 심지어는 꼬리친 자가 아니다. 그는 본질적으로 강제 당한 자이며, 살아남은 자(survivor)이며, 도움을 필요로 하는 이웃이다. 그가 자기의 피해를 자기의 내면으로 감추지 않고 사회적 문제의 일환으로 문제화할 때, 그는 불의에 맞서 싸우는 자이며 타인의 유사한 피해를 줄여가기 위한 개혁가이기도 하다."

(한인섭, 1996)

"강간이라고 외치는 여성은 믿음을 얻지 못한다. 강간이라고 외치지 않고 조용히 고소를 한 여성조차도 진짜 피해자처럼 행동하지 않았다는 이유로 믿음을 얻지 못한다. 강간고소를 지연한 여성은 불신당한다. 즉각 강간고소를 행한 여성은 그녀의 악의 또는 환상이 의심받는다."

(Aviva Orenstein, 1998)

제 1. 들어가는 말

'성폭력범죄'의 다수는 목격자가 없고 피해자가 유일한 증인인 경우가 많으며, 범죄가 발생하였는가에 대한 판단은 고소인과 피고소인 간의 진술에 의존하여 이루질 수밖에 없다. 그런데 수사기관 및 법원은 피고소인이 성폭력 범죄인인지, 또는 고소인이 무고자(誣告者),

이른바 '꽃뱀'인지를 확인해야 하므로 양자의 진술의 신빙성을 철저
하게 검토하지 않을 수 없다. 이 과정에서 성폭력범죄 가해자의 경우
자신이 받을 사회적 비난과 중형을 회피하기 위하여 고소인이 범행
을 유발하였다는 주장을 펴거나 또는 고소인의 진술이 신빙성이 없
게 만드는 주장을 적극적이고 일관되게 전개하는 반면, 성폭력범죄
피해자의 경우는 이미 범죄로 인하여 정신적·신체적 피해를 입었는
데, 피해자진술 과정 자체가 또 한번의 고통을 수반하는 것이기에 진
술과정에 소극적 또는 일관되지 못하는 태도를 보이게 된다.

    이러한 상황에서 수사기관 및 법원은 양자간의 '중립'을 지키면
서 사실관계를 냉정히 판단한다는 입장을 취하지만, 사실 그 '중립'은
이미 성폭력범죄에 대한 남성중심적 지배관념에 의해 직·간접적으로
영향을 받고 있는 것이기에 실제로는 '중립'이 되기 힘들다는 데 문제
가 있다.

    제2장은 우리 사회에 존재하고 있는 성폭력범죄에 대한 남성중
심적 관념이 어떠한 것인지, 그리고 이러한 관념에 따라 강간피해 고
소여성의 경우 우리 형사절차에서 어떠한 처지에 놓이는지를 검토하
고, 성폭력범죄의 피해자의 "제2차 피해"(sekundäre Viktimisierung)[1]를
당하는 것을 막기 위해서 우리 형사절차는 어떻게 변화해야 하는가
에 대하여 살펴보기로 한다.

제 2. 성폭력범죄에 대한 남성중심적 편견 비판

I. "강간신화"

정경자가 말하였듯이 우리 사회에서 "성폭력은 유일하게 피해자

---

1) Gunther Kaiser, *Kriminologie*, 2. Aufl. 1988, 5, R. 4.

가 비난받는 범죄"[2])이며, 한인섭의 말을 빌자면 "성폭력의 경우 가해
자가 오히려 큰소리치고, 피해자는 얼굴과 이름도 감추어야 하는 것
이 우리 성문화의 현주소"[3])이다. 사실 성폭력범죄가 발생하면 가해
자보다 피해자가 부끄러워하며, 가해자에게 못지 않은 사회적 비난과
의심의 눈길이 피해자에게 쏟아지는 것이 우리 현실이다. 돌이켜 생
각하기도 끔찍한 1986년 '부천경찰서 성고문사건'이 발생하였을 때
당시 한 여당 국회의원은 다음과 같이 말한 바 있다.

> 보름 동안 자기가 당한 피해사실을 밝히지 않고 숨겨놓을 수 있는
> 여성심리와 그것을 털어놓았을 적에 하나하나 참 입에 담기가 어려
> 운 표현으로 털어놓을 수 있는 심리상태는 여성의 경우 그것도 미혼
> 의 여성의 경우 어떤 것이 더욱 그럴 수 있음직한 것인가? … 상당
> 한 정도로 지성을 갖춘 그러한 여성이 일개 순경이 성고문을 두 시
> 간씩이나 가해 오는데도 아무런 반항을 하지 않았다 하는 것은 저는
> 상식적으로 납득하기 어려운 것입니다.[4)]

당시가 폭압적 권위주의 체제였다는 점을 고려하더라도 위의 발
언은 성폭력범죄 피해자의 고소에 대한 남성적 시각이 무엇인가를
극명하게 보여준다. '민주화' 이후 이러한 발언이 국회 의정발언으로
나온 적은 없으나, 우리 사회에서 성폭력범죄에 대한 남성중심적 관
념은 여전히 강력하게 존재하고 있다.

비버리 로스가 총망라하여 제시한 강간에 대한 잘못 된 17가지
관념 — 이른바 "강간신화"(rape myth) — 은 우리에게도 시사하는 바가

---

2) 정경자, "성폭력 피해현황과 그 대책," 한국피해자학회, 『피해자학연구』 제2호
   (1993), 72면.
3) 한인섭, "성폭력의 법적 문제와 대책," 한국인간발달학회, 『인간발달연구』 제3권
   제1호(1996), 191면.
4) 국회속기록 11면 오른편 29줄부터 35줄 및 12면 왼편 26줄까지 제130회 국회법
   사위 김중위 의원 발언 중(1986. 8. 6).

크다.5) 즉,

(1) 여성은 강간당하고 싶은 환상을 갖고 있다.

(2) 여성이 성교에 대하여 "안 돼"라고 말할 때, 그녀가 진정으로 뜻하는 것은 "돼"이다.

(3) 여성이 강간을 당할 것이라면, 그녀는 그것을 즐기는 편이 낫다.

(4) 여성은 종종 성폭행과 강간을 도발·유혹한다.

(5) 고상한 여성은 강간당하지 않는다.

(6) 혼외 성교에 동의한 적이 있는 여성은 난잡한 사람이며, 성교를 요구하는 어떤 남성에 대해서도 동의를 할 개연성이 있다.

(7) 흑인 여성은 난잡하다.

(8) 여성이 진정 강간당하지 않으려고 한다면 강간을 막을 수 있다.

(9) 강간당한 여성의 자연스러운 반응은 즉각 경찰관서에 신고하는 것이다.

(10) 강간하는 남성은 정신병이 있거나 정서적으로 질병이 있는 사람이며, 보통 남성은 강간을 하지 않는다,

(11) 여성은 자신이 알지 못하는 사람에 의해서만 강간당한다.

(12) 혼외 성교에 동의한 적이 있는 여성은 진실을 말할 것이라고 믿을 수 없다.

(13) "악성격"(bad character)을 가진 여성은 기꺼이 무차별적 혼외 성교를 맺을 개연성이 있고, 따라서 진실을 말할 것이라고 믿을 수 없다.

(14) 여성, 적어도 일정 부류의 여성은 강간당해 마땅하다.

(15) 강간을 신고하는 여성은 피고인, 남성 일반, 남편 또는 과거의 연인에 대한 악의로 가득 차 있거나, 또는 자신이 성교에 동의하

---

5) Beverly J. Ross, "Does Diversity In Legal Scholarship Make a Difference?: A Look At the Law of Rape," 100 *Dick. L. Rev.* 795, 808-810(1996). 또한 Martha R. Burt, "Cultural Myths and Supports for Rape," 38 *J. Personality & Soc. Psycol.* 217(1980)을 참고하라.

였기에 부모, 남편, 연인으로부터 징벌을 받는 것을 두려워하기에 종종 허위 고소를 한다.

(16) 여성이 강간당하였다고 의식적으로 거짓말을 하지 않는 경우에도 강간은 그녀의 환상 속에서만 존재할 수 있다.

(17) 극단의 강제력이 사용되지 않는 한 동의 없는 성교는 단지 성교행위일 뿐이다.

이러한 강간에 대한 관념은 '웬만해서는 강간이 불가능하다'는 선입견과 '여성의 거부의 언동은 액면 그대로 해석될 수 없다'는 편견을 반영한 것으로,[6] 형사절차에서 강간피해 고소여성에게 절대적으로 불리한 조건을 형성한다. 수잔 브라운밀러의 말을 빌자면 이러한 관념은 "강간에 대한 지독히(deadly) 남성중심적인 신화"이며 "여성의 성을 지배하는 왜곡된 격언"이다.[7]

II. 비   판

먼저 "강간신화"는 성폭력범죄의 보호법익이 여성의 성적 자기결정권이라는 점을 철저히 무시하는 데서 출발한다. 여성에게 성적 자기결정권이 있다는 것은 여성이 스스로 성행위를 선택하지 않는 한 그 어떠한 이유로도 성행위를 강요할 수 없다는 의미이다.

남녀관계에서 여성의 거절의사가 경우에 따라서는 승낙의사일 수도 있다는 사실이 강간에 대한 여성의 거절을 승낙으로 환치하는 근거가 될 수는 없다. 강간 등 성폭력범죄는 결코 열렬한 성교가 아니라, 피해자에게 육체적 고통과 '강간피해증후군'(rape trauma syndrome)[8]이라고 불리는 증상을 가져 오는 중대한 폭력이요 테러이다.

---

6) 한인섭(각주 3), 179면.
7) Susan Brownmiller, *Against Our Will: Men, Women and Rape* 312(1975).
8) 이에 대해서는 Ann W. Burgess & Lynda L. Holmstrom, "Rape Trauma Syndrome," 131 *Am. J. of Psychiatry* 981(1974); 조은경, "강간피해의 심리적

이렇게 볼 때 수잔 에스트리치가 지적한 것처럼, 여성이 강간에 대한
환상을 갖고 있다는 주장은 남성의 창작물로, 이는 여성은 "어떤 남
성으로부터라도 무시당하고 물건처럼 취급되기를 원"하는 존재로 규
정하는 것이다.[9]

그리고 제1장에서 살펴보았듯이 여성이 진정 저항하면 강간을
당하지 않는다는 관념은 모든 여성에게 균일한 방식으로, 그리고 가
부장제가 요구하는 방식으로 강간에 대응하기를 요구하는 것으로, 이
속에는 강간범 앞에서 피해자가 느끼는 엄청난 공포와 당혹상태를
무시하고 피해자의 곤경에 대한 이해가 완전 결여되어 있다. 오노레
드 발작은 자신의 소설에서 "움직이는 바늘에 실을 꿸 수 없다"는 남
성편향의 위트를 던졌으나,[10] 그는 강간은 폭행과 협박으로 '바늘' 자
체를 움직일 수 없도록 만드는 상황임을 숙고했어야 했다. 그리고 이
러한 관념은 목숨이 겁이 나서 저항을 포기한 여성에 대하여 저항을
더 했어야 한다고 비난하는 남성편향을 내포하고 있다.

또한 강간피해자가 과거 제3자와 합의에 따른 성관계 경험이 있
는가 여부로 피해자의 진술의 신빙성과 이후 피고인과의 성교에서의
동의 유무를 판단하는 것은 잘못이다. 이러한 이해방식은 여성에게만
'정숙'과 '순결'을 요구하고, 이를 어긴 여성의 강간피해 주장은 의심·
배척하는 남성중심적 편견의 산물이다. 현대 사회에서 다수의 여성들
이 합의에 기초하여 혼인 전에 남성과 성관계를 맺고 있고 이러한 행
위는 더 이상 반윤리적 또는 '정숙'하지 못한 행위로 비난받을 수 없
는바, 여성의 과거 성관계 이력은 당해 강간사건에서 고소여성의 진

반응에 대한 고찰," 한국피해자학회, 『피해자학연구』 제3호(1994), 75면 이하 참
조. 강간피해자는 공포, 분노, 걱정 등 극도로 넓은 범위의 감정을 경험하는 "격
심한 국면"(*acute phase*)을 겪고, 사건 이후 몇 주 동안은 공포, 모욕, 당황, 분
노, 원한, 자기책망 등의 감정을 드러내며, 수개월이 흘러 표면적으로 적응하는
듯 보여도 정신적 장애는 장기적으로 지속된다.

9) Susan Estrich, *Real Rape* 5(1987).
10) Brownmiller, supra note 7, at 312.

술의 신빙성 유무나 피고인과의 성교에의 동의 여부를 밝히는 데 관련성이 있다고는 볼 수 없다.[11]

한편 피해자의 복장, 직업, 생활방식 등을 이유로 강간피해에 대한 피해자의 진술의 신빙성을 격하하거나 나아가 피해자의 강간 '유발'을 강조하는 것은 피해자의 프라이버시와 인격권에 대한 중대한 침해이다. 예컨대, 짧은 치마를 입을 것인가 말 것인가는 전적으로 피해자의 자유이며 짧은 치마를 입은 여성을 강간할 자유가 남성에게 있다고는 결코 말할 수 없는 것이기에, 짧은 치마에 도발되어 그 여성을 강간하였기에 피해자도 책임이 있다는 주장은 어불성설이다.

우리 사회에서 발생하고 있는 성폭력범죄의 현실은 여성이 남성을 본능을 '도발'하여 성폭력범죄가 생기는 경우는 극히 일부분에 불과하며 대부분의 성폭력범죄는 계획적으로 이루어짐을 보여주고 있다.[12] 미국에서의 실증연구도 강간의 동기는 피해자의 외모나 행태가 아니라 강간범 자신에게 있으며,[13] 대다수의 강간은 계획적으로 범해지고 있음을 보여준다.[14]

그리고 성폭력범죄의 다수는 낯선 남성이나 정신이상자 등의 '별종'의 남성에 의해 범해지는 것이 아니라, 친족·직장동료·선생님·친구·선후배·데이트 상대 등 평소 서로 얼굴을 아는 가까운 남성에 의해 범해지고 있다.

1990년 서울 지역 거주 2000여명의 여성에 대한 일대일 개별면접을 통해 이루어진 한국형사정책연구원의 연구에 따르면 강간의

---

11) Abraham P. Ordover, "Admissibility of Patterns of Similar Sexual Conduct: The Unlamented Death of Character for Chastity," 63 *Cornell L. Rev.* 90, 96–102(1977).

12) 정경자(각주 2), 72면.

13) George Smeaton & Donn Byrne, "The Effect of R-Rated Violence and Erotica, Individual Difference, and Victim Characteristics on Acquaintance Rape Proclivity," 21 *J. Res. Personality* 171, 182(1987).

14) Menachem Amir, *Patterns in Forcible Rape* 141–142(1971).

80.1%, 강간미수의 78.1%, 어린이 성추행의 74.3%가 피해자가 아는
사람에 의해 범해지고 있다.15) 1992년 한국여성개발원의 조사연구
역시 강간, 강간미수, 윤간 등이 아는 사람에 의해 범해지는 비율이
67.1%에 달하고 있음을 보여주고 있다.16) 그리고 검찰이 발간한『범
죄분석』상의 통계에 기초한 1999년의 한국형사정책연구원의 연구도
1987년 성폭력의 48.4%는 서로 아는 사람 사이에서 발생하고 있음을
보여주고 있다.17) 요컨대, 성폭력범죄인은 '괴물'이 아니라 통상의 남
성인 것이다.18)

한편 성폭력범죄는 '품행'이 방정하지 않은 '난잡'한 여성에 대해
서만 일어나는 것이 아니다.19) 심영희 등의 조사연구에 따르면, 미성
년자에 대한 성폭력범죄가 여성피해자의 절반에 달하며, 심지어 4세
영아에 대한 강간까지 발생하고 있다.20) 피해자의 직업도 다양하여
특정 직업의 여성들만 범죄피해를 입고 있는 것이 아니며, 주부·여
대생, 그리고 생산직과 사무직에 종사하는 여성들도 마찬가지로 성폭
력범죄의 피해자가 되고 있다.21) 성폭력범죄 피해여성에 대한 면접
을 통한 한국여성개발원의 조사결과에 따르더라도 조사대상 여성이
경험한 총피해 건수 중 25.0%가 만 15세 이상 20세 미만의 연령층에
서, 16.0%가 만 10세 이상 15세 미만의 연령층에서, 9.0%가 10세 미

15) 심영희·윤성은·김선영·박선미·강영수·조정희,『성폭력의 실태 및 대책에 관한
연구』(한국형사정책연구원, 1990), [이하 '심영희 외'로 약칭], 95-96면.
16) 이경자·윤영숙·서명선,『성폭력의 예방과 대책에 관한 연구』(한국여성개발원,
1992), 63면.
17) 정현미,『성폭력범죄 형사절차상 피해자보호』(한국형사정책연구원, 1999), 29면.
18) 이러한 점은 외국의 실증연구에 의해서도 확인된다(James V.O. Check & Neil
M. Malamuth, "An Empirical Assessment of Some Feminist Hypotheses About
Rape," 8 Int'l J. Women's Studies 415(1985).
19) 미국 DC지역에 대한 실증연구에 따르면 강간 피해자 중 82 퍼센트는 "좋은 평
판"(good reputation)을 갖고 있었다고 한다[Susan Griffin, Rape: The Politics
of Consciousness 13(1986)].
20) 심영희 외(각주 15), 117-118면; 정현미(각주 17), 27-28면.
21) 심영희 외(각주 15), 115-117면.

만의 아동기때 발생하였다.22)

이러한 점을 고려할 때 수잔 그리핀이 "강간 피해자는 무차별적
으로 선택되는바 강간은 집단 테러리즘(mass terrorism)의 한 형태이
다"23)라고 말한 것은 수긍이 간다.

그리고 성폭력범죄 피해고소는 무고일 가능성이 높다는 편견 역
시 실증적으로 반박된다. 성폭력범죄 피해자들은 범죄발생 후 즉각
신고하지 않고 오히려 자신의 프라이버시를 지키기 위하여 또는 형
사절차에서의 예상되는 수모를 생각하여 아예 법에 호소하지 않고
있다.24) 심영희 등의 조사연구에 나타난 성폭력범죄의 신고율을 보
면, 강간미수 1.9%, 강간 1.8%, 강제추행 3.7%, 어린이 성추행 0.7%
로서 매우 저조하다.25) 신고하지 않은 이유로는 "그 남자가 잘 아는
사람이어서," "피해사실이 알려질까 봐," "너무 당황해서 신고할 생각
조차 하지 못해서" 등의 순서로 답변이 많이 제출되어 있다.26)

물론 성폭력범죄 피해고소가 무고일 가능성은 존재하며 이 점에
대해서도 형사절차는 촉각을 세워야 하지만,27) 강간이 다른 범죄에
비하여 무고가 많다는 통계적 증거자료는 존재하지 않는다. 오히려
통계는 "강간에 대한 허위고소는 신화(myth)이며, 강간죄에 대한 극도
의 불고소가 현실이다"28)라는 점을 보여주고 있다.

---

22) 이경자·윤영숙·서명선(각주 16), 54면.
23) Susan Griffin, "Rape: The All-American Crime," *Forcible Rape: The Crime, the Victim, and the Offender* 47, 66(1977).
24) 김성언, 『성폭력의 실태와 원인에 관한 연구(Ⅱ)』(한국형사정책연구원, 1998), 115-116면. 미국의 경우 강간피해 고소 중 무고율은 2% 정도이다(Patricia A. Hartwig & Georgette B. Sandler, "Rape Victims: Reasons, Responses, and Reforms," *The Rape Victim* 13(Deanna R. Nass ed. 1977).
25) 심영희 외(각주 15), 90면. 『검찰백서』상 성폭력범죄 중 신고되는 경우는 10%에 미치지 않는다[정현미(각주 17), 31면].
26) Ibid. 92-93면.
27) 제2장 [보론 3]의 각주 18에 있는 사례를 참조하라.
28) Morrison Torrey, "When Will We Be Believed? Rape Myths and the Idea of a Fair Trial in Rape Prosecutions," 24 *U.C. Davis L. Rev.* 1013, 1030-1031

성폭력범죄 피해자들은 "보복에 대한 두려움, 경찰, 병원 및 재판절차에 대한 공포심, 부모의 책망에 대한 두려움(특히 십대들), 특히 남들이 안 믿어줄지도 모른다는 두려움, 당혹감, 책임감, 자책감, 남자친구 혹은 남편이 그 사실을 알았을 때 자기 자신이나 상대방(강간범)을 가만두지 않을거라는 두려움, 그리고 더 나아가서는 형사사법제도 자체에 대한 불신감 등"29)의 이유로 하여 신고를 꺼리게 되고, 다수의 성폭력범죄는 통계상 '암수'(暗數) 영역에 묻혀 있는 것이다.

이상과 같은 맥락에서 저자는 성폭력범죄 피해자를 바라보는 시각을 바꾸자는 한인섭 교수의 다음과 같은 주장에 동의한다.

> 성폭력피해자는 버림받은 자, 더럽혀진 자, 심지어는 꼬리친 자가 아니다. 그는 본질적으로 강제당한 자이며, 살아남은 자(survivor)이며, 도움을 필요로 하는 이웃이다. 그가 자기의 피해를 자기의 내면으로 감추지 않고 사회적 문제의 일환으로 문제화할 때, 그는 불의에 맞서 싸우는 자이며 타인의 유사한 피해를 줄여가기 위한 개혁가이기도 하다.30)

제 3. 형사절차에서 발생하는 성폭력범죄 피해자의 "제2차 피해자화"

이상과 같은 왜곡된 관념이 지배하고 있는 상황에서 성폭력범죄 피해여성이 가해자의 처벌을 위해 나서기는 쉽지 않다. 그런데 이러한 현실을 딛고 서서 범죄신고를 하여도 새로운 난관이 기다리고 있

(1991).

29) 안드류 카르멘(조병인 역), "피해자비난론 대 피해자옹호론," 한국피해자학회, 『피해자학연구』 제2호(1993), 96면.

30) 한인섭(각주 3), 201면.

다. 기존의 형사절차 역시 성폭력범죄에 대한 왜곡된 관념으로부터
자유롭지 않았던바, 성폭력범죄 피해자는 형사절차 안에서 어떤 격려
와 위로를 받기는 어려웠으며, 오히려 의심과 비난의 대상이 되어 피
해자의 "제2차 피해자화"[31]가 초래되어 온 것이다. 모리슨 토리의 말
을 빌자면,

> **강간은 피고인과 고소인간의 역할전도를 수반하는 — 그에 따라 피해자가
> 심판대에 올려지는 — 유일한 범죄이다.** 여성 피해자는 자신의 무죄를 입
> 증해야 하는 반면, 남성 피고인은 마치 자신의 명예가 훼손된 것처
> 럼 취급된다. … 피해자의 신빙성을 손상시키는 것은 다양한 형사사
> 건에서 변호인이 사용하는 공통의 기법이지만, 이는 강간죄 재판에
> 서 더욱 널리 행해진다. 많은 강간죄 기소에서 모든 실무적(practical)
> 목적을 위해 피해자는 **의사(擬似) 피고인**이 된다.[32]

이 점에 대하여 보다 구체적으로 살펴보자면, 수사기관은 피해자
의 진술을 받을 때 강간이 존재하였는가와 관련성이 없는 질문, 예컨
대 피고인이 사정을 하였는지, 삽입시간은 얼마나 길었는지, 삽입 동
안 피해자의 느낌은 어떠하였는지, 피해자는 성경험이 있는지 등을
세세하게 질문하고, 나아가 피해자가 충분히 반항하였는지 여부를 질
문함으로써 피해자에게도 죄책감을 느끼게 만들고 있다는 비판이 제
기되었다.[33] 또한 수사과정에서 "실체진실발견이라는 미명하에 반복
되는 진술강요," 가해자와의 대질신문, 비인격적 대우 등이 이루어지
고 있다는 비판이 제기되었다.[34]

---

31) Carol Bohmer & Audrey Blumberg, "Twice Traumatized: The Rape Victim
   and the Court," 58 *Judicature* 391(1975).
32) Torrey, supra note 27, at 1058-1059(강조는 인용자).
33) 정현미(각주 17), 96-118면.
34) 류병관, "형사절차상 성폭력 피해자의 2차 피해자화 방지 대책," 한국법정책학회,
   『법과 정책 연구』 제6집 제1호(2006), 402-403면.

그리고 재판과정에서 이루어지는 피해자에 대한 증인신문에서 피고인의 변호인은 피해자가 밤늦게 술을 마셨다, 피해자가 '야한' 복장을 하고 있었다, 피해자가 밤에 길거리를 거닐었다, 피해자가 잠옷 바람으로 문을 열어 주었다, 피해자가 가출소녀이다, 피해자의 직업이 유흥업소 종사자이다, 피해자가 과거 피고인 외의 제3자와 동의에 기초한 성관계를 맺은 적이 있다 등35) 당해 사건에서 피고인이 피해자의 성적 자기결정권을 침해하였는가와는 무관한, 그리고 피고인의 자기방어를 위해서도 결정적이지 않은 사항들을 집요하게 신문하고 있다.

이러한 신문은 "피해자가 한 진술의 신뢰도에 부정적인 영향을 미치거나(피고인이 범행을 부인하는 경우), 피고인의 양형이 유리하게 결정될 수 있도록 하기 위해(피고인이 범행을 자백한 경우)"36)서 이루어지고 있다. 강간죄의 핵심은 피해자의 성적 자기결정권이 침해되었는가 여부이지만, 피해자의 품행, 평판 및 성관계 이력(履歷)을 문제삼아 강간죄를 둘러싼 남성중심적 편견을 작동시킴으로써 피고인에게 유리한 판결을 획득하려는 전략이 사용되고 있는 것이다.

또한 변호인의 이러한 반대신문이 진행될 때 검사는 논점을 벗어난 것이라는 이의를 적극적으로 제기하지 못하고 있고, 판사 역시 이러한 방식의 신문을 제지하지 않고 있다는 비판이 제기되었다.37) 특히 변호인이 판·검사보다 법조경력이 위인 선배 법조인인 경우나, 수사검사가 아닌 공판진행검사가 공판정에 나와 사건내용을 파악하지 못하고 있는 경우 이러한 현상이 분명히 나타난다.

현행법상 강간 여부를 판단하는 핵심사안과 관계없는 강간피해자의 품행, 평판 및 성관계 이력에 대한 무차별적 공격을 통제할 수

35) 박선미, "여성학적 관점에서 본 강간범죄의 재판과정," 한국형사정책학회, 『형사정책』 제4호(1989), 300-308면.
36) Ibid. 305면.
37) Ibid. 300-305, 310-312면.

있는 법적 근거가 없는 것은 아니다. 형사소송법 제299조는 "재판장
은 소송관계인의 진술 또는 신문이 중복된 사항이거나 그 소송에 관
계없는 사항인 때에는 소송관계인의 본질적 권리를 해하지 아니하는
한도에서 이를 제한할 수 있다"라고 규정하여 불필요한 변론을 제한
할 수 있는 근거를 제공하고 있다.[38] 그리고 형사소송규칙 제74조 제
2항 제1호는 "위협적이거나 모욕적인 신문"을 금지하고 있으며, 동
규칙 제77조는 증언의 증명력을 다투기 위하여 필요한 사항의 신문
에서 "증인의 명예를 해치는 내용의 신문"을 금지하고 있다.

　그런데 이러한 규정이 적극적으로 활용되고 있지 못하다. 오히려
강간재판에서 피해자의 품행, 평판 및 성관계 이력은 "소송에 관계없
는 사항"으로 파악되기보다는 피해자 진술의 신빙성을 비판하고, 성
교에 대한 피해자의 동의를 입증하기 위한 유력한 근거로 사용되고
있다. 박선미가 지적한 것처럼, "사건과 아무런 관련이 없는 피해자
의 개인적 성경험에 초점을 두고 재판이 진행되는 현상은 순결하지
않은 여성의 진술보다는 피고인의 진술이 더 신뢰받을 수 있음을 역
으로 나타내"는 것이라 하겠다.[39]

　요컨대, 형사사법체제가 자신의 목소리에 귀를 귀울이고 정의
를 실현해줄 것으로 믿는 성폭력범죄 피해자의 기대는 계속 좌절되
어 버리고, 게다가 그 과정에서 그녀에게는 일종의 "제2차 강간"[40]이
행해지는 것이다.

---

38) 여기서 "소송에 관계 없는 사항"이란 영미 증거법에서 말하는 '관련성'(rele-
　　vance) 없는 사항을 뜻한다[서일교, 『형사소송법』(8개정판, 1979), 319면; 이재
　　상, 『형사소송법』(제6판, 2002), 406면; 배종대·이상돈, 『형사소송법』(제4판, 2001),
　　445면]. 미국 증거법상 "관련성 있는 증거"는 "행동을 결정하는 데 있어 중요한
　　사실이 존재하는가에 대하여, 그 증거가 없는 경우보다 있는 것이 그 개연성을
　　늘리거나 또는 떨어뜨리는 경향을 가진 증거"라고 정의된다(Fed. R. Evid. 401).
39) 박선미(각주 35), 308면.
40) Lee Madigan & Nancy C. Gamble, *The Second Rape: Society's Continued
　　Betrayal of the Victim*(1991).

한편, 여성이 강간을 피하려고 여관방 창 밖으로 탈출하려다가 추락하여 상해를 입거나 사망한 유형의 사건에 대한 일련의 판결은, 대법원은 피해자의 '품행'을 고려하며 강간치상 또는 강간치사의 유죄 여부를 판단하고 있음을 보여준다.

피해여성이 나이트클럽 스탠드바 등에서 피고인과 같이 맥주를 마시고 술에 굉장히 취하여 여관에 강제로 끌려갔다가 피고인이 강간을 하려 하자 2층 여관방의 창문으로 탈출하려다 추락하여 전신마비를 입은 사건,[41] 그리고 피해여성이 피고인을 캬바레에서 만나 함께 춤을 춘 후 여관으로 유인되었는데, 피고인이 강간하려 하자 4층 여관방의 유리창을 통하여 창문 밖으로 뛰어내려 전치 약 24주간의 상해를 입은 사건[42]에서 대법원은 피고인이 피해자의 탈출을 예견할 수 없었다는 이유로 강간치상죄의 성립을 부정하였다. 반면 성경험이 없는 20세의 피해자가 자신을 학원강사로 채용하겠다는 피고인이 학습교재를 설명하겠다는 구실로 호텔로 유인하여 강간하려 하자 7층 호텔 객실 창문으로 탈출하려다 추락하여 사망한 사건에서는 피고인이 피해자의 사망을 예견가능하다고 하여 강간치사죄의 성립을 긍정하였다.[43]

대법원에 따르면 성경험 없는 처녀인 여성은 강간에 직면하였을 때 호텔 7층에서 뛰어 내릴 것을 예견할 수 있지만, 밤늦게 술을 먹고 캬바레에 가서 춤을 추는 등 '품행방정'하지 않은 여성의 경우는 강간에 직면하였을 때 2층 또는 4층 여관방 밖으로 탈출하려는 것을 예견할 수 없다는 것이다. 요컨대, 기존의 성규범이나 역할모델을 따르지 않는 여성으로 낙인찍히는 피해자의 경우, 형사설자의 선 과정에서 "보호받기보다는 불신 받는 경향이 있고, 이를 또한 형사사법실

41) 대법원 1985. 10. 8. 선고 85도1537 판결.
42) 대법원 1993. 4. 27. 선고 92도3229 판결.
43) 대법원 1995. 5. 12. 선고 95도425 판결.

무자들이 수용하고 있다"고 보인다.[44]

이러한 맥락에서 아비바 오렌스타인의 다음과 같은 지적은 우리 현실을 설명하는 데도 유효하다.

> 강간이라고 외치는 여성은 믿음을 얻지 못한다. 강간이라고 외치지 않고 조용히 고소를 한 여성조차도 진짜 피해자처럼 행동하지 않았다는 이유로 믿음을 얻지 못한다. 강간고소를 지연한 여성은 불신당한다. 즉각 강간고소를 행한 여성은 그녀의 악의 또는 환상이 의심받는다.[45]

이상과 같은 상황 아래에서 강간피해자는 강간 피해가 마치 자신의 잘못인양 자신을 비하하게 되고, 고소 후에도 수사기관 앞에서외 진술이나 법정증언을 당당하게 하지 못하거나, 고소 자체를 후회하고 고소를 취하하게 되어 그 결과 범죄인에 대한 처벌은 난관에 처할 수밖에 없다.

물론 성폭력범죄 사건에서 피해자와 피고인이 과거 합의에 따른 성관계를 계속 해왔다거나, 피해자의 몸 속에서 발견된 정액은 피고인의 것이 아니라거나, 피해자가 과거 허위의 강간고소를 행한 적이 있다거나 하는 사실은 피해자의 프라이버시와 연관되어 있기는 하나, 당해 사건에서 피고인의 자기방어를 위하여 필수적으로 짚고 넘어가야 할 사항이므로 이에 대한 신문은 실체진실발견을 위하여 필요하다. 그러나 피해자의 품행, 평판 및 성관계 이력에 대한 무차별적인 조사나 신문을 방치하게 되면 많은 강간피해자가 형사절차에서 예상되는 당혹과 수모 때문에 범죄인 처벌을 중도에 포기하게 되고, 또한 당해 재판의 쟁점도 흩어지게 되고 만다.[46]

---

44) 박선미(각주 35), 308면.
45) Aviva Orenstein, "No Bad Men!: A Feminist Analysis of Character Evidence in Rape Trial," 49 *Hastings L. J.* 664, 664(1998).
46) Clifford S. Fishman, "Consent, Credibility, and the Constitution: Evidence

제 4.   현행 형사절차상의 성폭력범죄 피해자 보호조치

Ⅰ. 성폭력처벌법의 피해자 보호조치

성폭력범죄의처벌등에관한특례법(이하 '성폭력처벌법'으로 약칭)은 1993년 8월 제정된 이후 여러 차례 개정을 거치면서 성폭력범죄의 경우 제2차 피해를 방지하기 위하여 특정강력범죄의처벌에관한특례법에 따른 소송절차상의 특례 외에 새로운 특례규정을 마련하였다.

중요한 조치를 요약하자면 다음과 같다.

첫째, 제24조는 성폭력범죄의 수사 또는 재판을 담당하거나 이에 관여하는 공무원 또는 그 직에 있었던 사람은 **피해자의 주소, 성명, 나이, 직업, 학교, 용모, 그 밖에 피해자를 특정하여 파악할 수 있게 하는 인적사항과 사진 등 또는 그 피해자의 사생활에 관한 비밀을 공개하거나 다른 사람에게 누설하는 것을 금지하고**(제1항), 누구든지 제1항에 따른 피해자의 주소, 성명, 나이, 직업, 학교, 용모, 그 밖에 피해자를 특정하여 파악할 수 있는 인적사항이나 사진 등을 피해자의 동의를 받지 아니하고 신문 등 인쇄물에 싣거나 「방송법」 제2조 제1호에 따른 방송 또는 정보통신망을 통하여 공개하는 것을 금지한다(제2항). 이는 수사와 재판 과정에서 피해자의 신원과 사생활의 비밀이 누설되는 것을 막기 위한 조치이다.

둘째, 제29조는 수사기관과 법원 및 소송관계인은 성폭력범죄를 당한 피해자의 나이, 심리 상태 또는 후유장애의 유무 등을 신중하게 고려하여 **조사 및 심리·재판 과정에서 피해자의 인격이나 명예가 손상되거나 사적인 비밀이 침해되지 아니하도록 주의하여야 함**을 규정하고(제1항), 수사기관과 법원은 성폭력범죄의 피해자를 조사하거나 심리·재판할

Relating Sex Offense Complaint's Past Sexual Behaviors," 44 *Cath. U. L. Rev.* 709, 716(1995).

때 피해자가 편안한 상태에서 진술할 수 있는 환경을 조성하여야 하며, 조사 및 심리·재판 횟수는 필요한 범위에서 최소한으로 하여야 한다고 규정한다(제2항). 이는 수사 또는 재판과정에서 피해자가 제2차 피해를 입지 않도록 배려해야 함을 강조한 것이다.

셋째, 제30조는 성폭력범죄의 피해자가 19세 미만이거나 신체적인 또는 정신적인 장애로 사물을 변별하거나 의사를 결정할 능력이 미약한 경우─피해자 또는 법정대리인이 이를 원하지 아니하는 의사를 표시한 경우는 제외(제2항)─ **피해자의 진술 내용과 조사 과정을 비디오녹화기 등 영상물 녹화장치로 촬영·보존**하여야 한다고 규정하고(제1항), 제1항에 따라 촬영한 영상물에 수록된 피해자의 진술은 공판준비기일 또는 공판기일에 피해자나 조사 과정에 동석하였던 신뢰관계에 있는 사람 또는 진술조력인의 진술에 의하여 그 성립의 진정함이 인정된 경우에 증거로 할 수 있다고 규정한다(제6항).

또한 제41조는 **증거보전의 특례**를 규정한다. 즉, 피해자나 그 법정대리인 또는 경찰은 피해자가 공판기일에 출석하여 증언하는 것에 현저히 곤란한 사정이 있을 때에는 그 사유를 소명(疏明)하여 제30조에 따라 촬영된 영상물 또는 그 밖의 다른 증거에 대하여 해당 성폭력범죄를 수사하는 검사에게 형사소송법 제184조 제1항에 따른 증거보전의 청구를 할 것을 요청할 수 있고(제1항), 제1항의 요청을 받은 검사는 그 요청이 타당하다고 인정할 때에는 증거보전의 청구를 할 수 있다(제2항).

이상은 피해자가 불필요한 진술반복을 하게 되어 제2차 피해를 당하는 일이 없도록 증거법적 조치를 마련한 것이다. 형사소송규칙 제74조 제2항 제2호는 공판시 재판장이 "전의 신문과 중복되는 신문"을 하는 것은 금지된다고 규정하고 있지만, 이는 공판과정에 한하여 작동하는 것이고, 중복 여부에 대한 판단도 재판장의 재량에 다를 수밖에 없기에 피해자 보호에 한계가 있었다. 성폭력처벌법 제30조와

제41조는 반복신문으로 인한 발생하는 성폭력범죄 피해자의 고통을 없애는데 큰 효과를 발휘할 수 있다.

넷째, 제31조는 성폭력범죄에 대한 심리를 비공개로 할 수 있음을 규정하는데, 증인으로 소환받은 성폭력범죄의 피해자와 그 가족은 사생활보호 등의 사유로 증인신문의 비공개를 신청할 수 있고(제2항), 재판장은 이 신청을 받으면 그 허가 및 공개 여부, 법정 외의 장소에서의 신문 등 증인의 신문 방식 및 장소에 관하여 결정할 수 있다고 규정한다(제3항).

다섯째, 제40조는 성폭력범죄의 피해자를 증인으로 신문하는 경우 검사와 피고인 또는 변호인의 의견을 들어 비디오 등 중계장치에 의한 중계를 통하여 신문할 수 있다고 규정하고 있다. 이는 피해자가 법정에서 반대신문을 당할 때 초래되는 부담을 획기적으로 경감시킬 수 있는 조치로, 미국, 영국, 독일 등 여러 나라에서는 벌써 실행되고 있는 제도이다.

여섯째, 제34조는 수사기관이 성폭력범죄의 피해자를 조사하거나(제2항), 법원이 동 피해자를 증인으로 신문하는 경우에 검사, 피해자 또는 법정대리인이 신청할 때에는 재판에 지장을 줄 우려가 있는 등 부득이한 경우가 아니면 피해자와 신뢰관계에 있는 사람을 동석하게 하여야 한다고 규정한다.

이상돈 교수는 이러한 조치가 재판의 '공개주의'를 배제하여 성폭력범죄자를 확정짓는 절차의 투명성을 제거하고 있고, 피고인은 퇴정시키면서도 피해자에게는 그녀의 신뢰인을 동석하게 하여 피고인의 방어적 참여권을 막달하고 있는 등 "여성편향적 이익형량"을 히였다고 강력한 비판을 가한 바 있다.[47)]

그러나 이러한 비판에는 성폭력피해자가 어떠한 심리적·육체적 고통 속에 빠지게 되는지, 그리고 형사절차의 전 과정에서 얼마나 프

---

47) 이상돈, 『형법학』(1999), 79-80면.

라이버시가 침해되고 또한 소외되고 있는가에 대한 고려가 결여되어 있다고 보인다. 성폭력피해자에 대한 형사절차상의 보호조치로 형사피고인의 방어권이 일정하게 약화되는 것은 사실이지만, 그 약화의 범위와 정도는 성폭력피해자의 프라이버시 침해와 고통 등을 고려할 때 의식적으로 감수할 수 있는 것이라고 본다. 국가는 죄형법정주의를 통해 피고인의 권리를 보장해야 할 의무가 있지만, 동시에 형사절차에서 발생하는 피해자의 불이익을 최소화해야 할 의무도 있는 것이다.

재판의 공개주의에 대한 성폭력처벌법상의 제한은 정당한 근거를 갖는다. 헌법 제27조 제3항은 "상당한 이유가 없는 한" 형사피고인은 공개재판을 받을 권리를 가짐을 규정하고 있고, 헌법 제109조와 법원조직법 제57조는 "국가의 안전보장·안녕질서 또는 선량한 풍속을 해할 우려가 있는 때" 비공개재판을 결정할 수 있음을 규정하고 있다. 재판의 공개주의는 민주주의 형사절차에서 핵심적 원칙이지만 이는 무조건 고수되어야 하는 절대원칙은 아니고, 헌법은 이미 그 예외를 상정하고 있는 것이다.[48]

성폭력처벌법에 의한 공개주의의 제한은 공개재판에서 야기되는 성폭력범죄 피해자의 프라이버시와 인격권 보호를 위한다는 점에서 "상당한 이유"가 있다고 할 것이다.[49] 독일의 경우는 1987년 개정된 법원조직법(GVG)에서 "소송당사자, 증인 또는 위법행위의 피해자의 개인적 영역에 속하는 사항이 표현되고, 그것의 공개적인 심리가 보호가치 있는 이익을 침해하는 때" 피해자의 사생활 보호와 재판공개의 이익간에 이익형량을 통하여 공개주의를 제한할 수 있는 규정을 두고 있다.[50]

---

48) 소년법 제24조 제2항도 우범소년들의 권익보호를 위해 소년사건에 대해서 비공개심리를 원칙으로 규정하고 있다.
49) 이 제한의 헌법적 근거는 헌법 제109조의 "선량한 풍속을 해할 우려가 있는 때"를 넓게 해석하여 해결할 수 있을 것이다.

다음으로 수사와 재판과정에서 성폭력범죄 피해자가 신뢰하는 자가 동석할 수 있게 하는 조치는 "강간피해증후군"을 겪고 있는 피해자에게 정신적·심리적 안정을 줌으로써 온전한 진술을 가능토록 하여 실체진실발견에 도움을 주는 조치이지, 피고인에게 불공평한 부담을 부여하거나 방어권을 무력하게 하는 것이 아니기에 법치주의의 관점에서도 허용된다.

이상돈 교수는 이러한 조치에 대해서도 형사소송법상 피고인 일시퇴정제도(형사소송법 제297조)와 비교할 때 피해자를 과보호하는 것이라고 파악한다.[51] 그러나 성폭력범죄 피해자가 법정에서 가해인 피고인과 대면하고 자신의 피해를 진술할 경우 발생하는 고통을 고려하고, 또한 피고인 일시퇴정제도의 경우 피고인의 불이익을 막기 위해 증인신문이 종료하면 피고인을 재입정시켜 서기로 하여금 진술의 요지를 고지하도록 조치하고 있다(제297조 제2항)는 점을 생각하면 피고인 일시퇴정제도가 피고인의 방어권을 중대하게 훼손한다고는 볼 수 없을 것이다.

독일의 경우는 1987년 형사소송법 개정을 통하여 피해자가 증인으로 신문받는 경우 피해자의 신청이 있으면 자신이 신뢰하는 1인의 참석을 허용하고 있으며,[52] 피해자에게도 변호사의 조력을 받을 권리를 보장하고 법원과 검찰의 피해자신문시 변호사의 참석권을 인정하고 있다.[53]

성폭력처벌법도 이러한 입법례에 따라 성폭력범죄 피해자에 대한 변호사 선임의 특례를 규정하고 있다(제27조). 즉, 성폭력범죄의 피해자 및 그 법정대리인은 형사절차상 입을 수 있는 피해를 방어하고

---

50) 독일 법원조직법 제171조의b. 이에 대해서는 이재상·이호중, 『형사절차상 피해자보호방안』, 한국형사정책연구원(1993), 114-117면 참조.
51) 이상돈(각주 47), 79-80면.
52) 독일 형사소송법 제406조f 제3항.
53) 독일 형사소송법 제406조f 제1항, 제2항.

법률적 조력을 보장하기 위하여 변호사를 선임할 수 있고(제1항), 제1
항에 따른 변호사는 검사 또는 사법경찰관의 피해자등에 대한 조사
에 참여하여 의견을 진술할 수 있으며(제2항), 피의자에 대한 구속 전
피의자심문, 증거보전절차, 공판준비기일 및 공판절차에 출석하여 의
견을 진술할 수 있고(제3항), 증거보전 후 관계 서류나 증거물, 소송계
속 중의 관계 서류나 증거물을 열람하거나 등사할 수 있다(제4항). 그
리고 피해자에게 변호사가 없는 경우 검사는 국선변호사를 선정하여
형사절차에서 피해자의 권익을 보호할 수 있다(제6항).

II. 검찰청 지침

1999년 2월 검찰총장이 지시한 '성범죄수사 및 공판관여시 피해
자 보호에 관한 지침'54)은 수사절차에서 성폭력범죄 피해자 보호의
필요성을 강조하면서 최초로 구체적 지침을 수립한 의미가 있다. 성
폭력처벌법과 중복되지 않는 범위에서 지침내용을 살펴보면,

(1) 피해자 소환절차에 대한 지침으로는 소환 자체를 최소화할
것, 피해자가 외부에 노출되지 않도록 가급적 피해자에게 직접 연락
하고, 타인을 통하여 연락할 때는 피해사실이 알려지지 않도록 소환
이유를 고지할지 말 것, 소환장을 발부할 때는 봉함우편을 사용할
것, 출장조사를 적극 활용할 것, 재소환에 대비하여 피해자의 비밀보
호에 편리한 연락장소를 조서에 기재할 것,

(2) 조사환경과 관련한 지침으로는 가급적 피해자가 원하는 시간
에 공개되지 않은 장소에서 조사할 것, 조사시 참여자는 가급적 여성
으로 할 것, 피해자가 보호자 등 신뢰관계가 있는 자의 동석을 원하
고 정서적 안정을 위하여 필요한 경우 가족, 친지 등 보호자의 입회
를 허용할 것, 13세 미만의 피해자는 반드시 보호자의 참여 하에 조

---

54) 대검예규 제290호, 강력 61100-413(1999. 2. 23).

사할 것,

(3) 조사방법에 관한 지침으로는 해당 사건과 무관한 피해자의 성경험이나 성범죄를 당할 당시의 기분, 가해자의 사정 여부 등 피해자가 모멸감이나 수치심을 느낄 수 있는 질문이나 공소유지에 필요하지 아니한 질문은 삼갈 것, 저속한 표현을 사용하거나 노골적인 호기심에서 비롯된 질문은 하지 말 것, 수사상 필요한 경우를 제외하고는 피해자가 범행의 동기를 유발했다는 식의 추궁을 자제할 것, 가해자의 신원확인이 필요한 경우 가급적 가해자와 피해자가 직접 대면하지 않는 방법을 택할 것, 대질신문은 최후의 수단이라고 인정되는 경우에만 시행할 것, 특별한 이유 없이 합의 또는 고소취소를 종용함으로써 특정 당사자를 비호한다는 의혹을 사지 않도록 할 것,

(4) 공소유지상 유의사항으로는 피해자에 대한 증인신문은 공소유지에 필요한 최소한의 한도에서 신청하고, 변호인 또는 피고인이 가해자에 대한 처벌의사 등 공소유지와 직접 관련이 없는 사항을 확인하기 위하여 피해자에 대한 증인신문을 요청할 경우 적극적으로 이의를 제기할 것, 공판관여 검사는 공소유지에 필요한 최소한의 사항에 대하여만 신문할 것, 피해자에 대한 증인신문시 피해자가 수치심을 느낄 수 있는 저속한 용어를 사용하지 말 것, 변호인 또는 피고인이 특별한 필요 없이 피해자의 성경험, 과거 경력 등 수치심을 야기할 수 있는 질문을 할 경우 신문방법에 대한 이의신청을 적극 활용할 것 등이다.

그리고 2013년 7월 대검 예규로 만들어진 '성폭력사건 처리 및 피해자 보호·지원에 관한 지침'[55]에도 의미 있는 내용이 있다. 성폭력처벌법과 겹치지 않는 내용을 간략히 소개한다.

먼저 동 지침 제18조는 대질조사시의 유의사항을 규정한다. 즉, 검사는 피해자의 연령, 정신적 압박감 등을 고려하여 **피해자에 대한 조**

---

55) 대검 예규 제692호(2013. 11. 14).

사와 피의자에 대한 신문은 원칙적으로 분리하여 실시한다(제1항). 검사는
대질조사를 실시하더라도 불가피한 경우에 예외적으로 실시하되, 대
질방법 등에 대하여는 피해자와 그 법정대리인, 성폭력범죄 전문가의
의견을 최대한 존중하여야 한다(제2항).

　　제27조는 **증인신문절차에서 피해자 보호를 위한 검사의 적극적 역할**을
규정한다. 즉, 검사는 피해자나 그 가족에 대한 증인신문을 함에 있
어 사생활보호 및 신변보호가 필요하다고 판단되면 재판장에게 서면
이나 구두로 증인신문을 비공개로 진행해 줄 것을 요청하여야 한다
(제1항). 검사는 피고인의 앞에서 증언하기를 원하지 않는 피해자나
증인의 요청이 있는 경우 범죄의 태양, 범행 경위, 피고인의 태도 등
에 비추어 피해자나 증인이 피고인 앞에서 진술하기 곤란하다고 판
단되면 재판장에게 서면이나 구두로 피고인의 퇴정을 요청하여야 한
다(제2항). 검사는 증인신문과정에서 피고인의 변호인이 사건과 무관
한 피해자의 사생활에 대한 질문을 하거나 불필요하게 피해자의 성
적 수치심을 자극하는 질문 등을 하는 경우 적극적으로 재판부에 이
의를 제기하여야 한다(제3항).

　　제28조와 제29조는 영상녹화물 관련 검사의 의무를 규정한다.
즉, 검사는 피해아동 등의 영상녹화물에 대한 증거조사가 예정되어
있는 경우 사전에 영상녹화물을 확인하여 피해자의 인적사항이 현출
되는 부분이 있는지를 점검하고 증거조사시 피고인에게 피해자의 인
적사항이 현출되지 않도록 재판부에 요청하여야 한다(제28조). 검사는
피고인이나 피고인의 변호인이 피해자 진술이 담긴 영상녹화물에 대
하여 검사가 법정에 증거로 제출하기 전 열람·등사를 신청하는 경우
피해자의 사생활 및 신변보호를 위하여 필요한 경우 이를 거부하거
나 그 범위를 제한할 수 있고, 허용하는 경우에도 등사는 원칙적으로
불허하여야 한다(제29조).

　　제31조는 국민참여재판시 검사의 유의사항을 규정한다. 즉, 검

사는 성폭력사건에 대하여 피고인이 국민참여재판 신청을 하는 경
우 피해자, 법정대리인 또는 피해자 변호사에게 그 사실을 즉시 통
지하고 국민참여재판 진행의 찬·반에 대한 의사를 확인하여야 한다
(제1항). 검사는 피해자가 국민참여재판을 원하지 않는다는 의사를
표시하는 경우 재판부에 국민참여재판 배제결정을 요청하여야 한다
(제2항). 성폭력범죄 사건에 대하여 국민참여재판이 진행되는 경우
검사는 특히 다음의 점을 유의하여야 한다. (가) 피해자가 19세 미
만이거나 신체적인 또는 정신적인 장애로 사물을 변별할 능력이나
의사를 결정할 능력이 미약한 경우에는 영상녹화물을 통한 증거 현
출을 원칙으로 하고, 부득이 법정 증언이 필요한 경우라도 보충적인
방법으로 필요 최소한의 증언을 하도록 한다. (나) 검사는 배심원들
을 상대로 최후 진술을 할 때나 기타 적절한 시기에 피해자의 얼굴
등 피해자를 특정할 수 있는 사항이 누설되지 않도록 배심원들을
상대로 피해자 신상 등에 대한 비밀이 지켜질 수 있도록 요청하여
야 한다.

　이상과 같은 법과 제도의 변화는 여성단체와 학계의 꾸준한 요
청이 반영된 결과이다. 문제는 이러한 법과 제도가 실제 법절차에서
활발히 운영되는 것이다. 법과 제도가 바뀐다고 해서 법집행담당자의
의식과 관행이 바로 바뀌는 것은 아니다. 이 점에서 다음과 같은 류
병관 교수의 지적이 중요하다.

　　장기간 이어져온 수사관행, 성범죄에 대한 남성 중심의 고정관념,
　　최근 입법·개정된 법률에 대한 이해부족 등의 문제점을 개선하고
　　효과적인 제도운영을 위해서는 형사재판 시스템에 종사하는 모든
　　사람들에 대한 체계적인 교육과 훈련이 더욱 필요하다. 즉 중앙경찰
　　학교, 경찰종합학교, 사법연수원 등의 형사사법 담당자의 교육과 관
　　련된 기관에서 성폭력피해자의 인권 교육 및 새로운 피해자 보호에

관한 제도들에 관한 보다 충실한 실무교육이 요구된다. 또한 이러한 교육의 중심은 추상적인 이론학습을 떠나 각 수사단계에서 성폭력 피해자의 피해자 방지라는 측면에서 사례를 통한 구체적인 방법으로 지속적으로 이루어져야 할 것이다.56)

제 5. 강간피해자의 성관계 이력의 증거사용 제한 — 미국 '강간피해자보호법'(Rape Shield Law)을 중심으로

상술했듯이, 성폭력처벌법 제29조 제1항은 수사기관과 법원 및 소송관계인은 성폭력범죄를 당한 피해자의 나이, 심리 상태 또는 후유장애의 유무 등을 신중하게 고려하여 조사 및 심리·재판 과정에서 피해자의 인격이나 명예가 손상되거나 사적인 비밀이 침해되지 아니하도록 주의하여야 한다고 규정하고 있다. 그리고 2013년 대검 예규 제27조 제3항은 검사는 증인신문과정에서 피고인의 변호인이 사건과 무관한 피해자의 사생활에 대한 질문을 하거나 불필요하게 피해자의 성적 수치심을 자극하는 질문 등을 하는 경우 적극적으로 재판부에 이의를 제기하여야 한다고 규정하고 있다.

그러나 피해자에 대한 증인신문의 현실은 이러한 법규의 요청대로 운영되지는 않는다. 성폭력범죄 재판에서 명백한 증인이나 증거가 있는 경우에는 당사자 간의 공방이 미미해지지만, 그렇지 않은 경우 피고인과 그 변호인은 무죄 입증을 위하여 피해자의 진술의 신빙성을 공격하게 되고, 이 과정에서 피해자의 과거 성관계 이력(履歷)을 들추기 마련이다. 성폭력처벌법 제29조 제1항은 피해자의 과거 성관계 이력에 대한 질문 자체를 금지하지 않고 있으며, 동 조항은 '주의 규정'에 불과하기에 피고인의 방어권 행사를 위하여 필요하다고 할

---

56) 류병관(각주 34), 416~417면.

경우 성관계 이력에 대한 질문은 허용될 수 있다.

그런데 미국의 '강간피해자보호법'(Rape Shield Law, 이하 'RSL'로 약
칭)은 다른 접근을 하고 있다. 과문하지만 저자가 아는 바로 저자는
2002년 한국에서 RSL에 대한 논문을 최초로 발표하였다.57) 이후
2008년 류병관 교수가, 2009년 박용철 교수가 RSL에 대한 소개 논문
을 발표하였다.58) 그러나 최근까지 법조계와 국회는 물론 여성단체
에서도 거의 주목을 하지 않고 있는 상태이다.

저자는 성폭력범죄 재판이 피해자의 성적 자기결정권 침해 여부
를 중심으로 운영되고, 피해자의 프라이버시가 온전히 보호되기 위해
서는 RSL의 도입이 필요하다고 여전히 생각하는바, 이하에서 살펴보
기로 한다.

I. 미국 '강간피해자보호법'의 유형

1974년 미시간주가 최초로 RSL을 제정한 이후, 현재는 연방과
주 차원에서 모두에서 강간피해자의 과거 성관계 이력이 증거로 사
용되는데는 중대한 제약이 설정되어 있다. 이하에서는 미국의 RSL을
증거사용 제약의 방식과 정도를 기준으로 하여 크게 네 가지 유형으
로 나누어 간략히 살펴보기로 한다.59)

---

57) 조국, "강간피해 고소여성의 성관계 이력의 증거사용 제한 — 미국 "강간방지법"
을 중심으로," 한국법학원, 『저스티스』 제69호(2002. 10). 이 논문에서는 RSL을
'강간방지법'이라고 직역하였는데, 이 책 제1판을 내면서 동 법률의 내용을 전달
하기 위하여 '강간피해자보호법'으로 의역하였다.

58) 류병관, "성폭력 피해자 보호를 위한 증거제한에 관한 연구 — 미국의 강간피해자
보호법(Rape Shield Law)을 중심으로 —," 전남대학교 법학연구소, 『법학논총』
제28집 제1호(2008); 박용철, "미국법상 성격증거배체법칙과 그 예외로서의 강간
피해자보호법 도입 가능성에 대한 소고," 한국피해자학회, 『피해자학연구』 제17
권 제2호(2009).

59) 이러한 구분법은 Harriett R. Galvin, "Shielding Rape Victims in the State and
Federal Courts: A Proposal for the Second Decade," 70 *Minn. L. Rev.* 763

1. 미시간주 유형 — 법관의 재량을 배제하는 엄격한 증거사용 금지

미국에서 최초로 RSL을 제정한 미시간주는 강간피해자의 성관계 이력을 증거로 사용하는 데 있어서 법관에 거의 재량을 주지 않는 가장 엄격한 태도를 취하고 있는데, 다른 25개 주가 기본적으로 이러한 입장을 따르고 있다.[60]

미시간주 RSL은 강간피해자의 성관계 이력이 과거 피해자와 피고인의 성관계를 밝히는 증거로 사용되거나, 또는 정자, 임신 또는 질병의 근원이 누구인지를 밝히는 증거라고 법관이 판단하는 경우 외에는 증거사용이 금지된다.[61] 그리고 피해자와 제3자와의 성관계는 피고인이 자신이 피해자의 몸에서 발견된 정액의 원천이 아니라는 점을 밝히기 위한 경우에만 허용된다.[62] 미시간 모델의 경우 법관이 피해자의 과거 성관계 이력을 증거로 채택하며 발생하는 편견 등의 문제점보다 그 증거로서의 가치가 높다고 판단하더라도, 이상의 허용조건에 부합하지 않는 경우 자신의 재량을 발휘하여 증거를 사용할 수 없다.[63]

플로리다주와 조지아주의 경우는 미시간 모델을 기본으로 하면서도 피고인과 피해자간의 과거 성관계는 증거로 사용될 수 있게 하고 있다.[64] 그리고 피해자의 동의를 입증하기 위한 경우[65] 또는 피해

(1986)의 구분법에 따른 것이다. 이 외에 David Haxton, "Rape Shield Statutes: Constitutional Despite Unconstitutional Exclusions of Evidence," 1985 *Wis. L. Rev.* 1219; Andrew Z. Soshnick, Comment, "The Rape Shield Paradox: Complainant Protection Amidst Oscillating Trends of State Judicial Interpretation," 78 *J. Crim. L. & Criminology* 644(1987) 등은 다른 구분법을 취하고 있다.

60) Galvin, supra note 59, at 764-765.
61) Mich. Comp. Laws Ann. §750.520j (1) (a) & (1) (b) (West 1991).
62) Ibid.
63) Galvin, supra note 59, at 872.
64) Fla. Stat. Ann. §794.022 (2)-(3) (West 1995); Ga. Code Ann. §24-2-33 (Michie 1995).
65) Fla. Sta. Ann. §794.022 (2)-(3) (West 1995).

자의 허위의 강간피해고소를 밝히기 위한 경우66)에는 피해자의 과거 성관계 이력을 증거사용을 허용하는 주입법도 있다.

2. 뉴저지주 유형 — 법관의 자유재량에 따른 증거사용 허용67)

뉴저지주 RSL은 미시간주 RSL과 정반대의 접근을 취하고 있는 바, 뉴저지주 RSL은 강간 피해자의 과거 성관계 이력을 증거로 사용할 것인가에 대하여 법관이 자신의 재량에 따라 판단하게 하고 있으며, 다른 8개 주가 이러한 유형의 RSL을 가지고 있다.68)

즉, 법관은 강간피해자의 과거 성관계 이력의 증거사용이 가져오는 피해자에 대한 편견적 효과와 성관계 이력 자체의 증거가치를 비교형량하여 후자가 더 중시되면 증거사용이 허용된다.69) 이 유형의 경우 법관의 재량행사를 금지하지 않으므로 위헌 소지를 불러 일으킬 소지는 적으나, 그 재량에 관한 기준이 없으므로 강간피해자 보호라는 RSL 제정의 취지는 약해진다.70)

3. 연방증거규칙 — 절충형

'연방증거규칙'(Federal Rules of Evidence)은 이상의 두 가지 RSL의

---

66) Wis. Stat. Ann. §971.31 (11), 972.11 (2) (West 1994).

67) 뉴저지주 RSL에 대해서는 Shacara Boone, "New Jersey Rape Shield Legislation: From Past To Present — The Pros And Cons," 17 *Women's Rights L. Rep.* 223(1996)을 참조하라.

68) 상술한 주 59)의 Galvin의 논문에는 이 유형을 텍사스주 유형이라고 명명하고 있으나, 텍사스주는 법률개정으로 후술하는 연방증거규칙 유형의 RSL을 갖게 된다 [Tex. R. Crim. Evid. 412(1996)].

69) N.J. Stat. Ann. §2C:14-7(West 1994). 그런데 뉴저지주의 경우 주 104)에서 인용한 1991년 'Glen Ridge사건 판결'의 사회적 파장 때문에 1994년 RSL이 개정되어, 피고인이 피해자의 성관계 이력을 문제가 되는 양자의 성관계에서 "강제 또는 협박의 요소를 부정"하기 위해 사용하는 것은 허용하지 않도록 변경된다 (Ibid. 2C: 14-7).

70) Linda Robayo, "The Glen Ridge Trial: New Jersey's Cue to Amend its Rape Shield Statute," 19 *Seton Hall Legis. J.* 272, 302-303(1994).

절충형으로 9개 주 RSL이 이를 따르고 있다. 연방증거규칙은 성범죄 피해자의 성관계 이력과 성적 성향(sexual predisposition)[71]의 증거사용을 일반적으로 금지하면서도, ① 피해자에게서 채취된 정자가 피고인의 것이 아니라거나, 피해자가 입은 상처 등이 피고인에 의해 가해진 것이 아니라는 것을 입증하기 위한 경우, ② 피고인이 피해자의 동의를 입증하기 위한 경우에는 증거사용을 허용하고 있으며,[72] 이외에 ③ 피해자의 성관계 이력과 성향, 증거의 배제가 피고인의 헌법상의 권리를 침해하는 경우 증거사용을 허용하도록 규정하여 법관의 재량이 개입될 수 있는 공간을 마련해 두고 있다.[73]

4. 캘리포니아주 유형 — '동의'/'신빙성'의 이분법에 따른 판단

마지막으로 피해자의 성관계 이력을 두 가지 범주로 나누어 증거사용 여부를 결정하는 캘리포니아주 RSL가 있다. 캘리포니아주 RSL은 피해자의 성관계 이력은 — 피고인과 피해자 간의 성관계를 입증하기 위한 경우 외에는 — 강간시 피해자의 동의가 있었는가를 판단하는 증거로는 사용할 수 없도록 규정하지만, 판사의 재량에 의거하여 피해자의 신빙성을 공격하는 증거로는 사용될 수 있도록 하고 있다.[74]

이러한 유형의 RSL의 문제로 지적되는 것은 '동의' 입증을 위한 경우와 '신빙성'을 공격하는 경우의 구별이 모호하다는 점이다.[75] 이러한 구별의 모호함을 보여주는 역설적 예는 워싱턴주나 네바다주의 RSL의 경우는 캘리포니아주와는 반대로 피해자의 성관계 이력이 강간시 피해자의 동의 여부를 판단하는 증거로 사용될 수 있지만, 피해

---

71) "성적 성향"의 금지란 "피해자의 복장, 언행 또는 생활방식"과 관련된 증거의 사용금지를 뜻한다(Fed. R. Evid. 412 Advisory Committee's Note).
72) Fed. R. Evid. 412 (b) (1) (A) & (b) (1) (B).
73) Ibid. (b) (1) (C).
74) Cal. Evid. Codes §782, 1103 (c) (West 1995).
75) Galvin, supra note 59, at 775-776, 894-902.

자의 신빙성을 공격하는 증거로는 사용될 수 없도록 하고 있다는 점
이다.[76]

II. '강간피해자보호법'과 형사피고인의 권리의 충돌 문제

1. 형사피고인의 증인대면권과 반대신문권

이상과 같은 RSL은 형사피고인의 반대신문권을 제약하는 것이기
에 RSL을 통한 강간피해자의 보호가 형사피고인의 헌법적 권리를 침
해하는 것이 아닌가 하는 논란이 일어날 수밖에 없었다.

먼저 RSL은 미국 연방헌법 수정 제5조, 제14조에 규정된 적정절
차에 대한 피고인의 권리를 제약한다. 미국 연방대법원은 "형사재판
에서 적정절차에 대한 피고인의 권리는 자신에게 제기된 공소에 대
하여 피고인이 자신을 방어할 공정한 기회에 대한 권리"를 그 핵심으
로 하며, "증인대면과 반대신문에 대한 피고인의 권리 그리고 피고인
자신을 위하여 증인을 소환할 권리는 오랫동안 적정절차의 요체로
인정되어 왔다"라고 선언한 바 있다.[77]

보다 구체적으로는 RSL은 피고인이 자신에게 유리한 증인을 강
제로 확보하고 그 증인을 대면하고 반대신문을 행할 수 있는 헌법 수
정 제6조의 권리를 침해하지 않는가가 문제가 된다. 이와 관련된 지
도적 판결인 1974년 'Davis v. Alaska 판결'[78]에서 연방대법원은 설
시하기를,

> 반복적이고 부당하게 증인을 괴롭히는 신문을 막는 판사의 광범
> 한 재량에 종속된 상태에서, … 전통적으로 반대신문자는 증인을 탄

---

76) Wash. Rev. Code Ann. §9A.44.020(West 1988); Nev. Rev. Stat. Ann §48.069,
　　50.090(Michie 1993).
77) Chambers v. Mississippi, 410 U.S. 284, 294(1973).
78) 415 U.S. 308(1974).

핵하도록, 즉 증인의 신빙성을 떨어뜨리도록 허용되어 왔다. … 증인의 증언동기를 드러내는 것은 헌법적으로 보장된 반대신문권의 적정하고 중요한 기능이다.[79]

강간사건의 경우 고소인의 신뢰성이 많이 문제가 되므로 피고인의 증인대면권과 반대신문권은 중요한 의미를 갖는데, RSL은 이상과 같은 피고인의 헌법상의 권리를 제약하고 있으므로 이러한 제약이 정당화될 수 있는가 문제가 될 수밖에 없다. 물론 증인대면권과 반대신문권의 의미를 강조한 'Davis 판결'도 "반복적이며 부당하게 괴롭히는 신문"은 방지되어야 한다는 점을 밝히고 있었고,[80] 또한 다른 판결에서도 연방대법원은 수정 제6조의 권리는 피고인의 변호와 "관련성이 있고(relevant), 중요하며(material) … 사활적인(vital)" 증언에 한정된다는 점을 명시하고 있었다.[81]

2. '강간피해자보호법' 관련 미국 연방대법원의 판결

RSL의 위헌문제와 관련한 미국 연방대법원 판결로는 1988년의 'Olden v. Kentucky 판결'[82]과 1991년의 'Michigan v. Lucas 판결'[83]이 있다. 이 두 판결은 RSL의 위헌성을 본격적으로 다룬 판결은 아니지만, 이와 관련된 최고법원의 판결이니 만큼 검토를 요한다.

먼저 'Olden 판결'에서 흑인 남성 피고인은 백인 여성 피해자가 공소외 흑인 남성과 연인관계였는데 피해자가 바람을 피웠다는 점을

---

79) Ibid. at 316. 이는 Delaware v. Van Arsdall, 475 U.S. 673(1986)에서 재차 확인된다.
80) Ibid.
81) Washington v. Texas, 388 U.S. 14, 16(1967); United States v. Valenzuela-Bernal, 458 U.S. 858, 867(1982).
82) 488 U.S. 227(1988).
83) 500 U.S. 145(1991). 이 판결에 대한 평석으로는 Daniel Lowery, "The Sixth Amendment, The Preclusionary Sanction, and Rape Shield Laws: Michigan v. Lucas, 111 S. Ct. 1743(1991)," 61 *U. Cin. L. Rev.* 297(1992) 참조.

숨기기 위하여 피고인에게 강간당하였다고 거짓주장을 하는 것이라고 주장하였다. 원심법원은 피해자가 흑인과 동거하고 있었다는 점은 너무 많은 인종적 편견을 불러일으키는 것이라는 이유로 증거배제하였다. 이에 대하여 연방대법원은 원심법원의 판사가 재량을 남용하여 피해자가 거짓말을 하는 동기를 보여주는 증언을 배제하였다는 이유로 원심을 파기하였다.[84] 이 사건에서 원심은 피고인이 제출한 증거가 가져올 인종적 편견 때문에 증거사용을 금지한 것이었으므로 연방대법원의 판결도 RSL에 기초한 판결이라고는 볼 수 없었다.[85]

'Lucas 판결'에서 피고인은 과거 자신과 피해자의 성적 관계를 증거로 제출하려고 할 때는 필요한 사전통지[86]를 하지 않고 증거를 제출하였는데, 1심 법원은 이 절차미비를 문제로 삼아 증거배제를 결정하였고, 반면 항소법원은 원심을 파기하였다. 연방대법원은 항소법원 판결을 파기하면서, 사전통지요건은 정당하다고 판시하였다.[87] 이 사건은 증거제출의 절차위법을 다투는 사건으로 RSL 자체의 위헌성을 본격적으로 문제로 삼은 사건은 아니었으나, 연방대법원은 하급심 판결을 인용하면서 다음과 같이 판시하였다.

그 법률[RSL]이 형사피고인이 관련성 있는 증거를 제출하지 못하게 만드는 한도 내에서 그 피고인의 반대증인을 대면하고 항변을 제출하는 권리는 경감된다. 이 점이 반드시 이 법률을 위헌으로 만드는 것은 아니다. "관련성이 있는 증거를 제출할 수 있는 권리는 무한대로 보장되는 것은 아니다. 그 권리는 '형사재판과정에서 다른 정당한 이익을 수용하기 위하여 양보'될 수 있다." 판사는 "괴롭힘, 편

84) Ibid. at 230-233.
85) Clifford S. Fishman, "Consent, Credibility, and the Constitution: Evidence Relating to a Sex Offense Complaint's Past Behavior," 44 *Cath. U. L. Rev.* 709, 753(1995).
86) Mich. Comp. Laws Ann. §750.520j(West 1991).
87) Ibid. at 153.

견, 쟁점의 혼란, 증인의 안전 또는 반복적이거나 단지 주변적 관련
성만이 있는 신문 등에 대한 염려에 기초하여" 형사피고인의 증인에
대한 반대신문권을 합리적으로 제한하는 "광범한 재량"을 갖는다.[88]

3. '강간피해자보호법' 관련 주법원의 판결

한편 각 주의 대법원은 주 RSL이 합헌임을 판결하였는바, 여기서
는 주요 판례를 검토하기로 한다.

먼저 가장 엄격한 태도를 취하고 있는 미시간주 유형의 RSL 사
건을 살펴보자. 미시간주 대법원은 1982년의 'People v. Arenda 판
결'[89]에서 미시간주 RSL이 합헌이라고 판시하였다. 이 사건에서 8세
남아와 성적 접촉을 한 혐의로 기소된 피고인은 성행위에 대한 피해
자의 생생한 묘사는 자신과의 성행위가 아니라 다른 사람과의 성행
위로부터 나온 것이라는 점을 주장하였으나,[90] 미시간주 대법원은
이러한 증거채택을 인정하지 않았고, 피해자의 과거 성관계 이력은
대부분의 사건에서 최소의 관련성을 가지고 있을 뿐이고, 따라서 피
고인의 헌법적 권리는 침해되지 않는다고 설시하였다.[91]

오하이오주 대법원도 주 RSL의 합헌판결을 내리는데, 대표적인
것이 1979년 'State v. Gardner 판결'[92]이다. 이 사건에서 피고인은
직업이 매춘부인 피해자가 과거 정기적으로 제3자와의 성교를 유혹
하였다는 점을 증거로 제출하려고 하였으나 법원은 이를 허용하지
않았고, 법원은 RSL은 피해자를 부당한 괴롭힘으로부터 보호하는 데
그 취지가 있음을 분명히 하였다.[93]

---

88) Ibid. at 149(인용된 하급심 판결 생략).
89) 330 N.W. 2d 814(Mich. 1982).
90) Ibid. at 815.
91) Ibid. at 817.
92) 391 N.E. 2d 337(Ohio 1979).
93) Ibid. at 340-341. 플로리다주의 경우도 유사한 판결이 있다[Roberts v. State,
510 So. 2d 885, 892(Fla. 1987)].

또한 매릴랜드주 RSL의 위헌성은 1984년 'Thomas v. State 판결'94)에서 다투어지는데, 피고인은 반대신문과정에서 자신의 강간혐의를 부정하기 위한 증거로 피해자가 처녀였는가 여부 그리고 피임약을 사용하고 있었던가 여부를 신문하려고 하였고, 피해자가 흑인과의 성교를 즐겼다는 증거를 제출하려 하였다.95) 이에 매릴랜드 항소법원은 이러한 피고인의 시도를 거부하면서, "피고인이 아닌 제3자와 피해자의 과거 성행위는 피해자가 피고인과의 성관계에 동의하였는가를 입증하는 것과는 관련성이 없다"라고 설시하였다.96)

일리노이주 RSL 사건으로는 1991년 'People v. Sandoval 판결'97)이 있는데, 이 사건에서 피고인의 변호인은 피해자가 과거 제3자와 항문성교를 가진 경험이 있고 피고인 자신과도 합의하에 항문성교를 행한 적이 있다는 것을 보여주려 하였다.98) 원심법원은 이를 거부하였고 항소법원은 원심을 파기하였으나, 일리노이주 대법원은 증거는 채택되지 말았어야 한다는 이유로 항소법원의 판결을 파기하고 피고인의 유죄평결을 확정하였다.

한편, 1983년 'Winfield v. Commonwealth 판결'99)에서 피고인은 피해자가 매춘행위 이후 돈을 갈취하려는 성적 행위 유형을 과거에 가지고 있음을 보여주는 증거를 제출하려 하였고, 원심은 이를 받아들이지 않았는데, 버지니아주 대법원은 이 증거는 채택되어야 한다고 판시하였다.100) 버지니아 RSL은 증인이 피고인에 대한 고소를 조

---

94) 483 A.2d 6(Md. 1984).
95) Ibid. at 17-18.
96) Ibid. at 18.
97) 552 N.E. 2d 726(Ⅲ. 1991). 일리노이주 RSL에 대해서는 David Ellis, "Toward a Consistent Recognition of the Forbidden Inference: The Illinois Rape Shield Statute," 83 *J. Crim. L. & Criminology* 395(1992)를 참조하라.
98) Ibid. at 728.
99) 301 S.E.2d 15(Va. 1983).
100) Ibid. at 20-21.

작할 동기를 가지고 있음을 보여주는 증거는 제출가능하도록 규정하
고 있었던바,101) 주 대법원은 이 사안의 경우 문제의 증거는 피해자
의 금전갈취 유형과 직접 관련이 있다고 보았다.

　둘째, 피해자의 성관계 이력의 증거사용 여부에 대하여 판사에게
재량을 부여하는 뉴저지주 유형을 채택하고 있는 주의 RSL 관련 판
례를 보자.

　먼저 뉴저지주 RSL과 관련해서는 대표적인 두 가지 판례가 있다.
1990년 'State v. Budis 판결'102)에서 9세 여아를 성폭행한 피고인은
성폭행 사실은 인정하면서도, 자신이 그러한 성폭행을 처음 시작하고
그 성행위에 대한 지식을 아동에게 알려 준 사람은 아니라는 점을 다
투기 위해 피해자가 양부로부터 성적 학대를 받았다는 점을 증거로 제
출하고자 하였다.103) 뉴저지주 대법원은 이러한 증거의 해악적 요소
를 인정하면서도, 피고인의 공정한 재판에 대한 권리를 이유로 이러
한 성관계 이력은 피고인의 변론에 관련성이 있다고 판시하였다.104)

　그리고 미국 사회 전체에서 많은 사회적 파문을 일으킨 1991년
의 'In the Interest of B.G., C.A., and P.A. 판결'105) — 통상 이 사건
은 피해자의 이름을 빌어 'Glen Ridge 판결'로 불린다 — 이 있다. 이
사건에서 지능이 모자라는 17세 소녀의 성기에 빗자루와 야구방망이
를 삽입하는 등 합동으로 성폭행한 혐의로 기소된 수명의 십대 피고
인들은, 피해자가 이러한 행위를 동의하였다고 주장하고, 이를 입증
하기 위하여 피해자가 12세부터 성교를 해왔다는 등 피해자의 성관
계 이력을 제출하고자 하였다.106) 당시 뉴저지주 RSL으로는 피고인

---

101) Va. Code Ann. §18.2-67.7(3)(B) (Michie 1996).
102) 580 A.2d 283(App. Div. 1990).
103) Ibid. at 792.
104) Ibid. at 791.
105) 589 A.2d 637(App. Div. 1991).
106) Ibid. at 641-646.

과 피해자간의 성관계에서 폭력이 사용되지 않았음을 입증하는 데
관련성이 있는 증거는 제출이 허용되었던바,107) 법원 역시 이를 허용
하였다. 이 판결을 계기로 뉴저지 RSL의 개정논의가 활발해져서 1994
년 RSL이 개정된다.108)

한편 텍사스주의 경우 1985년 'Allen v. State 판결'109)에서 피고
인은 피해자의 자신이 처녀라는 증언이 배심에게 잘못된 인상을 줄
수 있다는 점을 이유로 피해자가 처녀가 아니라는 증거를 제출하려
하였는데, 텍사스주 항소법원은 피해자가 처녀인가 아닌가는 피고인
이 강간을 범했는가 아닌가와 중요한 관련이 없다고 판시하였다.110)

그리고 1994년 'State v. Sheard 판결'111)에서 15세 소녀를 합동
강간한 혐의로 기소된 10명의 피고인 중 일부는 자신들이 피해자와
개별적으로 자발적 성관계를 맺은 적이 있다는 증거를 제출하려 하
였다.112) 원심은 증거제출을 허용하였으나, 아칸사스주 대법원은 피
고인 개별과 피해자의 과거 성관계는 합동강간의 상황과는 관련성이
없다고 파악하며 원심을 파기하였다.113)

셋째로 연방증거규칙 유형의 RSL 관련 판례를 보자. 1994년
'State v. Christiano 판결'114)에서 피고인은 자신의 양녀를 강간한 혐
의로 기소되었는데, 피고인은 피해자가 자신의 양오빠와 성관계를 맺
었고, 친오빠에 의하여 성적으로 학대받았다는 점 등을 증거로 제시
하려 하였다.115) 이에 코네티컷주 대법원은 이러한 증거는 너무도 많

---

107) N.J. Stat. Ann. 2C: 14-7(West 1988).
108) 전게 주 69)를 참조.
109) 700 S.W.2d 924(Tex. Crim. App. 1985).
110) Ibid. at 930.
111) 870 S.W.2d 212(Ark. 1994).
112) Ibid. at 213.
113) Ibid. at 214.
114) 637 A.2d 382(Conn. 1994).
115) Ibid. at 387.

은 편견을 불러일으키는 성질을 갖고 있기에 배제되어야 하며, 이는 헌법에 반하지 않는다고 판시하였다.[116]

마지막으로 캘리포니아주 RSL 관련 판례는 캘리포니아주 RSL이 근거하는 기준의 모호함 때문에 선명한 지침을 제공하지 못하고 있다. 예컨대 1983년 'People v. Varona 판결'[117]에서 피고인은 피해자의 '동의'가 있었음을 주장하며 피해자가 과거 성판매로 유죄평결받은 적이 있음을 증거로 제시하려 하였다. 원심은 이를 거부하였으나, 항소법원은 원심을 파기하고 이러한 증거는 피해자의 '신빙성'과 관련이 있으므로 채택되어야 한다고 판시하였다.[118] 강간 사건에서 피해자의 '동의' 여부와 피해자의 '신빙성'에 대한 판단은 융합되기 마련이므로, 법원에 따라 동일한 피해자의 성관계 이력을 어느 쪽으로 연결시킬 것인가가 달라진 것이다.

그러나 이러한 '동의'와 신빙성' 구별의 모호함에도 불구하고 강간피해자의 과거 성관계 이력의 증거사용제한이라는 기본방침은 확고하다. 예컨대, 1989년 'People v. Steele 판결'[119]에서 만난 지 얼마 안 된 피해자를 차안에서 강간한 혐의로 기소된 피고인은 피해자가 과거에 방금 만난 남성과 차안에서 합의성교를 가진 적이 있다는 증거를 제출하려 하였다. 이에 캘리포니아주 대법원은 피해자가 과거에 유사한 상황에서 합의성교를 하였다고 하여 바로 이 사건에서도 성교에 동의한 것이라고는 볼 수 없다고 판시하였다.[120]

---

116) Ibid. at 389.
117) 143 Cal. App. 3d 566(Cal. Ct. App. 1983).
118) Ibid. at 569.
119) 210 Cal. App. 3d 67, 69–70(1989).
120) Ibid. at 76.

III. 소   결

이상과 같은 미국 RSL은 다른 영미법권 국가에 영향을 미쳐 주요
영미법권 국가에서는 유사한 입법적 조치가 취해진 바 있다.[121] 그리
고 최근 발족한 상설적 '국제형사재판소'(International Criminal Court)의
절차 및 증거규칙 제70조 역시 동일한 내용을 규정하고 있다.[122]

우리나라에서 RSL의 문제의식을 도입할 때 강간피해자의 성관계
이력의 증거사용제약에 대한 구체적인 제약의 내용, 수준 및 방식은
더 많은 연구와 토의를 필요로 하는 것이지만, 일단 현 시점에서 ①
피해자로부터 채취된 정자가 피고인의 것이 아니라거나, 피해자가 입
은 상처 등이 피고인에 의해 가해진 것이 아니라는 것을 입증하기 위
한 경우, ② 피해자가 피고인과의 성교에 동의하였음을 입증하기 위
한 경우, ③ 피해자의 허위의 강간피해고소를 밝히기 위한 경우 외에
는 피해자의 성관계 이력은 증거로 제출될 수 없도록 명시하면서도,
④ 법관의 판단으로 피해자의 성관계 이력을 사용금지하는 것이 피
고인의 헌법상의 권리를 중대하게 침해한다고 판단하는 경우는 증거
사용을 허용할 수 있도록 하는 내용을 담는 형사소송규칙 개정이 필
요하다고 판단한다.

그런데 류병관 교수는 RSL의 도입에 찬성하면서, 그 내용을 형사
소송규칙이 아니라 형사소송법, 범죄피해자보호법, 성폭력처벌법 등
법률에 넣어야 한다고 주장하였다.[123] 2016년 정춘숙 의원은 성폭력

---

121) Youth Justice and Crininal Evidence Act 1999, §41(Eng.); Criminal Code Part
    VIII §§276-277(Can.). 영국의 입법에 대한 상세한 설명은 Catherine Elliott &
    Frances Quinn, *Criminal Law* 134-137(4th ed., 2002); Jennifer Temkin, *Rape
    and the Legal Process* 206-217(2nd ed. 2002)을 참조하라.
122) The Rules of Procedure and Evidence of the International Criminal Court,
    Rule 70-71. 보다 자세한 것은 Kriangsak Kittichaisaree, *International Criminal
    Law* 303-304(2001)를 참조하라.
123) 류병관(각주 58), 385면.

처벌법 개정안을 대표발의하면서 "피해자의 성(性)이력 증거 및 신문
배제의 특례"를 신설하였는바, 그 내용은 다음과 같다.[124]

　　① 성폭력 범죄 피해자의 성(性)이력(성적인 경험, 성적 행동, 품행,
　　평판, 성폭력 고소 또는 성매매 범죄 전력 등을 포함한다)을 성폭력범죄의
　　증거로 할 수 없으며, 이를 기초로 한 사항으로 조사 및 수사, 신문
　　할 수 없다.
　　② 제1항을 위반하여 조사 및 수사, 신문이 이루어지는 경우에 재
　　판장은 즉시 이를 중지시켜야 한다.

　　먼저 정춘순 발의 법안의 경우 성폭력범죄 피해자의 성관계 이
력의 증거 사용을 원천적으로 금지하고 있기 때문에, 위헌 소지가 매
우 높다. 그리고 저자는 상술한 RSL의 내용을 법률에 담는 것을 반대
하지 않는다. 그러나 이러한 법률개정은 정치적 논쟁으로 번져 실현
되기 어려울 수 있고, 실현을 위해서는 상당한 시간이 소요될 수밖에
없다. 그 이전이라고 형사소송규칙은 대법원 규칙이므로 대법원장의
결단으로 즉각 개정될 수 있다. 그리고 저자가 제시한 네 가지 내용
을 담기 위해서는 법률보다는 규칙이 더 적절하다.
　　어떠한 형식이 되건, 이러한 입법 아래에서는 강간사건의 핵심쟁
점에 대한 피고인의 자기방어권이 침해되지 않으면서도, 강간 여부와
무관한 강간피해자의 성관계 이력을 무차별적으로 드러내는 신문을
금지하여 피해자의 인격권과 프라이버시를 보호하는 효과를 낳을 수
있을 것이다. 이러한 입법으로 형사피고인의 반대신문권은 제약될 것
이지만, 상술한 미국 판례도 확인한 것처럼 형사최고인의 반대신문권
은 무제한적으로 보장되는 것이 아니라 사건과의 관련성이 있는 사
안에 대하여 보장되는 것이기에 이러한 제약을 위헌이라고 할 수는

---

124) 의안번호 4481(2016. 12. 20).

없을 것이다.

　이러한 입법 이전이라도 관련성이 있는 증거를 제출할 수 있는 권리는 무한정 보장되는 것은 아니기에 사안의 쟁점과 무관하게 피해자의 품행, 평판 및 성관계 이력을 추궁하는 신문은 재판장에 의하여 "소송관련성"이 없는 것으로 제한되어야 할 것이며, 또한 "위협적이거나 모욕적인 신문"(형사소송규칙 제74조 제2항) 또는 "증인의 명예를 해치는 내용의 신문"(동 규칙 제77조) 역시 변호인 스스로에 의해 자제되거나 법관에 의하여 적극적으로 제지되어야 할 것이다.

제 6. 맺 음 말

　현재 우리나라 성폭력범죄 사건에서는 피고인만이 아니라 피해자도 **사실상** 수사와 재판을 받고 있다. 그리고 강간죄의 보호법익이 여성의 성적 자기결정권이라는 점은 이론적으로 인지되고 있으나, 실제 수사와 재판과정에서는 이와 관계 없는 사안에 초점이 맞추어지기 일쑤이다. 우리 형사절차는 피해자 여성을 옹녀와 성춘향의 두 유형 — 서양식의 비유로는 품행이 방탕한 '메살리나'(Messalina)와 순결·정숙한 '루크레티아'(Lucretia)의 두 유형[125] — 으로 이분화한 뒤, 강간 피해자의 상당수를 전자의 유형으로 간주하여 이들을 의심하고 추궁하고 있는 것이다.

　이러한 현실 앞에서 우리는 다음과 같은 급진적 여성주의자 안드레아 드워킨의 절절한 외침에 귀를 기울일 필요가 있다.

　　여성으로서 우리는 우리를 경멸할 만한 존재로 간주하는 사회의

---

125) 이러한 구별은 'People v. Abbot 판결'[19 Wend. 192(N.Y. 1838)]에서 제시된 바 있다.

한 가운데 살고 있다. 우리는 하나의 성계급(gender class)으로 갈보
이자 거짓말쟁이로 경멸당한다. 우리는 우리에 대한 — 우리의 몸과
전 삶에 대한 — 계속적인, 악의적인 그리고 인가받은 폭력의 희생자
이다. 우리는 하나의 성계급으로서 명예훼손당하므로, 따라서 어떠
한 개개 여성도 법률 앞 또는 사회 속에서 널리 신뢰를 얻지 못한
다. 우리의 적들 — 강간범들과 그들의 변호자들 — 은 처벌되지 않을
뿐만 아니라 영향력 있는 도덕성의 중재인으로 남아 있으며, 또한
사회에서 존경받는 높은 지위를 차지하고 있다.126)

물론 이러한 드워킨의 문제제기가 모든 성폭력범죄 피의자·피고
인은 유죄로 추정되어야 한다는 결론으로 이어져서는 안된다. 형사피
의자·피고인의 무죄추정의 원칙은 민주주의 형사절차의 핵심원칙이
며, 민주주의 형사절차는 피의자·피고인의 방어권 보장을 보장하면
서 실체적 진실을 구명해야 함은 이론의 여지가 없다. 문제는 현재의
형사절차가 성폭력범죄 피해자가 자신의 프라이버시를 지키면서 자
신의 목소리를 온전히 내고 피의자·피고인과 맞설 수 있는 틀을 제
공하지 못하고 있다는 점이다.

성폭력범죄가 사회문제가 되면, 한국 정치권, 언론계, 여성계는
주로 새로운 범죄구성요건 신설, 법정형 상향 등 '형사실체법'적 접근
에 집중한다. 제시하기에 간단한 해결책이기 때문이다. 그러나 저자
는 제2장에서 검토한 '형사절차법'적 개혁이 더 중요하다고 판단한다.
범죄구성요건이 신설되고 법정형이 상향되더라도, 증거조사와 유무
죄 확정은 형사절차를 통하여 이루어진다. 이러한 형사절차에서 —
피의자·피고인의 헌법적 권리가 존중됨과 동시에 — 피해자의 프라
이버시가 존중되고 그의 언동의 맥락이 제대로 이해되는 것이 중요
하기 때문이다.

---

126) Andrea Dworkin, *Our Blood: Prophecies and Discourses on Sexual Politics* 42
(1976).

형사절차는 형사피의자·피고인의 권리를 보장함과 동시에, 피해 자의 인격과 프라이버시를 보호하여 재피해자화를 막고, 수사와 재판 의 초점을 피해자의 도덕성이 아니라 피의자·피고인의 유무죄 문제 로 맞춰지도록 작동되어야 한다. 성폭력처벌법상의 성폭력범죄 피해 자 보호를 위한 절차규정에도 불구하고, '메살리나'로 간주되어 불신 되는 강간피해 고소여성을 보호하는 조치는 여전히 부족하다. 법원 및 국회는 각자 자신의 영역에서 성폭력범죄 피해자를 보호하는 조 치를 취해야 한다.

제2장에서 논의된 여러 가지 개선방안을 마련하는 것은, 각국은 "성적 고려(gender considerations)에 무감한 법률, 법집행 관행 또는 기 타 개입(interventions)으로 인하여 여성의 재피해자화가 발생하지 않도 록 보증해야 한다"(제4조 (f))라는 1993년 유엔 총회의 '여성에 대한 폭력의 근절을 위한 선언'(Declaration on the Elimination of Violence against Women)127)의 요구에 부합하는 것이며, 이러한 개혁이 있을 때 "남성중심의 재판에서 발생하는 여성의 고난"128)은 사라질 수 있을 것이며, 성폭력범죄 피해자는 형사피의자·피고인과 대등하게 맞서서 형사절차에서 실체적 진실을 두고 다툴 수 있을 것이다.

---

127) G.A. res. 48/104, 48 U.N. GAOR Supp.(No. 49) at 217, U.N. Doc. A/48/49 (1993).

128) Vivian Berger, "Man's Trial, Women's Tribulation: Rape Cases in the Court-room," 77 *Colum. L. Rev.* 1(1977).

[보론 3] 성폭력범죄 수사와 사실적시 명예훼손죄 및 무고죄

I. 문제상황

2018년 '미투 운동'이 한국에 상륙하면서 과거 여성운동이 요구했던 여러 형법 관련 주장이 다시 터져 나왔다. 이 중 두 가지 주장이 주목된다.

첫째, 성폭력범죄 피해자들이 피해사실을 공개하면 가해자로부터 형법 제307조 제1항 사실적시 명예훼손죄 위반으로 역고소를 당하여 '피해자'가 아니라 '피의자' 취급을 받으며 수사를 받고 '제2차 피해'를 입게 된다는 점을 이유로, 동조를 폐지해야 한다는 주장이다. 둘째, 성폭력범죄 피해자가 가해자에 의하여 형법 제156조 무고죄 위반으로 역고소를 당하여 첫째 경우와 마찬가지 수모를 겪게 되므로 성폭력범죄 피해자에 대한 무고죄 적용을 금지하거나, 성폭력범죄 수사가 종료하기 전까지 무고죄 수사를 중단해야 한다는 주장이다. 비속어를 사용하여 말하자면, 성폭력범죄 피해자가 '꽃뱀' 취급받는 것을 막아야 한다는 요청이다.

그리고 이러한 주장은 국회에 법안으로도 제기되었다. 첫 번째 주장을 실현하기 위한 법안을 보면, 황주홍 의원 대표발의로 "사람을 비방할 목적으로 정보통신망을 통하여 공공연하게 사실을 드러내어 다른 사람의 명예를 훼손"하는 '정보통신망 이용촉진 및 정보보호 등에 관한 법률' 제70조를 폐지하는 법안이 제출되었고,[1] 진선미 의원

---

[1] 의안번호 12249(2018. 2. 28).

대표발의로 형법 제307조 제1항에 단서를 신설하여 성희롱, 성폭력 범죄 등에 대한 사실적시의 경우 처벌대상에서 제외하는 법안이 제출되었고,2) 유승희 의원이 대표발의한 "성폭력 범죄의 피해자나 그 법정대리인이 성폭력피해 사실을 알리기 위해서 공연히 사실을 적시한 경우"에 대해서는 형법 제307조 제1항, 제309조 제1항 정보통신망 이용촉진 및 정보보호 등에 관한 법률 제70조 제1항을 적용하지 않도록 하는 법안이 제출되었다.3)

두 번째 주장을 실현하기 위한 법안으로는, 정춘숙 의원 대표발의로 "검사와 사법경찰관 또는 법원은 성폭력범죄의 피해자가 형법 제156조(무고)의 혐의로 고소 또는 고발되는 경우에는 형사소송법에 따른 검찰의 불기소 처분이 종료되거나, 법원의 재판이 확정되기 전까지 성폭력범죄 피해자의 무고사건을 조사 또는 수사(인지수사 포함), 심리 및 재판을 하여서는 아니 된다."는 내용의 성폭력처벌법 제21조의2를 신설하는 법안이 제출되었다.4)

이러한 상황에서 2018년 2월 26일 여당인 민주당의 젠더폭력 T/F는 '성폭력 피해자 통합지원 및 2차 피해 방지를 위한 간담회'를 열고, 성폭력 피해 사실을 알렸을 경우 사실적시 명예훼손으로 처벌되지 않도록 하는 법안을 처리하고, 성폭력 피해 사실을 공개하여 무고죄로 고소당한 경우 성폭력 조사 이후 무고죄가 조사가 진행되도록 해야 하는 것으로 입장을 모았다.5) 이어 3월 8일, 여성가족부, 법무부, 문화체육관광부, 보건복지부, 고용노동부 등 관계부처는 '직장 및 문화예술계 성희롱·성폭력 근절 대책'을 발표했다. 여기에는 사실적시 명예훼손죄는 '미투' 폭로의 경우 수사 과정에서 위법성의 조각사유(형법 310조)를 적극 적용하여 성폭력 피해자가 처벌받는 일이 생

---

2) 의안번호 12397(2018. 3. 8).

3) 의안번호 12368(2018. 3. 8).

4) 의안번호 4481(2016. 12. 20).

5) http://news.kbs.co.kr/news/view.do?ncd=3610636&ref=A(2018. 8. 1. 최종방문).

기지 않도록 하고, 사실적시 명예훼손죄나 무고죄를 이용한 가해자의 협박, 손해배상 청구 등에 대한 민·형사상 무료법률 지원을 강화하는 내용이 포함되었다.6) 3월 12일, 법무부 성희롱·성범죄 대책위원회(위원장 권인숙)는 성폭력 사건 수사가 진행되는 동안 피해자에 대한 무고나 명예훼손 고소 사건 등 수사를 중단하는 지침을 마련하라고 법무부에 권고했다.7) 그리고 4월 10일, 정부와 여당은 성희롱 성폭력 근절 대책 추진 점검 당정 간담회를 열고, 사실적시 명예훼손죄 폐지와 성폭력 피해자에 대한 무고죄 적용 여부, 강간죄 성립 요건 완화 등에 대해 논의했다. 여기서 여당은 법무부에 '미투' 폭로자에 대한 사실적시 명예훼손죄와 무고죄 적용 폐지를 적극 검토해야 한다는 입장을 강하게 피력했고, 법무부는 법 개정 보다는 수사지침에 반영하는 것이 적절하다는 입장을 밝혔다.8)

이상은 입법부와 행정부가 '미투 운동'에서 표출되는 여성들의 걱정과 분노에 대한 적극적 반응인바, 그 자체로 의미가 있다. 그리고 성폭력범죄 여부의 실체적 진실을 밝혀야 하지만, 피해자가 "꽃뱀"으로 의심받는 현실은 반드시 바뀌어야 한다. 그러나 이상을 실제 법제화하기 위해서는 검토해야 할 쟁점이 많다.

II. 사실적시 명예훼손죄의 폐지?

성폭력범죄 피해자가 가해자를 성폭력으로 고소하면, 가해자는 이를 부인하면서 피해자를 명예훼손으로 고소하고 그 결과 쌍방이

---

6) http://www.hankookilbo.com/v/f3be13d2ce5f4c29bef9f142c4277691(2018. 8. 1. 최종방문).
7) http://news.kmib.co.kr/article/view.asp?arcid＝0923915454&code＝11131900& cp＝nv(2018. 8. 1. 최종방문).
8) http://news.mt.co.kr/mtview.php?no＝2018041010317658940(2018. 8. 1. 최종방문).

모두 피의자이자 피해자가 되는 상황이 자주 발생하고, 이러한 형사절차 속에서 피해자가 의심받고 공격받게 되는 것은 사실이다. 2018년 3월 8일, 광주·전남 여성단체 회원들이 110주년 '세계 여성의 날'을 맞아 광주 옛 전남도청 앞에서 "미투 목소리를 멈추게 하는 사실적시 명예훼손죄를 폐지하라" 등의 팻말을 들고 시위를 벌인 이유도 바로 이러한 현실을 개선하기 위해서이다.9) 문제는 형법 제307조 제1항의 폐지가 진정한 해결책인가이다.10)

첫째, 형법 제307조 제1항을 폐지한다고 해서 성폭력범죄 피해자가 자동적으로 수사대상에서 제외되지 않는다. 실제 성폭력범죄 가해자 중 범죄를 전면 부인하고 피해자의 주장이 '허위'라고 주장하며 고소하는 경우가 많다. '허위사실적시 명예훼손'(형법 제307조 제2항)의 경우 형법 제310조는 적용되지 않으므로, 수사기관은 피해자의 주장이 진실인지 허위인지를 밝혀야 하기에 피해자를 조사하지 않을 수 없다.

둘째, 제307조 제1항이 폐지되면, 성폭력범죄 피해자의 피해사실, 과거 성관계 이력 등의 사실을 공개하는 행위도 모두 비범죄화된다. 이러한 피해자 관련 사안이 허위가 아니라 사실이라고 해서 자유로이 공개되는 것이 형법의 규제에서 자유로워지는 것이 옳은지 매우 의문이다.

셋째, 형법 제310조는 제307조 제1항의 행위가 "진실한 사실"로 "공공의 이익에 관한 때" 처벌하지 않음을 규정하고 있다. 판례는 "적시된 사실이 허위의 사실인지 여부를 판단함에 있어서는 적시된 사실의 내용 전체의 취지를 살펴볼 때 중요한 부분이 객관적 사실과 합치되는 경우에는 세부(細部)에 있어서 진실과 약간 차이가 나거나 다소

---

9) http://www.honam.co.kr/read.php3?aid=1520521200549442011(2018. 8. 1. 최종방문).
10) 사실적시 명예훼손죄 폐지론에 대한 저자의 비판에 대해서는 졸저, 『절제의 형법학』(제2판, 2015), 248-151면을 참조하라.

과장된 표현이 있다 하더라도 이를 허위의 사실이라고 볼 수는 없다"고 보고 있고,[11] "공공의 이익에 관한 것에는 널리 국가·사회 기타 일반 다수인의 이익에 관한 것뿐만 아니라 특정한 사회집단이나 그 구성원 전체의 관심과 이익에 관한 것도 포함하는 것이고, 적시된 사실이 공공의 이익에 관한 것인지 여부는 당해 적시 사실의 내용과 성질, 당해 사실의 공표가 이루어진 상대방의 범위, 그 표현의 방법 등 그 표현 자체에 관한 제반 사정을 감안함과 동시에 그 표현에 의하여 훼손되거나 훼손될 수 있는 명예의 침해 정도 등을 비교·고려하여 결정하여야 하며, 행위자의 **주요한** 동기 내지 목적이 공공의 이익을 위한 것이라면 부수적으로 다른 사익적 목적이나 동기가 내포되어 있더라도 형법 제310조의 적용을 배제할 수 없다."[12]라고 판시하고 있다.

실제 2005년 대법원은 대학교수의 여학생 성추행을 인터넷 홈페이지와 소식지에 올린 여성단체 간부들이 피소된 사건에서 다음과 같이 판시한 바 있다.

> 특히 공인의 공적 활동과 밀접한 관련이 있는 사안에 관하여 진실을 공표한 경우에는 원칙적으로 '공공의 이익'에 관한 것이라는 증명이 있는 것으로 보아야 할 것이며, 행위자의 주요한 동기 내지 목적이 공공의 이익을 위한 것인 이상 부수적으로 다른 개인적인 목적이나 동기가 내포되어 있더라도 형법 제310조의 적용을 배제할 수 없는 것이다. 그리고 형법 제309조 제1항 소정의 출판물에 의한 명예훼손죄 ··· '비방할 목적'이란 가해의 의사 내지 목적을 요하는 것으로서 공공의 이익을 위한 것과는 행위자의 주관적 의도의 방향에 있어 서로 상반되는 관계에 있다고 할 것이므로, **적시한 사실이 공공의 이익에 관한 것인 경우에**

---

11) 대법원 2000. 2. 25. 선고 99도4757 판결(강조는 인용자). 대법원 1998. 10. 9. 선고 97도158 판결; 대법원 1999. 10. 22. 선고 99도3213 판결; 대법원 1998. 10. 9. 선고 97도158 판결 등도 동지(同旨).
12) 대법원 1998. 10. 9. 선고 97도158 판결(강조는 인용자).

는 특별한 사정이 없는 한 비방할 목적은 부인된다고 봄이 상당하다.13)

요컨대, 형법 제310조에 대한 판례에 따르면, 실제 성폭력범죄 피해자가 피해사실을 공개하는 행위는 제307조 제1항으로 처벌되지 않는다.14)

넷째, 진선미, 유승희 의원 대표발의 법안처럼 성폭력범죄 피해자에 한하여 제307조 제1항의 적용을 배제하는 것은 법률의 보편성을 깨뜨리는 것으로 입법부를 통과하기 매우 어렵다. 성폭력범죄 외 수많은 중대범죄의 피해자의 경우에는 '왜 제307조 제1항을 적용해야 하는가'라고 반문할 경우 답변이 궁색해질 것이다.

그리하여 저자는 성폭력범죄 피해자 보호는 '형사실체법'이 아니라 '형사절차법'을 통하여 이루어져야 한다고 주장해왔다. 이 책 제2장에서 상술했던 것처럼, 피해자가 형사절차 속에서 자신의 인격, 명예, 프라이버시를 지키면서 가해자와 맞설 수 있는 법제도 개선이 실제 피해자 보호를 위해 더욱 절실하다.

동시에 저자는 제307조 제1항을 "사람을 비방할 목적으로 공연히 사실을 적시하여 사람의 명예를 훼손한 자"로 개정하여 동조는 '목적범'으로 바꾸어 동조의 적용을 일차 제한하고, 제310조를 세분화하여 "공적 사안과 관련하여 공인을 대상으로 이루어진 경우 처벌하지 아니한다."(제1항), "진실한 사실로서 공공의 이익을 주된 목적으로 한 때에는 처벌하지 아니한다."(제2항)로 개정하여 위법성조각의 사유를 구체화하고 그 범위를 넓힐 것을 제안한 바 있다.15) 이를 도해화

---

13) 대법원 2005. 4. 29. 선고 2003도2137 판결(강조는 인용자).

14) 물론 최종적으로 무죄판결이 난다고 하더라도, 그 이전까지의 절차에서 성폭력범죄 피해자가 감수해야 할 고통은 별도로 존재한다. 이를 해결하는 형사절차적 개선방법은 제2장을 참조하라.

15) 조국(각주 10), 264-269면. '공인'은 "공인"이란 당사자가 중요한 사회적 관심사와 직접적으로 관련이 있거나 당사자의 지명도에 비추어 당사자의 행위가 사회 구성원 다수의 관심을 유도할 수 있는 위치에 있는 사람으로 정의된다.

하면 다음과 같다.

	공적 사안	사적 사안
공인 대상 사실적시 명예훼손	비범죄화	'공공의 이익' 검토 후 위법성조각
사인 대상 사실적시 명예훼손	'공공의 이익' 검토 후 위법성조각 검토	범죄화

이렇게 되면 '제307조 제1항-제310조 체제'의 보편성을 유지하면서도, 수사기관에게 보다 구체적인 지침을 줄 수 있을 것이다. 공인의 성폭력범죄 혐의를 공개하는 것은 공적 사안 공개의 대표적 예일 것인바 바로 위법성이 조각되고, 사인의 성폭력범죄 혐의를 공개하는 것은 판례의 기준에 따라 위법성조각이 결정될 것이고, 성폭력 피해자의 피해사실을 공개하는 것은 위법성 조각이 이루어지지 않을 것이다.

Ⅲ. 성폭력피해자에 대한 무고죄 부적용?

'미투 운동'이 한국에서 불이 붙기 전인 2014년 5월 15일, 여성단체들은 "성폭력피해자에게 침묵을 강요하는 무고죄 적용 결사반대"가 적힌 플랜카드를 걸고 시위를 벌인 바 있다.16) 2017년 7월 7일에는 유명 연예인 박 아무개 씨의 성폭력 사건 2차 고소인에 대한 무고 및 명예훼손죄 재판에서 무죄판결이 나오자, 여성단체들이 "성폭력 피해자에 대한 무고죄 남발을 멈추라"는 플랜카드를 걸고 기자회견을 열었다.17)

---

16) http://www.womennews.co.kr/news/view.asp?num=71379(2018. 8. 1. 최종방문).
17) http://www.womennews.co.kr/news/115575(2018. 8. 1. 최종방문).

성폭력범죄 수사 현실에서 수사기관은 성폭력범죄와 무고죄를 동시에 조사하고 판단해야 하는 일이 많다. 쌍방이 상대를 다른 죄로 고소하였으나 그 기초가 되는 사실관계는 하나이기 때문이다. 이 때 성폭력범죄 피해자 상당수가 무고를 일삼는 '꽃뱀'으로 취급되어 고통을 받고, 그 결과 잠재적 피해자가 성폭력범죄 고소를 주저하는 현실이 존재한다. 동시에 '꽃뱀'에 걸려 억울하게 유죄판결을 받는 피해자도 존재하는 것도 사실이다.[18]

이러한 상반되는 두 현실 중 어느 한쪽만 주목하면서 법제도 변화를 주장하는 것은 위험한 일이다. 이 점에서 법률가가 아닌 이선옥 작가의 다음과 같은 지적은 법적 핵심을 포착하고 있다.

> 무고의 피해를 경험한 사람이 여성이 무고를 쉽게 생각한다고 여기고, 여성의 입장에선 사람은 성폭력 피해여성이 무고를 할 가능성은 거의 없다고 주장한다. 두 사람의 주장은 자기 경험 안에서 모두 진실일 것이다. 실증적인 데이터를 가져온다 해도 경험에서 비롯된 인식은 쉽게 교정되지 않는다. 자기가 경험한 세계, 속한 집단에 따라 인식의 차이는 얼마든지 존재할 수 있다. 하지만 그것이 모든 국민에게 강제로 적용되는 제도의 변화로 이어질 때는 다른 차원의 논의가 필요하다.[19]

---

18) 언론보도가 이루어진 사건만 몇 개를 보자면, 2016 무고죄로 구속기소된 여성은 상습적으로 성폭행 고소를 하였음이 확인되었다(http://news.kmib.co.kr/article/print.asp?arcid=0010986941; 2018. 8. 1. 최종방문). 2017년 남자친구 몰래 다른 남성과 모텔에 간 것을 남자친구에게 들킨 여성은 이를 모면하기 위하여 성폭행 당했다는 허위신고를 하였고, 이 여성은 무고죄 유죄가 인정되어 징역 6개월 집행유예 1년의 선고를 받았다(http://www.segye.com/print/20170904002681; 2018. 8. 1. 최종방문). 그리고 2018년 배우 이진욱 씨를 성폭행 혐의로 고소한 여성은 항소심에서 무고죄 유죄가 인정되어 징역 8개월 집행유예 2년의 선고를 받았다(http://news. kmib.co.kr/article/print.asp?arcid=0012113241; 2018. 8. 1. 최종방문).

19) http://www.mediatoday.co.kr/?mod=news&act=articleView&idxno=134576 (2018. 8. 1. 최종방문).

성폭력 범죄의 경우 상해의 증거나 증인이 있는 경우 외에는 피해자와 가해자의 진술이 대립되어 치열한 공방이 벌어지게 된다. 법적 판단에 따라 한 쪽은 치명적 낙인과 타격을 받게 되기에 양측은 사투(死鬪)를 벌이게 된다. 그런데 실체적 진실을 발견하여 상응하는 제재를 가해야 하는 것은 국가형벌권의 임무이기에 성폭력범죄 피해자에게 무고죄 적용을 봉쇄하는 것은 허용될 수 없다. "억울하게 무고의 혐의를 받게 되는 자에 대한 보호도 중요"하고 "성폭력을 저지르지 않고도 고소당한 피의자에 대한 보호도 절실"하기 때문이다.[20] 그리고 이러한 제한은 무고죄의 고소자를 '유죄추정'하고 자신의 헌법적·법률적 권리행사를 금지하는 것이기에 위헌일 수밖에 없다.

다음으로 2016년 정춘숙 의원 대표발의 법안 내용 중 성폭력범죄에 대한 "법원의 재판이 확정되기 전까지"는 무고에 대한 조사·수사를 할 수 없도록 하는 것은 사실상 성폭력범죄 피해자에게 무고죄 적용을 봉쇄하는 것과 마찬가지 효과를 갖는다. 이 조항에 따르면 성폭력범죄에 대한 수사, 기소, 1심, 2심을 거쳐 대법원에서 확정되기 전까지, 억울함을 호소하는 성폭력범죄 피의자/피고인 ― 동시에 무고죄의 피해자 ― 의 주장에 대해서 형사사법체제가 외면해야 한다. 그렇게 되면 이 기간 동안 성폭력범죄 피의자/피고인의 무고함을 입증할 증거를 망실(亡失)될 가능성이 높다.

이상의 점에서 볼 때 적정한 균형은 2018년 법무부 성희롱·성범죄 대책위원회의 권고처럼 성폭력 사건 수사가 진행되는 동안 피해자에 대한 무고에 대한 수사를 **잠정적으로** 중단하는 것이다. 소병도 박사의 표현을 빌리자면, "선(先) 성범죄, 후(後) 무고죄 판단"의 절차를 제도화하는 것이다.[21] 그러나 이렇게 시간적 순서를 고정화시키

---

20) 소병도, "성폭력 범죄에 있어서 무고죄 수사의 개선방안," 『홍익법학』 제18권 제2호(2017), 264면.
21) Ibid. 264면.

는 것은 온전한 균형잡기가 아니다. 저자는 이 권고의 문제의식에 동의하면서도, 단서를 추가하고자 한다. 즉, 무고 고소장 접수 이후 객관적 증거에 의하여 성폭력범죄에 대한 허위사실이 신고임이 확인되었거나, 수사기관이 별도 차원에서 무고를 인지한 경우에는 수사기관은 무고죄에 대한 수사에 바로 착수할 수 있어야 한다.

[자료 1] 강간피해자의 성적 이력의 증거사용 제한에 관한 입법례

Ⅰ. 미국 '강간피해자보호법'(Rape Shield Law)

1. 미시간주 유형[Mich. Comp. Laws Ann. §750.520j(1)]

피해자의 성적 품행(sexual conduct)에 관한 구체적 사실증거, 의견증거(opinion evidence) 및 평판증거(reputation evidence)는 … 증거사용이 허용되어서는 안 된다. 단, 판사가 이하의 해당하는 증거가 사안의 쟁점사실에 중요하고, 또한 그 증거의 선동적·편향적(inflammatory and prejudicial) 성질이 증거의 증명력을 능가하지 않는다고 판단하는 경우에는 그러한 한도에서만 증거사용이 허용될 수 있다.

(a) 과거 피해자와 가해자 사이에 있었던 성적 행위에 관한 증거.

(b) 정자, 임신 또는 질병의 원천 또는 연원을 보여주는, 성적 행위의 구체적 사실에 관한 증거.

2. 뉴저지주 유형(N.J. Stat. Ann. §2C: 14-7)

a. 가중 성폭행(aggravated sexual assault), 성폭행(sexual assault), 가중 성접촉(aggravated criminal sexual contact), 성접촉(criminal sexual contact), … 등의 범죄에 대한 기소에 있어서, 피해자의 과거 성적 품행에 대한 증거는 본 조에서 규정하는 경우 이외에는 증거사용이 허용되거나 배심 앞에서 언급되어서는 안 된다. 피고인이 일정한 목적을 위하여 이러한 증거를 제출하고자 할 경우, 피고인은 공판 또는 예비

심리(preliminary hearing) 이전에 법원의 결정을 구하는 신청을 해야한다. 다만 법원은 그 증거가 새로 발견된 것이고 성실의무(due dili-gence)를 다했더라도 더 빨리 획득할 수 없었을 것이라고 판단하는경우에는 공판 중에도 신청을 허용할 수 있다. 신청이 있을 경우, 법원은 증거능력을 판단하기 위해 비공개(in camera) 심리를 행한다. 피해자의 성적 품행에 관한 증거로서 피고인이 제출한 증거가 관련성이 있고(relevant), 고도로 중요하며(material), 이하의 c, d항의 요건을충족한다고 법원이 판단한다면, 그리고 제출된 증거의 증명력(prob-ability value)이 그 증거의 부대적(collateral) 성격을 능가하거나 또는 그증명력이 증거사용허용에 의해 발생하는 부적절한 편견, 쟁점의 혼동의 가능성 또는 피해자의 사생활을 대책 없이 침해할 가능성을 능가한다고 법원이 판단한다면, 법원은 어떠한 증거가 제출될 수 있고,어떠한 성격의 질문이 허용이 될 것인가에 대하여, 그리고 왜 그러한증거가 본 조항의 기준을 충족한다고 보는가에 대하여 구체적으로설명하면서 결정을 내릴 수 있다. 피고인은 법원의 이러한 결정에 따라 증거를 제출할 수 있다.

　　b. 피해자의 성적 품행에 관한 증거 중 기소된 범죄의 발생시에1년이 초과된 사실은 본 조항에 의해 증거사용이 허용되지 않는 것으로 추정된다. 단, 이를 반증하는 명백하고 설득력 있는 증거가 있는경우는 예외이다.

　　c. 비전문가 증인 또는 전문가 증인이 제시하는, 피해자와 피고인 외의 사람 사이의 과거 성적 품행에 관한 증거는 정자, 임신 또는질병의 원천을 입증하는데 중요하지 않는 한 관련성이 있는 것으로보아서는 안 된다.

　　d. 피해자가 피고인과 가진 과거의 성적 품행에 관한 증거가, 당해 범죄발생시 피고인이 알았던 것을 아는 합리적인 일반인이 당해사건의 피해자가 공소사실 성행위를 자발적으로 그리고 긍정적으로

허용하였다고 믿었을 것인가 여부와 관련하여 증명력이 있는 것이라면, 그 증거는 관련성이 있는 것으로 본다.

e. 범행 당시 피해자의 복장의 태양(manners)에 관한 증거는 증거사용이 허용되어서는 안 된다. 단, 배심참석이 배제되는 심리 또는 법원이 요구하는 기타 심리에서 그 증거를 제출하려는 자가 증거신청을 하고, 법원이 그 증거가 사실판단에 핵심적인 사실이라고 판단한 후 법원이 정의를 실현하는데 그 증거가 관련성이 있으므로 증거사용이 허용되어야 한다고 결정한 경우에는 증거사용이 허용된다.

f. 본 조항에서 "성적 품행(sexual conduct)"이란, 사건 이전 또는 이후의 성적 삽입, 성적 접촉, 피임기구의 이용, 산부인과 기록에 나타난 성적 활동, 거주 형태, 또는 생활 방식을 포함하는 — 단, 이상에 한정되지는 않는 — 피해자의 성적 활동에 관련된 모든 품행 또는 행태를 말한다.

3. 연방증거규칙 유형(Federal Rules of Evidence §412)

(a) 일반적으로 증거능력이 없는 증거. — 이하의 증거는 성적 불법행위(sexual misconduct)에 관한 민사, 형사 소송 절차에서 (b), (c)항에 규정한 경우 외에는 증거사용이 허용되어서는 안 된다:

(1) 피해자가 여타 성적 행위(behavior)에 관계하였다는 점을 입증하기 위해 제출된 증거.

(2) 피해자의 성적 취향(predisposition)을 입증하기 위해 제출된 증거.

(b) 예외. —

(1) 형사사건에 있어서 이하의 증거는 본 규칙의 다른 규정에 의해 적법한 경우에 증거사용이 허용된다:

(A) 정자, 상해 또는 다른 신체적 증거의 연원이 피고인 이외의 자에게 있다는 점을 입증하기 위해 제출된 피해자의 구체적 성적 행위에 관한 증거;

(B) 성적 불법행위의 피고인과 피해자간의 구체적 성적 행위에 관한 증거로서, 동의의 존재를 입증하기 위해 피고인 또는 검사가 제출한 증거;

(C) 그 증거를 배제하면 피고인의 헌법적 권리를 침해하게 되는 증거.

4. 캘리포니아주 유형(Cal. Evid. Codes)

§782 (a) 〈생략〉

(1) 피고인은 법원 또는 검사에 대하여, 고소를 제기한 증인 (complaining witness)의 성적 품행에 관해 제출하고자 하는 증거의 관련성 및 그 증거가 고소를 제기한 증인의 신빙성을 다투는데 관련성이 있음을 주장하는 증거신청을 한다는 점을 기재한 신청을 서면으로 행하여야 한다.

(2) 서면신청에는 상기 증거신청이 기재된 선서진술서(affidavit)가 첨부되어야 한다.

(3) 법원이 상기 증거신청이 충분히 근거있다고 판단할 경우 — 법원은 배심에 의한 공판일 경우 — 배심의 참석이 배제되는 심리를 명하고, 그 심리에서 피고인의 증거신청에 관하여 고소를 제기한 증인의 신문을 허용해야 한다.

(4) 심리의 종결시에 피고인이 제출하고자 하는 고소를 제기한 증인의 성적 품행에 관한 증거가 제780조에 의해 관련성이 있고, 제352조에 의해 증거사용이 불허된 경우가 아니라고 법원이 판단하면, 법원은 피고인이 어떠한 증거를 제출할 수 있는지, 그리고 어떠한 성격의 질문이 허용되는지를 명시한 결정을 내릴 수 있다. 피고인은 법원의 결정에 따라 증거를 제출할 수 있다.

(b) 본 조에서 "고소를 제기한 증인"이란 본조에 따라 공소가 제기되어야 하는 범죄의 피해자로 주장되는 사람을 말한다.

§1103 (c)

(1) 의견증거, 평판증거, 그리고 고소를 제기한 증인의 성적 품행의 구체적 사례에 관한 증거 또는 이러한 모든 증거에 관한 구체적 사례는, 이하의 항에 규정되어 있는 경우를 제외하고는 … 〈생략〉 … 고소를 제기한 증인의 동의를 입증하기 위해서 피고인에 의해 제출될 수 없다.

(2) 제3항에도 불구하고, 제1항에 규정된 범죄에 대한 기소에서 피해자의 동의 여부를 주장하기 위하여 당사자 어느 일방이 범행 당시 피해자의 복장양태에 관한 증거를 제출하는 경우 그 증거사용이 허용되어서는 안 된다. 단, 법원이 그 증거가 정의의 관점에서 관련성이 있으며 증거사용이 허용된다고 판단한 경우는 예외로 한다. 증거를 제출하고자 하는 자는 배심참석이 배제된 상태에서 증거제출 신청을 할 수 있다. 그에 따라 법원은 결정을 하고, 결정이유를 기록에 명시해야 한다. 본 항에서 규정한 "복장양태(manner of dress)"는 범죄 실행 전, 실행중, 실행 후의 피해자의 옷의 상태(condition)를 포함하지는 않는다.

(3) 제1항은 피해자와 피고인 사이의 성적 행위에 관한 증거에는 적용되지 않는다.

(4) 검사가 증인의 증언 또는 고소를 제기한 증인의 증언 등의 증거를 제출하고, 그 증거 또는 증언이 고소를 제기한 증인의 성적 품행과 연관이 있다면, 피고인은 증인을 반대신문할 수 있고, 또한 검사가 제출한 증거 또는 고소를 제기한 증인의 증언을 반박하는데 한정된 관련 증거를 제출할 수 있다.

(5) 〈생략〉

(6) 본 조에서 "고소를 제기한 증인"이란 본조에 따라 공소가 제기되어야 하는 범죄의 피해자로 주장되는 사람을 말한다.

II. 영국 '청소년사법 및 형사증거법'(Youth Justice and Criminal Evidence Act 1999) Chapter 23, Part II, Chapter III

§41 고소인(complainant)의 성적 이력에 관한 증거 또는 질문에 대한 제한

(1) 재판에서 성범죄로 기소된 경우, 법원의 허가를 받은 경우를 제외하고는, 고소인의 성적 품행에 대해서는 공판중 피고인 또는 그 대리인은 (a) 어떠한 증거도 제출할 수 없고, (b) 반대신문시 어떤 질문도 할 수 없다.

(2) 법원은 피고인 또는 그의 대리인에 의한 신청이 있는 경우 증거 또는 질문에 대한 허가를 내릴 수 있지만, (a) 제3항과 제5항이 적용되지 않고, 그리고 (b) 허가를 거부하면 사안의 관련 쟁점에 대하여 배심 또는 (경우에 따라서) 법원이 부적절한 결론을 내릴 수 있다는 점이 확인되지 않는 경우에는 그 허가를 내릴 수 없다.

(3) 본 조는 증거 또는 질문이 사안의 관련 쟁점에 관한 것이고, 이하의 하나의 경우에 해당되는 경우 적용된다 —

(a) 쟁점이 동의에 관한 것이 아닌 경우; 또는

(b) 동의 여부가 쟁점이고, 증거 또는 질문이 관련되는 고소인의 성적 행동이 피고인에 대한 공소의 주요사실과 같은 또는 비슷한 시점에 발생했다고 주장되는 경우; 또는

(c) 쟁점이 동의에 관한 것이고, 증거 또는 질문이 관련되는 고소인의 성적 행동이 어떤 면에서든 이하의 하나와 비슷한 경우 —

(i) (피의자 또는 그의 대리인에 의하여 제출 또는 제출될 예정인 증거에 의하면) 피고인에 대한 공소의 주요사실을 구성하는 사건의 일부로서 발생한 성적 행위.

(ii) (상기 같은 증거에 의하면) 위의 사건과 같은 또는 비슷한 시점에 발생하였고, 그 유사성이 우연의 일치라고 합리적으

로 설명될 수 없는 고소인의 다른 모든 성적 행위.

(4) 제3항에서의 증거가 제출되고 또는 질문이 행해지는 목적(또는 주된 목적)이 증인으로서의 고소인의 신뢰성을 공격하기 위한 것이라고 법원이 판단하는 것이 합리적인 경우, 그러한 증거 또는 질문은 사안의 관련 쟁점에 관한 것으로 볼 수 없다.

(5) 본 조는 당해 증거나 질문이 이하의 점을 충족할 경우 적용된다 —

(a) 당해 증거나 질문이 검사가 고소인의 성적 행동에 대하여 제출한 증거와 연관이 있고;

(b) 당해 증거나 질문이 피고인 또는 그 대리인이 검사가 제출한 증거를 반박 또는 설명하는데 필요한 정도를 넘지 않는다고 법원이 판단하는 경우.

(6) 제3, 5항에서의 증거나 질문은 고소인의 성적 행동 중 구체적 사례와 연관되어 있는 것이어야만 한다(따라서 그러한 연관이 없는 증거나 질문에 대해서는 본 조는 적용될 수 없다).

(7) 재판상 일인 또는 그 이상의 피고인이 성범죄로 공소가 제기되어 본 조가 적용되는 경우

(a) 검사가 당해 피고인 또는 피의자들에 대한 공소유지를 위한 소송진행을 중단하기로 결정하면, 본조는 더 이상 적용되지 않는다; 그러나

(b) 해당 피고인 또는 피고인들이 당해 공소사실에 관해서 유죄를 인정하거나 유죄평결이 내려지면 본조는 적용된다.

(8) 본 조 이외의 다른 규정에 의해 제출, 질문될 수 없는 증거나 질문은 본 조에 의해서도 그 제출 또는 질문이 허용될 수 없다.

III. 캐나다 연방형법(Criminal Code) Part VIII

§276 ⑴ 고소인의 성적 행위(sexual activity)에 관한 증거

… 〈생략〉 … 고소인이 피고인 또는 다른 사람과 성적 행위를 하였다는 사실에 관한 증거는, 그 성적 행위의 성격에 근거하여 이하의 점을 유추하는데 사용될 수 없다.

⒜ 고소인이 공소상 주요사실인 성적 행위에 동의했을 가능성이 크다;

⒝ 고소인이 신뢰성이 떨어진다.

§276 ⑵ Idem

피고인 또는 그 대리인은 제1항에 규정된 죄에 관한 공판절차에 있어서 공소상 주요사실인 성적 행위 이외에 고소인이 피고인 또는 다른 사람과 성적 행위를 하였다는 증거를 제출할 수 없다. 단, 판사, 시·군 법원 판사(provincial court judge) 또는 대법관이 … 당해 증거가

⒜ 성적 행위의 구체적 사례에 관한 증거이고;

⒝ 재판상 쟁점에 관련되고;

⒞ 중요한 증명력이 있고 그 증명력이 당해 증거에 의해 정의의 적절한 집행에 손상을 줄 위험보다 크다고 결정하는 경우 그 증거는 제출될 수 있다.

§276 ⑶ 판사가 고려할 사항

당해 증거가 제2항에 의해 사용이 허용될 수 있는지를 판단함에 있어서 판사, 시·군 법원 판사 또는 대법관은 다음의 사항을 고려해야 한다.

⒜ 피고인이 충분한 답변 및 항변을 할 수 있는 권리를 포함한, 정의의 이익;

⒝ 성폭력 범죄(sexual assault offences)에 대한 신고를 장려하는 사회의 이익;

(c) 사건에 대한 정의로운 판단에 도달하는데 당해 증거가 도움이 될 것이라는 것이 합리적으로 예견되는지 여부;

(d) 사실관계를 파악하는 절차에서 차별적 믿음이나 편향을 제거할 필요성;

(e) 당해 증거가 배심에게 편견, 동정심 또는 적대심을 부당하게 유발할 위험;

(f) 고소인의 인격적 염결성(personal integrity) 또는 사생활의 권리에 대하여 발생할 잠재적 편견;

(g) 고소인을 포함한 모든 사람이 개인의 안전, 법에 의한 충분한 보호와 혜택을 받을 권리;

(h) 판사, 시·군 법원 판사 또는 대법관이 관련성 있다고 생각하는 기타 사항.

Ⅳ. 국제형사재판소의 절차 및 증거규칙(The Rule of Procedure and Evidence of the International Criminal Court)

Rule 70

성폭력(sexual violence) 사건에서 법원은 이하의 원칙을 따라야 하고, 또한 적정한 경우에는 이하의 원칙을 적용해야 한다:

(a) 폭력(force), 폭력의 위협(threat of force), 강요, 강요적인 상황의 이용을 통해서 피해자의 자발적으로 진정한 동의를 할 능력을 손상시킨 경우, 피해자의 말 또는 행동을 이유로 동의를 유추해낼 수 없다;

(b) 피해자가 진정한 동의를 할 능력이 없는 경우에는 그의 말 또는 행동을 이유로 동의를 유추해낼 수 없다;

(c) 성폭력의 피해자의 침묵 또는 반항의 부재로부터 동의를 유추해낼 수 없다;

(d) 피해자 또는 증인의 범죄 전 또는 후의 행동이 갖는 성적 성격(sexual nature)을 이유로 하여, 피해자 또는 증인의 신뢰성, 성격, 또는 성적 이용가능성(sexual availability)에 관한 성향을 유추해낼 수 없다.

제 3 장

매맞는 아내에 대한 법적 보호의 한계

제 3 장
매맞는 아내에 대한 법적 보호의 한계

"조용히 비명 질러라, 이웃이 듣는다."

(Erin Pizzey의 1974년 발간 저서명)

"'아내폭력'은 국가기관의 고문보다 더 심각하다. 남편은 공적 기관의 고문 가해자보다 더 임의대로 행동하고 남편의 폭력은 사회적 감시의 대상이 아니라고 간주되며, 가정에서의 고문은 친밀한 관계에서 일어나므로 피해자의 폭로를 더 어렵게 한다."

(정희진, 2002)

제 1. 들어가는 말

뿌리깊은 가부장제 문화 속에서 오래 동안 베일에 가려 있었던 '가정폭력'(domestic violence)의 문제는 1980년대 말 이후 여성운동의 성장에 힘입어 전 사회적 관심사가 되었으며, 1997년에 이르러 가정폭력범죄의처벌등에관한특례법[이하 '가정폭력처벌법'으로 약칭]과 가정폭력방지및피해자보호등에관한법률[이하 '가정폭력방지법'으로 약칭] 등의 관련 특별법이 제정되기에 이르렀다. 가정폭력처벌법은 '가정폭력'을 "가족구성원 사이의 신체적·정신적 또는 재산상 피해를 수반하는 행위"(제2조 제1호)로 정의하면서, 이러한 행위 중 상해와 폭행, 유기와 학대, 체포와 감금, 협박, 명예훼손과 모욕, 주거침입, 강요, 공갈, 재물손괴죄 등 총 11개에 달하는 행위유형을 '가정폭력범죄'로 규정하고 있다(제3호).

'가정폭력(범죄)'은 남편이 아내 또는 자식에게, 아내가 남편 또는 자식에게, 자식이 부모에 대하여 발생할 수 있다. 가정폭력은 "젠더에 기반한 폭력(gender-based violence)의 가장 위중한 형태"로 "가장 신뢰해야 할 대상으로부터 받는 공격, 무엇보다도 가장 안전하고 편안해야 할 공간이어야 할 가정에서 지속적으로 발생한다는 점에서 인간이 감내해서는 안 되는 잔인한 폭력"이다.[1] 우리 사회에서 가장 심각한 문제가 되는 가정폭력은 남편에 의한 아내구타이다.

여러 실태조사에 따르면 남편의 아내구타율이 아내의 남편구타율의 약 4-5배에 달하며, 아내의 남편구타의 대다수는 남편의 폭력에 대항하는 방어적 의미를 가지며 그 정도도 경미하다.[2] 특별법 제정을 통하여 아내구타에 대한 보다 적극적 국가개입이 선언되었으나 우리 사회에서 남편의 아내구타는 근절되지 못하고 있다. 제3장에서는 아내구타의 역사와 현황을 간략하게 검토하고, 가정폭력에 관한 특별법의 의의와 한계를 분석한 후 대안을 제시하도록 한다.

제 2. '가부장적 테러리즘'으로서의 아내구타의 역사와 현황

남편의 아내구타는 동서양을 막론하고 가부장제가 관철되는 사

---

1) 허민숙, "가정폭력 법과 정책의 재설계," 한국여성정책연구원, 『젠더리뷰』 2017년 봄호, 22면.
2) 김익기·심영희·박선미·김혜선, 『가정폭력의 실태와 대책에 관한 연구 ─ 서울시의 남편의 아내폭력 현황을 중심으로』, 한국형사정책연구원(1992), 90-103면; 김승권·조애저, 『한국 가정폭력의 개념 정립과 실태에 관한 연구』, 한국보건사회연구원(1998), 16면 등을 참조.

회에서 만연한 현상이다. 엥겔스는 일부일처혼의 등장과 함께 남편
에게는 아내를 때릴 권리가 부여되었다고 분석한 바 있는데,3) 이러
한 남편의 '아내구타권'은 근세까지 유지되었다. 예컨대, 조선시대 법
원(法源)으로 기능하였던 대명률(大明律)은 남편을 구타한 아내는 장
(杖) 이백에 처하였으나 아내를 구타한 남편은 중상해가 아닌 이상 불
문에 붙였고,4) 당시 여성의 생활지침서였던 '내훈'(內訓) 제2권은 "남
편을 하늘같이 섬길 것이나, 혹 그릇된 일을 간하였다가 맞는 일이
있더라도 노하기는 커녕 전혀 원망해서는 안 된다"라고 규정하고 있
었다.5)

서구의 경우도 마찬가지이다. 로마법은 남편에게 아내를 자신의
딸로 취급할 수 있도록 하는 이른바 '부권'(*patria potestas*, power of a
father)을 부여하였고, 이 권리는 아내의 생명과 죽음에 대한 권한 및
무제한의 육체적 징벌권을 포함하고 있었다.6)

16세기 러시아 국교회는 남편이 어떻게 가장 효과적으로 아내를
때릴 수 있는가를 규정한 '가정법령'(Household Ordinance)을 선포하였
고, 프랑스 나폴레옹 법전은 "여성은 호두나무처럼 매일 두들겨 주어
야 한다"라는 관념을 채택하였다.7) 영국의 대법학자 윌리엄 블랙스

3) Frederick Engels, *The Origin of Family, Private Property and the State* 128 (1972).
4) 『대명률직해』(법제처자료 13집), 1964, 429면.
5) 변화순·윤영숙·강선혜, 『한국 가족정책에 관한 연구 ─ 여성·아동복지 서비스를 중심으로』, 한국여성개발원(1990), 37면.
6) J. David Hirschel et al., "Review Essay on the Law Enforcement Response to Spouse Abuse: Past, Present, and Future," 9 *Just. Q.* 247, 250(1992).
7) 델 마틴(곽선숙 역), "아내 구타와 결혼 계약," 김광일 편, 『가정폭력 ─ 그 실상과 대책』(1988), 54, 58면에서 재인용. 러시아에는 "아내는 물병이 아니다. 당신이 열 번 때린다고 깨지지 않을 것이다"라는 속담이 있었다[Deborah Epstein, "Effective interventicon in Domestic Violece Cases: Rethinking the Roles of Prosecutors, Judges, and the Court System," 11 *Yale J.L. & Feminism* 3, 50(1999)].

톤은 다음과 같이 말한 바 있다.

> 남편은 아내의 나쁜 품행에 대하여 책임을 져야 하므로, — 그가
> 자신의 도제 또는 자식들을 교정하기 위하여 징벌을 가할 때 허용되
> 는 경우도 같은 정도로 — 법은 남편이 가정 내에서 징벌을 사용하
> 여 아내를 제약할 수 있는 힘을 보유하는 것은 합리적이라고 생각하
> 였다.8)

그리고 19세기 초까지의 코몬 로는 회초리의 굵기가 엄지손가락
보다 굵지 않는 한 남편은 그 회초리를 사용하여 합법적으로 아내를
때릴 수 있다는 이른바 '엄지 굵기의 회초리 규칙'(the rule of thumb)9)
을 보유하고 있었다.

이 규칙은 미국에도 수용되었는데, 1824년 미시시피주 법원의
'Bradley v. State 판결'10)은 남편은 아내에게 "완화된 징벌"(moderate
chastisement)을 부과할 권리를 가지며, 가족 내의 싸움과 다툼에는 법
원이 개입할 사안이 아니라고 판시하였고,11) 1862년의 'Joyner v.
Joyner 판결'12)은 남편은 "아내가 바르게 행동하고 자신의 자리를 알
게 하기 위하여 필요한 정도의 강제력"을 행사할 수 있다고 판시하
였다.13)

이상과 같은 법률이나 규칙은 19세기 말과 20세기 초에 걸쳐서

---

8) William Blackstone, *Commentaries on the Laws of England* 444(1765). 영국에
 는 "스파니엘 개, 여성, 호도나무는 맞으면 맞을수록 좋아진다"라는 속담이 있었
 다(Epstein, supra 6, at 50).
9) U.S. Comm'n on Civil Rights, *Under the Rule of Thumb* 1-2(1982). 미국에서
 이 규칙은 1874년 'State v. Oliver 판결'[70 N.C. 44(1874)]에서 공식적으로 폐기
 된다.
10) 1 Miss. 156(1 Walker)(1824).
11) Ibid. at 158.
12) 59 N.C. 331(1 Jones)(1862).
13) Ibid. at 252-253.

폐기되어, 현대 민주주의 국가에 아내구타가 법률로 허용되는 나라는
존재하지 않는다. 그리고 아내구타의 문제에 대한 국가적·사회적 태
도를 변화시키려는 운동도 꾸준히 성장해 왔다. 예컨대 미국의 경우
1970년대 초부터 '전국여성연합'(the National Organization of Women,
NOW)을 위시한 여러 여성운동조직들이 아내구타를 사회적 쟁점으로
부각시키고 이를 개선하기 위한 운동을 전개하여 여러 성과를 거두
었다.14) 우리나라도 1983년 '여성의 전화'가 설치된 이후 아내구타가
사회적 문제로 인식되기 시작하였고 1994년 이후 '한국여성단체연합'
등을 중심으로 가정폭력방지를 위한 입법운동이 전개되어 특별법 제
정이라는 성과를 거둔 바 있다.

그러나 여전히 아내구타는 근절되고 있지는 못하다. "마누라와
북어는 매일 패야 부드러워진다"라는 과거 우리나라의 속언(俗言)은
여전히 그럴 듯한 정당화 논리와 함께 사라지지 않고 있으며,15) —
영국에서 최초로 구타피해여성을 위한 보호시설을 마련했던 에린 피
찌의 선구적 저작명을 빌어 말하자면 —, "조용히 비명 질러라, 이웃
이 듣는다"16)라고 뻔뻔하게 호언하는 구타남편의 기세등등한 목소리
는 사라지지 않고 있다.

2004년 여성부가 역사상 최초로 정부차원에서 전국 가정폭력 실
태를 조사하기 시작하기 이전까지는 가정폭력 실태에 대한 조사는
민간 차원에서 이루어졌다.

예컨대, 서울시 거주 20세 이상의 기혼남녀 총 1200명을 대상으

---

14) Murray A. Straus et. al., *Behind Closed Doors: Violence in the American Family* 11(1980).
15) 김광일이 열거하고 있는 아내구타에 대한 잘못된 통념으로는 아내구타는 부부싸움이다, 심한 아내구타는 극소수에 불과하다, 아내구타는 "있을 수 있는 일"이다, 사랑하기 때문에 아내를 때린다, 구타당하는 아내는 피학증이 있다, 맞을 짓을 했으니 맞는다, 아내가 좀더 남편에게 잘해주면 남편의 구타는 없어진다 등이 있다(김광일, "아내구타의 허상과 실상," 김광일 편(각주 7), 37-44면).
16) Erin Pizzey, *Scream Quietly or the Neighbours Will Hear*(1974).

로 실시한 1992년 한국형사정책연구원의 조사결과에 따르면, 여성응
답자의 45.8%는 결혼 후 한두 대 맞는 이상의 폭력을 당하였으며,
14.4%는 반복적인 폭력을 당하고 있다고 답하고 있고, 남성응답자의
50.5%는 적어도 아내를 한두 대 때린 적이 있으며, 10.5%는 반복적
으로 행하였다고 응답하였다.[17]

　　1993년 상담소와 쉼터를 찾는 구타피해여성을 대상으로 한 여성
개발연구원의 조사결과는, 아내구타의 빈도는 매일이 5.8%, 격일이
7.7%, 주 1-2회가 36.5%, 주 2-3회가 13.5%, 월 1회가 17.3%, 무응
답이 7.7% 등이었던바, 이는 아내에 대한 폭력이 상습적으로 이루어
지고 있음을 밝혀주고 있다.[18]

　　그리고 1998년 보건사회연구원이 수행한 전국규모의 '가정폭력
실태조사'와 '가정폭력피해자조사'에 따른 조사결과에 따르면, 아내
학대 및 폭력이 월 2-3회 발생하는 경우가 전체 피해자의 27.9%, 거
의 매일 발생하는 경우가 24.8%, 주 2-3회 발생하는 경우가 13.9%
였던바, 거의 매월 남편에 의해 학대받는 아내는 66.6%에 달하였
다.[19]

　　한편, 상술한 2004년 여성부 조사에 따라 정부차원의 조사가 시
작된다. 2012년 가정폭력처벌법 개정으로 강간 등 형법 제32조의 범
죄가 '가정폭력범죄' 범주 안으로 들어가기 전에는 '성폭력'은 가정폭
력처벌법 범위 밖이었으므로, 2012년 이전까지 조사에서 '성폭력'은
중심적 주제가 아니었다.

　　2004년 여성부 조사에 따르면, 조사시점 기준 1년간 배우자로부
터 '신체적 폭력'을 당한 부부는 15.7%로 전국 기혼가구 6가구 중 1

---

17) 김익기·심영희·박선미·김혜선(각주 2), 78면.
18) 변화순·원영애·최은영, 『가정폭력의 예방과 대책에 관한 연구』, 한국여성개발원
　　(1993), 34면.
19) 김승권·조애저(각주 2), 112면.

가구가 부부간에 신체적 폭력을 경험한 것으로 나타났다('성적 폭력'을 경험한 가구는 7.1%였다). 당시 여성부는 "여성에 의한 남성폭력의 대부분은 남편의 폭력에 대한 방어 차원에서 행사되며, 우리나라 배우자 폭력의 대부분은 남성에 의한 아내폭력"이라고 판단하였다.[20]

2006년 '가정폭력방지법' 개정에서 제4조의2가 신설된 이후에는 여성가족부장관이 3년마다 가정폭력실태조사를 실시하고 결과를 발표하고 있다.

'2007년 전국 가정폭력 실태조사'에 따르면, 조사시점 기준 1년 간 65세 미만 부부간 '신체적 폭력' 발생률은 11.6%로 2004년 조사결과보다 조금 낮아졌으나, 9명 중 1명이 '신체적 폭력'을 당하고 있었다. 부부간의 '성학대'는 10.5%로 10명 중 1명이 경험하고 있어 2004년 보다 증가하였다. '2010년 전국 가정폭력 실태조사'에 따르면, 조사시점 기준 1년 간 65세 미만 부부간 '신체적 폭력' 발생률은 16.7%였고, '성학대' 발생률은 10.4% 였다. 당시 여성부는 2007년 조사에 비하여 이 비율이 증가한 이유로 "2008년 세계금융위기로 인한 여파, 불안정한 경제 및 고용 상황 등으로 인한 경제적인 요인이 부부간 폭력 발생에 영향을 미친 것이라 추정"[21]하였다.

'2013년 전국 가정폭력 실태조사'에 따르면, 조사시점 기준 1년 간 부부간 '신체적 폭력' 발생률은 7.3%, '성학대' 발생률은 5.4%로 2010년 시기보다 대폭 감소하였다. 그리고 '2016년 전국 가정폭력 실태조사'에 따르면, 조사시점 기준 1년간 부부간 '신체적 폭력' 발생률은 3.7%, '성적 폭력' 발생률은 2.2%로 2013년 시기보다 감소하였다.

이러한 감소 현상이 우리 사회에서 가정폭력범죄의 불법성이 점

---

20) 여성부 인권복지과, 브리핑 자료 ①: "가부장적 남편일수록 아내폭력 월등히 많아"(2005. 2. 23), 1면.
21) 여성가족부 복지지원과, 보도자료, "여성가족부 실태조사 결과"(2010. 12. 28), 3면.

점 더 널리 전파·공유되고 있고 이에 대한 국가의 대응도 일정한 효과를 보이고 있음을 보여주는 증거로 볼 수 있다. 그러나 2004년 이후 여성(가족)부가 주관한 네 번의 조사의 "표본설계와 측정문항 및 측정지표가 달라서"[22] 이러한 판단을 내리기는 성급하다고 본다.

한편 아내구타의 유형에 대한 여러 조사연구는 우리 사회의 아내구타가 "칼로 물베기" 격의 부부싸움의 일종이 아니라 "칼로 사람을 베는" 중대한 범죄임을 보여준다. 심재근의 조사에 따르면 상담자의 남편이 손으로 아무데나 때리는 경우가 49.5%, 발길질하는 경우가 16.1%, 몽둥이와 칼 등 기물로 마구 때리는 경우가 4.8%, 발가벗겨 때리는 경우가 2.2%, 담배불로 지지는 경우가 1.7%임을 보여주고 있다.[23] 1992년 형사정책연구원의 조사에 따르면, 아내구타 중 닥치는 대로 두들겨 패는 경우가 1.9%, 칼 같은 물건으로 위협하는 경우가 1.6% 칼 같은 물건을 사용하는 경우가 0.6%에 달하였다.[24] 1993 여성개발연구원의 조사도 아내 구타시 주먹과 발을 사용하는 경우가 63.5%, 목조르기와 비틀기가 3.8%, 무기나 흉기동원이 5.8%, 무차별 구타가 1.9% 등으로 나타났다.[25]

2000년 4월 8일 인천 거주 남편이 자신의 아내를 커터 칼로 조밀하게 긋고 전기인두와 담배불로 지지고 생이빨을 자르며 학대한 엽기적 사건은 사회 전체에 충격을 준 바 있으며,[26] 동년 8월 4일에는 합의이혼한 전(前) 부인에게 재결합을 요구하였으나 여성이 거부하자 여성을 납치·감금하여 발을 쇠사슬로 묶고 폭행하고는 심지어

물고문까지 한 남성이 구속된 사건도 있었다.27)

그리하여 결혼은 "폭력허가증"28)이며, 아내구타는 "가부장적 테러리즘"29)이자 "유사(類似)국가인 가족에서 행해지는 통치행위로 고문, 테러"30)라는 주장이 나올 수밖에 없었던 것이다. 게다가 과거 오랫동안 이러한 명백한 범죄행위가 가정 내의 일로 치부되어 국가도 사회도 개입을 자제하였던바 여성의 인권침해는 더욱 악화될 수밖에 없었다. 그리하여 정희진은 다음과 같이 탄식한 바 있다.

"아내폭력"은 국가기관의 고문보다 더 심각하다. 남편은 공적 기관의 고문 가해자보다 더 임의대로 행동하고 남편의 폭력은 사회적 감시의 대상이 아니라고 간주되며, 가정에서의 고문은 친밀한 관계에서 일어나므로 피해자의 폭로를 더 어렵게 한다.31)

제 3. 가정폭력범죄의처벌등에관한특례법의 의의와 한계

I. 의의와 구조

1997년 '가정폭력범죄' 처벌을 위해 제정된 두 개의 특별법은 "더 이상 가정을 폭군의 성채로 간주할 수 없음을 명확히 선언"한 법률로서, 가정폭력은 사생활의 이름으로 방치되고 국가와 사회의 개입을 자제해야 할 영역이 아니라, 국가와 사회가 직접 개입해야 할 범

---

27) 『연합뉴스』(2002. 8. 4).
28) 정희진, 『저는 오늘 꽃을 받았어요 — 가정폭력과 여성 인권』(2001), 90면.
29) 공미혜, "가족주의와 가부장적 테러리즘으로서의 아내구타 — 부산 '여성의 쉼터' 이용자를 중심으로," 한국가족학회, 『가족학논집』 제9집(1997).
30) 정희진(각주 28), 89면.
31) Ibid.

죄행위임을 분명히 하였다는 데 큰 의미를 갖는다.32) 특히 2002년 12월 18일 가정폭력처벌법 개정으로 동법의 목적에서 "가정폭력범죄로 파괴된 가정의 평화와 안정을 회복하고 건강한 가정을 육성"하는 것에 **"피해자와 가족구성원의 인권을 보호"**하는 것이 추가되었던바(제1조, 강조는 인용자), 가정폭력 피해자의 인권보호가 동법의 목적임이 명시적으로 선언되었다. 이러한 개정은 동법을 해석하고 적용하는데 있어 가정의 원상회복에만 치우치지 말고 가정폭력 피해자의 인권을 보호하는데 경각심을 가질 것을 요구하고 있는 것이다.

가정폭력처벌법 제4조는 가정폭력범죄에 대한 신고권을 피해자뿐만 아니라 모든 사람에게 부여하고 있고(제1항), 아동상담소, 가정폭력상담소 및 보호시설, 성폭력상담소 및 보호시설 등에 근무하는 상담원과 그 장을 비롯한 관계기관에 근무하는 자의 경우는 가정폭력범죄에 대한 신고의무를 부과하고 있다(제2항). 그리고 동법은 가정폭력범죄의 신고를 받은 사법경찰관리에게 즉시 현장에 임하여 (i) 폭력행위의 제지, **행위자·피해자의 분리** 및 범죄수사, (ii) 피해자의 동의가 있는 경우 피해자의 가정폭력관련상담소 또는 보호시설 인도, (iii) 긴급치료가 필요한 피해자의 의료기관 인도, (iv) 폭력행위의 재발시 제8조의 규정에 의하여 '임시조치'를 신청할 수 있음을 통보하는 것 등의 각종의 '응급조치'를 취할 의무를 부과하고 있다(제5조. 「강조는 2002년 개정으로 추가된 부분임」).

과거 가정폭력범죄에 대한 신고가 있어도 남성 경찰관에게는 가정폭력 피해자도 가해자의 구타에 책임이 있다고 파악하거나 또는 국가형벌권은 가정사에 개입해서는 안 된다고 판단하여 가해자를 훈방하는 경우가 많았고, 그 결과는 가해자는 자신의 행위에 대하여 반성하기는커녕 피해자가 자신을 신고했다는 이후로 또 학대하는

---

32) 한인섭, "가정폭력법의 법적 구조와 정책지향에 대한 검토," 서울대학교 법학연구소, 『서울대학교 법학』 제39권 제2호(통권 제107호)(1998. 8), 300, 304면.

상황이 계속되었다.33) 그러나 이 법률에 따라 경찰의 즉각적인 개입
이 의무화되었고, 가정폭력범죄가 신고되었을 때 경찰이 이러한 응
급조치를 취하지 않고 훈방권을 행사한다면 직무유기에 해당할 것이
다.34)

2002년 법 개정 이전에는 경찰관은 가정폭력 피해자를 집 밖으
로 내보내고 관련 기관·시설로 인도할 수 있을 뿐이었다. 당시에도
가정폭력 범죄인이 형사소송법상 현행범(제212조)에 해당하거나 또는
긴급체포(제200조의3)의 요건에 해당한다면 영장 없는 체포를 하거나,
경찰관직무집행법상 임의동행(제3조 제2항)을 요구할 수 있었다. 그러
나 이러한 요건에 해당하지 않는 상황이라면 경찰은 가해자를 일시
적으로 집 밖으로 퇴거시키거나 피해자에 대한 접근을 금지시키는
권한이 없었다.

경찰관에게 행위자와 피해자를 분리시킬 수 있는 권한을 부여한
2002년 개정 조항에 대하여 형사소송법 규정에 없는 인신구속을 허
용하는 것이라는 비판이 제기될 수도 있으나,35) 일시적 퇴거 또는 접

---

33) 서거석·김운회, "가정폭력에 대한 경찰의 대응실태와 문제점 — 가정폭력범죄의
처벌등에관한특례법을 중심으로 — ," 한국형사정책학회, 『형사정책』 제14권 제1
호(2002), 89면.

34) 미국에서 가정폭력에 대한 경찰의 대응에 변화를 일으킨 것은 1984년 'Thurman
v. Torrington 판결'[595 F.Supp. 1521(D. Conn. 1984)]이다. 이 사건에서 원고
는 자신의 남편으로부터 반복적으로 구타를 당하여 남편을 고소하려 하였으나
경찰관은 이를 수용하지 않았고, 이후 원고의 남편은 원고를 칼로 수 차례 찌르
는 사태가 발생하였다. 법원은 경찰이 원고를 보호해야 할 적극적 의무를 짐에
도, 이를 행하지 않은 것은 원고의 헌법이 보장하는 평등보호의 원칙을 위배한
것이라고 판시하였다(Ibid. at 1525-1527).

35) 과거 이러한 조치의 도입에 대하여 김숙자는 "이는 위헌적인 요소를 내포하고 있
고 현행 형사법체계와 충돌할 뿐만 아니라 형사법의 현대적 동향에 비추어 볼
때 많은 문제점이 있다고 생각되어 이러한 규정은 두지 않았다. 경찰관에게 독자
적인 수사권을 주는 것은 현행 법질서에 위배되며 응급조치권의 내용 여하에 따
라서는 현행 불구속재판주의로 나아가는 동향에 역행한다는 문제점도 있기 때
문"이라고 주장한 바 있다[김숙자, "가정폭력특별법안의 방향과 내용," 『가정폭
력방지법 시안공청회자료집』(1996. 10. 29), 228-229면].

근금지는 경찰행정작용의 일환으로 이루어지는 것이지 형사사법작용의 일환으로 이루어지는 것이 아니므로 '체포'에 해당한다고 볼 수 없고, 또한 신체 또는 거주이전의 자유를 과도하게 제한하는 것도 아니므로 헌법위반이라고는 할 수 없을 것이다.[36]

유엔인권이사회(UN Commission on Human Rights)가 작성한 '가정폭력에 대한 모범입법안'(A Framework for Model Legislation on Domestic Violence, 이하 '모범입법안'으로 약칭) 제17조는 경찰관이 가정폭력 가해자를 그 가정에서 퇴거시키고, 퇴거가 불가능하고 피해자가 계속적 위험에 처해 있다면 가해자를 체포해야 한다고 규정하고 있다.[37]

그리고 사법경찰관은 상술한 동법 제5조의 '응급조치'에도 불구하고 가정폭력범죄가 재발될 우려가 있고, 긴급을 요하여 법원의 임시조치 결정을 받을 수 없을 때에는 직권 또는 피해자나 그 법정대리인의 신청에 의하여 후술할 동법 제29조의 조치 — '긴급임시조치' — 를 할 수 있다(2011년 법개정으로 신설). 이로써 경찰의 초기 대응조치의 범위가 넓어졌다.

다음으로 동법 제5조의 '응급조치'에도 불구하고 가정폭력범죄가 재발할 우려가 있다고 인정하는 때에는 검사는 직권 또는 사법경찰관의 신청에 의하여 후술할 동법 제29조의 '임시조치'를 법원에 청구할 수 있다(제8조 제1항). 그리고 검사는 가정폭력범죄로서 사건의 성질·동기 및 결과, 행위자의 성행 등을 고려하여 이 법에 의한 '보호처분'에 처함이 상당하다고 인정할 때에는 피해자의 의사를 존중하면서 '가정보호사건'으로 처리할 수 있고, 이 때 검사는 그 사건을 관할 가정법원 또는 지방법원에 송치하여야 한다(제9조, 제11조). 가정폭력

---

36) 한인섭(각주 32), 308면 주 19.
37) UN Commission on Human Rights, A Framework for Model Legislation on Domestic Violence(E/CN.4/1996/53/Add.2)(2 Feb. 1996)[이하에서는 'Framework'으로 약칭] §17 (h).

특례법 제정 이전에는 가정폭력범죄에 대해서는 형사사건으로 기소하거나 또는 불기소하는 처리방식만이 있었기에 수사기관도 가정폭력 피해자도 당해 사건을 형사화하는데 주저하는 경향이 있었다. '임시조치'와 '보호처분'제도라는 제3의 길의 도입은 "사법기관에 보다 다양한 대응의 길을 열어줌으로써 가정폭력에 대한 법적 대응의 폭을 넓혔다는 의미"를 갖는다.[38]

　법원은 행위자에 대한 피고사건을 심리한 결과 후술할 동법 제40조의 '보호처분'에 처함이 상당하다고 인정하는 때에는 피해자의 의사를 존중하면서 결정으로 사건을 가정보호사건의 관할법원에 송치할 수 있고(제12조), 판사는 가정보호사건의 원활한 조사·심리 또는 피해자의 보호를 위하여 필요하다고 인정한 때에는 결정으로 행위자에게 다음과 같은 '임시조치'를 할 수 있다(제29조). 즉, (i) 피해자 또는 가정구성원의 주거 또는 점유하는 방실로부터의 퇴거 등 격리, (ii) 피해자 또는 가족구성원의 주거, 직장 등에서 100미터 이내의 접근금지, (iii) 피해자 또는 가정구성원에 대한 전기통신을 통한 접근금지, (iv) 의료기관 기타 요양소에의 위탁, (v) 경찰관서 유치장 또는 구치소에의 유치 등이다.

　또한 2002년 법 개정 이전에는 '임시조치'를 위반한 경우에 대한 처벌규정이 없어서 '임시조치'가 유명무실하였다. 개정 이전에는 법원이 임시조치를 하면서 가해자에게 이를 위반할 경우 형사처벌한다고 경고하는 것 외에는 특별한 제재방안이 없었다. 이제 가정폭력행위자에 대한 격리와 퇴거 등의 임시조치에도 불구하고 그 행위자가 이 조치를 위반하여 가정폭력범죄가 재발될 우려가 있는 때에는 검사의 직권 또는 사법경찰관의 신청에 의하여 경찰관서 유치장이나 구치소에의 유치를 법원에 청구할 수 있게 되었다(제8조 제2항). 유엔 '모범입

---

38) 한인섭(각주 32), 304면.

법안' 제32조는 가해자가 '임시제한명령'을 위반한 경우에는 법원모독죄(contempt of court)로 기소되거나 벌금형 또는 자유형을 선고받게 됨을 규정하고 있다.[39]

그리고 판사는 가정보호사건을 심리한 결과 필요하다고 인정한 때에는 결정으로 다음과 같은 '보호처분'을 명할 수 있다(제40조). 즉, (i) 행위자가 피해자 또는 가족구성원에게 접근하는 행위의 제한, (ii) 행위자가 피해자 또는 가족구성원에게 전기통신을 이용하여 접근하는 행위의 제한, (iii) 친권자인 행위자의 피해자에 대한 친권행사의 제한, (iv) 보호관찰등에관한법률에 의한 사회봉사·수강명령, (v) 보호관찰등에관한법률에 의한 보호관찰, (vi) 가정폭력방지및피해자보호등에관한법률이 정하는 보호시설에의 감호위탁, (vii) 의료기관에의 치료위탁, (viii) 상담소 등에의 상담위탁 등이다. 보호처분을 받은 행위자가 보호처분의 결정을 이행하지 아니하거나 그 집행에 응하지 아니하는 때에는 직권, 피해자의 청구, 보호관찰관 또는 수탁기관의 장의 신청에 의하여 결정으로 그 보호처분을 취소하고 사건을 대응하는 검찰청 검사에게 송치하여야 한다(제46조).

이러한 '보호처분'은 형벌이 아니며, "행위가 형법에 저촉되어 형벌의 부과가 불가피할 정도로 중한 상황으로 발전하는 전단계에 국가가 개입하여 가정폭력행위자에게 다시 한번 개전의 기회를 주어 가정을 계속 유지할 수 있도록 하는 순화된 제재"[40]이다.

한편 2011년 법개정으로 '피해자보호명령' 제도가 신설되었는바, 판사는 피해자의 보호를 위하여 필요하다고 인정하는 때에는 피해자 또는 그 법정대리인의 청구에 따라 결정으로 가정폭력행위자에게 다음 각 호의 어느 하나에 해당하는 '피해자보호명령'을 할 수 있다. 즉,

---

39) Framework, §32.
40) 김병주, "가정폭력 관련범죄에 대한 평가와 전망," 한국형사법학회, 『형사법연구』 제10호(1998), 348면.

(i) 피해자 또는 가정구성원의 주거 또는 점유하는 방실로부터의 퇴거 등 격리, (ii) 피해자 또는 가정구성원의 주거, 직장 등에서 100미터 이내의 접근금지, (iii) 피해자 또는 가정구성원에 대한 전기통신을 이용한 접근금지, (iv) 친권자인 가정폭력행위자의 피해자에 대한 친권행사의 제한 등(제55조의2 제1항). 그리고 법원은 피해자의 보호를 위하여 필요하다고 인정하는 경우에는 피해자 또는 그 법정대리인의 청구 또는 직권으로 일정 기간 동안 검사에게 피해자에 대하여 다음 각 호의 어느 하나에 해당하는 '신변안전조치'를 하도록 요청할 수 있다. 즉, (i) 가정폭력행위자를 상대방 당사자로 하는 가정보호사건, 피해자보호명령사건 및 그 밖의 가사소송절차에 참석하기 위하여 법원에 출석하는 피해자에 대한 신변안전조치, (ii) 자녀에 대한 면접교섭권을 행사하는 피해자에 대한 신변안전조치, (iii) 그 밖에 피해자의 신변안전을 위하여 대통령령으로 정하는 조치 등(제55조의2 제5항).

정세종 교수의 지적처럼, 이상과 같은 가정폭력처벌법의 피해자 보호제도는 "형사법적 성질을 띠는 보호처분과 민사법적 색채를 보이는 피해자보호명령 그리고 행정법적 역할을 수행하는 긴급임시조치 등이 난잡하게 얽혀" 있는바,[41] 독자의 이해를 위하여 간략히 도해화하자면 다음과 같다.

---

41) 정세종(각주 22), 317면.

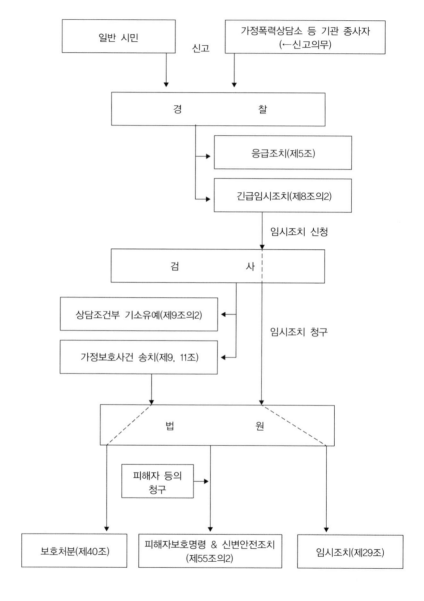

그리고 가정폭력처벌법 제4장은 민사처리에 대한 특칙을 두고 있는데, 법원은 보호처분을 선고할 경우 직권 또는 피해자의 신청에

의하여, (i) 피해자 또는 가정구성원의 부양에 필요한 금전의 지급, (ii) 가정보호사건으로 인하여 발생한 직접적인 물적 피해 및 치료비 손해의 배상을 명할 수 있다(제57조).

Ⅱ. 한계와 대안

이상과 같이 가정폭력처벌법은 몇 번의 개정을 통하여 가정폭력에 대한 국가의 적극적 개입방식을 새로이 설정하였으나, 몇 가지 점에서 검토되어야 할 점이 있다.

첫째, 가정폭력처벌법상 '가정구성원'의 대상에는 "배우자관계에 있었던 자"가 포함되어 있는데(제2조 제2호), 법적으로 이미 혼인관계가 해소된 상태임에도 전(前)남편이 자신의 과거 배우자를 구타하는 행위를 '가정보호사건'으로 포괄하는 것은 전남편에게 과도한 혜택을 주는 것이다. 이 경우는 회복한 가정이 없는 상태이므로 구타한 전남편은 바로 일반 형사절차에 따라 처리되어야 할 것이다.[42) 유엔 '모범입법안'의 경우 가정폭력 규제대상에 전(前)배우자를 포함시키고 있으나,[43) 이는 통상 서구에서의 혼인해소 후 전배우자 사이의 관계가 우리의 경우와 상이하기 때문이다.

둘째로 현재의 '임시조치'의 실효성이 문제이다. 피해자가 가정폭력처벌법에 의한 보호를 받고자 고소 또는 신고를 하여도 경찰수사기간 및 가정보호사건으로 송치되어 보호처분이 발부될 때까지 장시간 동안 폭력에 그대로 노출될 수 있다. '임시조치'는 이와 같은 상황에 처해질 피해자를 보호하기 위한 제도이다.

그런데 '임시조치'의 경우 경찰의 신청과 검사의 법원에 대한 청

---

42) 김병주(각주 40), 349면. 김병주는 미성년자에 대한 성폭력 범죄를 가정폭력특례법의 대상으로 포괄해야 한다고 주장하지만[김병주(각주 40), 353면], 이러한 불법이 높은 범죄의 경우는 바로 형사사건으로 처리되어야 한다고 본다.
43) Framework, §7.

구, 그리고 법원의 결정이라는 절차를 밟아야 하는바, "위기대응 수
단으로서의 적합성을 상실하고 있는 제도"이자 "임박한 위험제거에
는 큰 실효성이 없는 제도"이다.[44] 2011년 법 개정으로 '긴급임시조
치'가 신설된 이유도 여기에 있을 것이다.

셋째, 2011년 법 개정으로 신설된 법원에 의한 '피해자보호명령'
이 가능하도록 되었는데, 여기에는 피해자 보호를 위한 주거공간의
확보, 재산분할, 양육비 및 부양료 지급 등을 통한 경제적 능력 확충,
접근금지명령을 위반하면서 위협을 가해오는 가해자에 대한 보호적
차원의 구금 등의 조치는 포함되어 있지 않다.[45] 유엔의 '모법입법안'
제29조는 가정폭력 피해자의 의료비의 지불강제, 공유재산의 일방적
처분금지 등의 '임시제한명령'(ex parte temporary restraining order)을 규
정하고 있는바 시사하는 바가 크다.[46]

그리고 '임시조치', '긴급임시조치', '피해자보호명령' 등의 조치에
유사한 점이 많다. '피해자보호명령'의 청구권자를 경찰과 검사 등으
로 확장하고, 동시에 이 조치들을 통합한다면 법체계가 간명해지고
피해자 보호의 신속성도 높아질 것이다.[47]

넷째, 현행 법체제 아래에서 가정폭력범죄인에 대하여 검사와 법
원은 보호처분을 부과할 것인가 아니면 형사처벌을 내릴 것인가를
선택할 수 있는데, 이 선택의 기준이 분명하지 않다. 한인섭 교수의
비판처럼, 만약 가정폭력범죄에 대한 처리가 보호처분 위주로 운용되
면 가정폭력사범에게 일종의 특전을 부여하는 셈이다. 보호처분의 원
래 모델이었던 소년법의 경우 아직 범죄성이 고착화되지 않은 소년

---

44) 김재민, "가정폭력 관련 특별법 체계의 개선방향," 한국피해자학회, 『피해자학연
　　구』 제21권 제2호(2013. 10), 48, 55면.
45) 김재민(각주 44), 48면; 박소현, "가정폭력규제입법에 대한 비교법적 검토,"『의
　　정논총』 제8권 제2호(2013), 232면.
46) Framework, Art. 29 (iv), (v).
47) 김재민(각주 44), 57-58면.

에 대하여 경미한 제재를 부과하는 것인데, 가정폭력사범은 그 범죄
성이 고착화되어 있는 경우가 많음에도 그 범죄가 단지 가정 내에서
발생하였다는 이유만으로 보호처분을 부과한다는 것은 형평성이 결
여된 것이라고 하겠다.[48]

이러한 점에는 저자는 다음과 같은 한인섭 교수의 의견에 동의
한다.

> 피해자의 생명·신체에 위험을 초래하는 중대한 폭력을 상습적으
> 로 행하는 경우에는 보호처분이 아니라 곧바로 형사사건으로 기소
> 해야 할 것이다. '중,' '특수,' '상습,' '존속' 등의 개념이 결합된 폭력
> 범죄까지 가정보호사건으로 처리할 수 있다고 한 현행법의 태도가
> 너무 무차별적인 입법이 아닌가 하는 점에 대한 재고가 필요하며,
> 그러한 범죄에 대하여는 형사처벌이 원칙화되어야 할 것이다. 그렇
> 지 않으면 가정폭력은 일반폭력 보다 훨씬 경미한 범법사안이라는
> 느낌을 널리 심어줄 우려가 있다.[49]

같은 맥락에서 정세종 교수는 다음과 같은 기준을 제시한다. 즉,
"첫째, 가정폭력범죄의 경력을 지니고 있는 경우, 둘째, 가정폭력범죄
의 상습성이 인정되는 경우, 셋째, 범행 당시 위험한 물건을 사용한
경우, 넷째, 알코올이나 기타 약물을 남용하였거나 심각한 의존상태
에서 범행을 저지르는 성향을 보이는 경우는 가정보호사건에서 의무
적으로 배제."[50]

다섯째, 민사처리에 대한 특칙에서 규정한 배상명령의 경우 유엔
의 '모범입법안'에 비하여 종류와 내용이 부실하다. '모범입법안' 제38
조는 피해자를 위한 집세지급 명령, 피해자에게로의 자동차 등의 생
활필수품 인도명령, 피해자의 병원비, 상담비, 보호시설 비용 등의 지

---

48) 한인섭(각주 32), 305-306면.
49) Ibid. 312면.
50) 정세종(각주 22), 318면.

불명령, 공동재산의 일방적 처분금지 명령 등의 '보호명령'(protective orders)을 내릴 수 있게 하고 있는바 참조할 가치가 있다고 본다.[51) 이러한 저자의 제안을 도해화하면 다음과 같다.

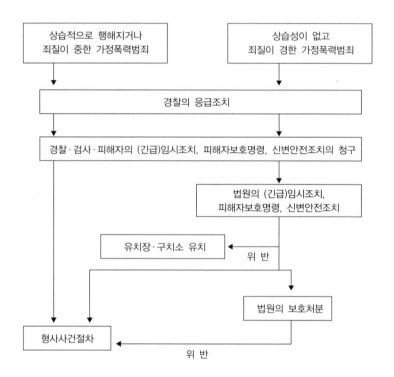

이상의 점 이외에도, 가정폭력처벌법상 가해자에게 내릴 수 있는 가장 강력한 '보호처분'인 '감호위탁'의 경우 가정폭력 가해자를 수용할 수 있는 감호시설이 전혀 만들어지지 않아 죄질이 중한 범죄인을 감호할 수 없다는 점도 문제인바, 법무부 차원에서 예산을 확보하여 시설을 마련해야 할 것이다. 그리고 가정폭력이 발생하였으나 가정이 유지되는 사건으로 판단되는 경우도 검사가 구약식(求略式) 기소를 하

---

51) Framework, Art. 38 (c), (d), (h), (i).

게 되어 벌금형이 부과되어 실질적으로는 피해자도 벌금의 부담을 안게 되고 벌금납부로 인한 새로운 부부갈등이 발생하기도 한다. 생각건대, 특별한 위하력(威嚇力)이 없고 새로운 분란의 소지를 내포하는 구약식 기소보다는 원칙적으로 '가정보호사건'으로 처리하거나 상담조건부 기소유예처분을 내리는 것이 바람직할 것이다.

마지막으로, 가정폭력에 대한 대처를 보다 강경하게 해야 한다는 차원에서 '상담조건부 기소유예'를 폐지하자는 주장과,[52] 미국에서 실시하고 있는 가정폭력범죄인에 대한 '의무적 체포'(mandatory arrest)를 도입하자는 주장[53]이 제기되고 있다. 저자는 이 주장에 반대한다.

정현미 교수의 평가처럼, 상담조건부 기소유예는 "상담을 통해 가정폭력이 범죄라는 규범적 인식을 확고히 할 수 있으며, 나아가 가해자의 태도변화를 촉구하여 재범을 방지할 수 있는 장점"이 있다.[54]

'의무적 체포'의 경우 미국에서도 논란이 많다. 이 제도는 가해자에 대한 단호한 처벌을 목적으로 1981년 미국 미네소타주에서 최초로 도입되었는데, 로렌스 셔만과 리차드 버크는 미네아폴리스 경찰서의 실무에 대한 연구에서 이 제도가 가정폭력을 억지하는데 매우 효과적이라는 결과를 내놓은 바 있다.[55] 그러나 이후 오마하와 밀워키 등 다른 지역 경찰서의 실무에 대한 또 다른 연구는 미네아폴리스 경찰서에 대한 연구조사와는 달리 "의무적 체포"가 가정폭력에 대한 억지효과가 없다는 결론을 내렸다.[56]

---

52) 이호중, "가정폭력범죄의 처벌에 관한 특례법 10년의 평가," 한국형사정책연구원, 『형사정책연구』 제19권 제3호(2008), 156면; 허민숙(각주 1), 25면.
53) 김혜선, "아내구타에 대한 경찰의 개입," 『입법조사연구』 제237호 (1996), 64-65면; 한인섭(각주 32), 302면.
54) 정현미, "가정폭력특례법의 문제점과 개정방향," 이화여자대학교 법학연구소, 『법학논집』 제17권 제2호(2012. 12), 147면.
55) Lawrence W. Sherman & Richard A. Berk, "The Specific Deterrent Effects of Arrest for Domestic Assault," 49 *Am. Soc. Rev.* 261(1984).
56) Donna M. Welch, "Mandatory Arrest of Domestic Abusers: Panacea or Perpetuation of the Problems of Abuse?," 43 *DePaul L. Rev.* 1133, 1153-1155

그리고 미국에서 이 제도는 기껏해야 단기적 효과만이 있을 뿐이고, 오히려 이 제도 하에서는 매맞는 여성은 구타남성으로부터 합의를 획득하기 위해 형사소추의 가능성을 방편으로 쓸 수 없게 될 뿐만 아니라 폭력의 "상승효과"(escalation effect),[57] 즉 체포된 남성이 석방된 후 훨씬 강력한 폭력으로 여성에게 보복하는 결과를 일으키는 부작용을 초래하고 있음이 보고되고 있다.[58] 또한 이 제도는 남성이 여성을 가정폭력으로 고소하면 그 여성이 의무적으로 체포되고, 자식으로부터도 격리되는 등 여성 — 특히 가난한 여성 — 에 대한 국가형벌권의 과도한 동원이라는 결과를 낳고 있음도 지적되고 있다.[59] 특히, 이 제도에 따르면 남성과 여성이 모두 가정폭력의 희생자라고 주장하고 양측 모두 상처가 있는 경우는 경찰관은 쌍방 모두를 체포해야 하며, 그 결과 여성은 다시 수모를 겪어야 하는 문제가 발생한다. 그 결과 여성은 오히려 남성과 국가로부터의 폭력에 시달리는 "이중의 취약성"(dual vulnerability) 상태에 처하게 된다는 것이다.[60] 이러한 맥락에서 이 제도의 도입을 애초 지지하였던 로렌스 셔만은 이후 이 제도는 "가솔린을 갖고서 불을 진압하려는 격"이라고 비판한 바 있다.[61] 이상과 같은 문제점들은 우리나라에 "의무적 체포"제도를 도입할 경우에도 반복될 가능성이 충분하다.

체포는 일시적 퇴거 또는 접근금지 조치보다 가정폭력범죄인에 대하여 강한 직접적 위하력을 가짐은 분명하다. 그러나 상술한 현행

(1994).

57) Stephen J. Schulhofer, "The Feminist Challenge in Criminal Law," 143 *U. Pa. L. Rev.* 2151, 2163(1994).

58) Donna Coker, "Crime Control and Feminist Law Reform in Domestic Violence Law: A Critical Review," 4 *Buff. Crim. L. Rev.* 801, 805, 815(2001).

59) Ibid. at 821-823.

60) Ibid. at 858.

61) Lawrence W. Sherman, *Policing Domestic Violence: Experiments and Dilemmas* 210(1992).

법상의 체포 등 인신구속 제도를 활용하고, '(긴급)응급조치'의 내용에
일시적 퇴거 또는 접근금지 조치를 추가한다면 별도로 "의무적 체포"
제도를 도입할 필요는 없다고 생각한다.

제 4. 맺 음 말

가정폭력처벌법의 제정은 가정폭력이 더 이상 가정 내의 문제로
방기될 수 없고 국가와 사회가 적극 개입해야 함을 분명히 한 획기적
조치였다. 물론 법의 제정이 바로 범죄를 없앨 수는 없다. 법은 사회
문제의 해결을 위한 만병통치약은 아니기 때문이다. 한인섭의 지적처
럼, 가정폭력처벌법의 제정은 가정폭력을 없애기 위한 "하나의 〈잠재
적 원군〉에 불과"[62] 하다. 아내구타를 조금 격렬한 '사랑싸움'의 산물
로, 또는 남편의 당연한 '권리'로 생각하는 관념과 아내구타 남성에
대한 단호한 처벌보다는 미봉적(彌縫的) 화해를 종용하는 수사·사법
기관의 관행이 향후 이 법률의 실효성 확보에 중대한 걸림돌이 될 수
있다. 아무리 법과 제도가 잘 갖추어 있어도, "국가가 마련해 놓은 제
도, 사법시스템을 이용하는 과정에서, 경찰, 검사, 판사 등에 의해 폭
력 피해의 사실이 부정되거나, 의심받거나, 그리고 가해자로부터 더
큰 보복 폭행을 당하거나, 살해당하는 이런 현실에서 가정 폭력은 근
절되지 않는다."[63]

향후 아내구타에 대한 남성편향적 관념과 수사실무관행을 개선
하고, 또한 가정폭력처벌법을 보완하는 작업을 동시적으로 진행할 때
아내구타라는 "저급하고 야만적인 관습"[64]은 이 땅에서 사라질 수
있을 것이다.

---

62) 한인섭(각주 32), 316면.
63) 허민숙(각주 1), 25면.
64) Fulfgam v. State, 46 Ala. 143, 147(1871).

[자료 2] UN 인권이사회 제정 가정폭력에 관한 모범입법안

UN Commission of Human Rights: A Framework for
Model Legislation on Domestic Violence

(C/CN.4/1996/53/Add.2)(2 Feb. 1996)

서   문

1. 이 모범 법안은 포괄적인 가정폭력 대책 법률에 포함되어야 할 중요 요소들을 개략적으로 보여주고 있다. 이 모범 법안은, 입법부와 포괄적인 가정폭력 대책법률의 제정을 위해 노력하고 있는 단체들에게, 하나의 입법 초안으로서 도움이 될 것이다.

I. 목   적

2. 이 법률의 목적은

(a) 가정폭력을 제재하는 국제적인 기준에 조응하고;

(b) 가정폭력이 가족 간 그리고 개인 간의 관계 속에서 발생하는, 여성에게 가해지는 특히 성에 기초한 (gender-specific) 폭력이라는 점을 인식하고;

(c) 가정폭력이 결코 용서되거나 용인되어서는 안 될, 개인과 사회에 대한 중대한 범죄를 구성한다는 점을 인식하고;

(d) 개인 간 및 가족 관계 내에서 여성에게 가해지는 폭력을 금지

하고, 그 폭력의 피해자를 보호하고, 추후의 폭력을 예방할
목적으로 구체적인 법률을 제정하고;

(e) 개인 간 및 가족 내에서의 가정폭력과 괴롭힘(harrassment)을
억제하고, 그와 같은 폭력이 발생한 곳에서 여성을 보호하기
위한 유연하고 신속한 구제방법 — 특별한 가정폭력 대책법
률하의 형사적·민사적 구제를 포함하여 — 을 폭넓게 제시
하고;

(f) 가정폭력 피해자들이, 신체적·성적인 폭력뿐만 아니라 심리
적 폭력으로부터, 최대한 보호를 받도록 보장하고;

(g) 가정폭력 피해자를 돕기 위하여 담당 부서, 프로그램, 서비스,
의정서 및 의무 등 — 쉼터, 상담 프로그램, 직업 훈련 프로그
램 등을 포함하지만 이에 국한되지는 않는 — 을 설치·확립
하고;

(h) 구체적 개인 간 관계에서 행해지는 여성에 대한 폭력을 억지
하고 처벌함으로써, 형법이 원활하게 집행되게 하고;

(i) 이하의, 그러나 이에 한정되지 않는, 포괄적 지원책을 법에
규정하여 제공하고:

 (i) 폭행 피해자와 그 가족들에 대한 긴급구호;

 (ii) 폭행 피해자와 그 가족들의 구체적인 필요에 합당한 지
   원 프로그램;

 (iii) 가해자와 피해자를 위한 교육, 상담 및 치료 프로그램;

 (iv) 가정폭력 문제에 관한 공공의 인식(public awareness)과 대
   중교육을 제고하는 것을 포함하여, 가정폭력의 예방과
   근절에 도움을 주는 프로그램.

(j) 가정폭력 사건에서 피해자를 돕고, 법을 효과적으로 집행하
고, 추후의 폭행발생을 예방하기 위하여 법집행관(law en-
forcement officers)의 능력을 향상시키고;

(k) 가정폭력을 경미한 사건으로 처리하지 않게 하는 보호명령
(protection orders)지침과 양형지침(sentencing guideline)을 제정
함으로써, 가정폭력 사건에서 자녀양육권, 경제적 지원, 피해
자의 안전 등과 관련된 문제들을 판사들이 인식할 수 있도록
교육하고;

(l) 경찰, 판사, 그리고 가정폭력 피해자들을 지원하고, 가정폭력
가해자들의 사회복귀를 위하여 상담원을 양성·훈련시키고;

(m) 가정폭력 발생 빈도와 원인에 대한 지역사회(community) 내의
이해를 보다 증진시키고, 가정폭력을 근절하려는 움직임에 지
역사회가 참여하도록 고무하는 것 등이다.

II. 정   의

3. 이주의 증가로 인하여 공식적으로든 비공식적으로든 분명한
문화적 관행들이 이제는 모호해지고 있기 때문에, 국가는 가정폭력이
애초에 관찰되었던 것처럼 문화적 특성에 기초한(culture-specific) 것임
이 아니라는 점을 명심하면서, 가정폭력 행위와 가정폭력이 발생하는
관계를 가능한 한 최광의로 정의해야 한다. 뿐만 아니라, 국제적 기
준과의 조응을 위해서도 최광의의 정의가 채택될 필요가 있다.

4. 국가는 현행 형법이나 민법을 부분 개정하는 것이 아니라, 민·
형사상 구제책을 통합하는 포괄적인 가정폭력 대책법률을 제정하여
야 한다.

A. 가정폭력

5. 가족 내에서 발생하는 여성에 대한 폭력 및 개인 간 관계에서
발생하는 여성에 대한 폭력이 가정폭력을 구성한다는 점이 법률에
명백히 규정되어야 한다.

6. 가족 및 친밀한 관계에서 발생하는 성에 기초한 폭력으로부터 여성 피해자를 보호하는 데 있어, 법률 문언은 명확해야 하며 모호해서는 안 된다. 가정폭력은 가족 간 폭력(intra-family violence)과 구별되므로, 다르게 규정되어야 한다.

B. 법률이 규율해야 할 관계

7. 가정폭력 대책법률의 규율범위 내에 있는 관계는 다음과 같다: 아내, 동거 파트너, 전(前) 부인이나 전 동거인, 여성 애인(동거하지 않는 애인을 포함하여), 여성 친족(여자 형제, 딸, 어머니 등을 포함하지만 이에 제한되지 않음), 그리고 여성 가사노동자.

8. 국가는 모든 여성이 이러한 보호를 받는데 장애가 되는 종교적 또는 문화적 관행을 허용해서는 안 된다.

9. 국가는 그 나라의 국민이 아닌 여성에게도 이러한 보호를 제공해야하며. 그 나라의 국민이 아닌 남성에게도 그 나라의 국적을 가진 남성이 지는 만큼의 똑같은 기준에 따라 책임을 부가하여야 한다.

10. 배우자나 동거 파트너에 대해 소송을 제기하는 여성에 대해서는 어떤 제약도 가해져서는 안 된다. 이러한 경우를 규율하기 위해 증거법과 민·형사절차법도 개정되어야 한다.

C. 가정폭력 행위

11. 단순 폭행으로부터, 신체에 대한 중한 폭행(aggravated assault), 유괴, 위협, 협박, 강요, 스토킹, 굴욕을 주는 언어학대(verbal abuse), 강제적이거나 불법적인 주거 침입, 방화, 재물손괴, 성폭력, 아내강간, 지참금이나 신부의 몸값과 관련된 폭력, 여성 성기의 외음부 제거, 성매매를 통해 이루어지는 착취와 관련된 폭력, 가사 노동자에 대한 폭력 등 및 이상의 행위를 기도하는 것에 이르기까지, 가족 구성원에 의해 가족 내의 여성에 대하여 가해지는 성에 근거한

(gender-based) 모든 신체적·정신적, 그리고 성적 폭력행위는, 모두 "가정폭력"으로 정의되어야 한다.

Ⅲ. 신고절차

12. 법률은 피해자, 가정폭력 목격자, 피해자의 가족과 친구, 국립 및 사설 병원, 가정폭력 지원 센터 등이 가정폭력 사건을 경찰에 신고하거나 법원에 소송을 제기할 수 있도록 하는 규정을 두어야 한다.

A. 경찰관의 임무

13. 법률은 경찰관이 가정폭력 혐의 사건의 모든 구조요청과 보호요청에 응해야 한다고 규정해야 한다.

14. 경찰관은 가족이나 세대 구성원이 행한 폭력 관련 신고에 대하여, 가족 외부의 사람에 의해 행해진 유사한 학대나 불법행위에 대해 모르는 사람이 신고한 경우보다 비중을 낮게 두어서는 안 된다.

15. 다음과 같은 경우 경찰관은 가정폭력 현장에 출두해야 한다:

(a) 신고자가 폭력행위가 임박하였거나 진행중이라고 진술한 경우;

(b) 신고자가 유효한 가정폭력 관련명령이 위반될 것 같다고 진술한 경우;

(c) 신고자가 가정폭력이 예전에 발생한 적이 있다고 진술한 경우.

16. 경찰은 신고자가 폭력행위 피해자가 아니라 단지 폭력 행위의 목격자이거나 피해자의 친구나 친척인 경우, 또는 신고자가 보건의료종사자(health provider)이거나 가정폭력 지원 센터에 근무하는 직원인 경우에도, 즉시 출두해야 한다.

17. 신고를 접수하자마자 경찰은,

(a) 자유롭게 얘기할 수 있도록 별도의 방에서, 당사자와 자녀 등의 목격자를 면담하고;

(b) 신고 내용을 자세히 기록하고;

(c) 피해자에게 후술할 권리들을 알려주고;

(d) 법에 규정된 대로 가정폭력 보고서를 작성·제출하고;

(e) 필요하다면, 피해자의 치료를 위해 가장 가까운 병원이나 의료시설에 피해자를 이송하거나 이송할 수 있도록 조치를 취하고;

(f) 필요하다면, 피해자와 피해자의 자녀, 또는 피부양인을 안전한 장소나 쉼터로 이송하거나 이송할 수 있도록 조치를 취하고;

(g) 폭력의 신고자에 대한 보호조치를 취하고;

(h) 가해자를 집 밖으로 퇴거시키는 조치를 취하고, 만약 이 조치가 가능하지 않고 피해자가 계속되는 위험에 처해 있는 경우에는, 가해자를 체포해야 한다.

B. 대안적 신고절차

18. 피해자, 목격자, 또는 신고자는 가정폭력 혐의 행위에 대해 이하와 같은 사법관할지에 신고할 수도 있다:

(a) 가해자의 주소지;

(b) 피해자의 주소지;

(c) 폭력사건 발생지;

(d) 만약 피해자가 장래의 학대를 피해, 주소지를 떠난 경우라면 피해자의 일시적인 거소.

19. 피해자는 가정폭력 혐의 행위에 대해 국립 또는 사설 병원에 신고할 수 있으며, 이 경우 당해 병원은 피해자의 신고를 의료시설이 위치한 사법 관할 지역 내의 경찰에게 전달해야 한다.

20. 친척, 친구 또는 피해자로부터 도움을 요청받은 자는 경찰에 가정폭력 혐의 행위를 신고할 수 있으며, 경찰은 신고가 있으면 바로 수사해야 한다.

C. 피해자의 권리 규정

21. 피해자의 권리를 규정하는 목적은, 자신의 법적 권리가 침해되었다고 신고한 초기 단계에, 피해자가 자신이 이용할 수 있는 법적 구제에 익숙해지도록 하는 것이다. 또한 이 규정은 피해자와 관련하여 경찰과 사법부가 지는 임무를 개괄한다.

(a) 경찰관은 자신의 성명과 기장번호(badge number)를 피해자에게 알리고, 피해자가 이해할 수 있는 언어로 피해자와 대화를 나누어야 한다. 법률은 범죄가 가정폭력 피해자에 대하여 범해진 경우에 경찰관은 피의자를 즉시 체포하거나, 피의자가 가정(household)을 떠나도록 설득하거나, 그를 가정으로부터 떼어 놓아야 한다는 점을 가정폭력 피해자에게 고지할 것을 요구한다.

(b) 경찰관은 피해자가 입은 상처를 살피기 위해, 피해자를 의료시설로 데려가거나, 또는 그녀가 의료시설까지의 운행수단을 찾을 수 있도록 도와야 한다.

(c) 만약 피해자가 거주지를 떠나고 싶어 하는 경우라면, 경찰관은 그녀가 안전한 장소나 쉼터로 가는 운행수단을 찾을 수 있도록 도와야 한다.

(d) 경찰은 피해자와 그녀의 피부양인들의 안전을 보장하기 위해, 모든 합리적인 조치를 취해야 한다.

(e) 경찰은 피해자에게 피해자가 이해할 수 있는 언어로 작성된, 법적 절차를 담은 서면을 제공해야 한다. 그 서면은 이하의 사항을 명시하고 있어야 한다.

(i) 피해자가, 당사자 일방에 대한 법원의 금지명령(ex parte restraining order) 및(또는) 피해자, 그녀의 피부양인, 가정 내의 모든 사람 또는 그녀가 도움이나 피난을 요청하는

모든 사람에 대한 장래의 폭력행위를 금지하는 법원의 명령을 신청할 수 있다고 법률은 규정한다.

(ⅱ) 금지명령 및(또는) 법원명령은 피해자의 재산과 공동 재산이 손괴되지 않도록 보호해야 한다.

(ⅲ) 금지명령은 가해자에게 가족의 주거에서 떠나도록 명할 수도 있다.

(ⅳ) 야간이나, 주말, 또는 공휴일에 폭력행위가 발생한 경우에 당직 판사에게 신청하여 금지명령을 구할 수 있는 긴급구호절차가 있음을 피해자에게 반드시 고지해야 한다.

(ⅴ) 피해자는 당사자 일방에 대한 금지명령이나 법원의 명령을 구하기 위해, 변호인을 고용할 필요는 없다.

(ⅵ) 법원 서기는 당사자 일방에 대한 금지명령이나 법원명령을 신청하고자 하는 이들에게 서식과 법률 외적인 도움을 주어야 한다. 법원명령을 받기 위해서는 미리 정해진 지역이나 관할의 법원에 신청해야 함을 피해자에게 고지해야 한다.

(ⅶ) 경찰은 당사자 일방에 대한 금지명령을 가해자에게 송달해야 한다.

D. 가정폭력 보고

22. 기록의 일부가 될 가정폭력 보고서를 작성하기 위해서, 가정폭력 신고에 응답해야 하는 것은 경찰관의 의무이다. 법무부와 가정법원 — 가정법원이 설치되어 있다면 — 은 그 보고서를 점검하여야 한다.

23. 가정폭력에 관한 보고는 경찰청장(police commissioner)이 정한 서식에 따라 이루어져야 한다. 보고에는 이하의 사항이 포함되어야 하는데, 이하의 사항에 제한되어 보고가 이루어져야 하는 것은 아니다:

(a) 당사자간 관계;

(b) 당사자들의 성별;

(c) 당사자들의 직업 및 교육수준;

(d) 신고가 접수된 일시;

(e) 경찰관이 신고에 대해 수사를 개시한 시기;

(f) 자녀들이 관련되어 있는지 여부 및 가정폭력이 자녀들 앞에서 일어났는지 여부;

(g) 학대의 유형과 정도;

(h) 사용된 무기의 수와 유형;

(i) 사건 처리에 걸린 시간과 경찰관이 취한 조치들;

(j) 당사자와 관련해 발부된 명령의 유효기간과 조건;

(k) 가정폭력 사건이 발생하기까지의 모든 사정을 완전히 분석하기 위해 필요한 기타의 자료.

24. 매년 가정폭력 보고서로부터 취합한 모든 자료를 집계하여 법무부, 여성부와 의회에 보고하는 것은 경찰청장의 의무이다.

25. 매년 행해지는 보고는 이하의 사항을 포함해야 하는데, 이하의 사항에 제한되어 보고가 이루어져야 하는 것은 아니다:

(a) 접수된 신고의 총 건수;

(b) 피해자의 남녀 성별에 따른 신고 건수;

(c) 수사 건수;

(d) 각 신고에 응한 평균 경과 시간;

(e) 체포 건수를 포함하여 사건을 처리하기 위해 경찰이 취한 조치의 유형.

IV. 사법관(judicial officers)의 의무

A. 당사자 일방에 대한 임시 금지명령

26. 피고인이 법원에 출두하지 않거나 잠적하여 소환할 수 없는 경우에는, 폭력 피해자의 신청에 의하여 법원은 당사자 일방에 대한 금지명령을 발부할 수 있다. 당사자 일방에 대한 금지명령은 장래의 폭력 행위에 대한 예비적인 가처분(preliminary injunction) 및(또는) 공동소유 주택을 포함한 기본 재산을 피해자/신고인이 이용하는 것을 가해자/피고인이 방해하지 못하도록 하는 내용을 포함할 수 있다.

27. 또한 폭력 피해자뿐만 아니라 보다 넓은 범위의 사람들이 금지명령을 신청할 수 있어야 한다. 피해자가 법적 절차를 이용할 만한 위치에 있지 못하는 경우가 있을 수 있으며, 또한 목격자와 피해자에게 도움을 준 사람들도 폭력을 당할 위험이 있기 때문이다.

28. 피해자의 생명, 건강과 안녕에 대한 중대한 위험이 존재하고, 법원의 명령이 발해질 때까지 그녀의 안전을 보장하기가 어려운 경우에는, 피해자/신고인, 친척 또는 사회복지요원은 당직 판사나 당직 치안판사(magistrate)에게 긴급구제, 예컨대 폭력 발생 후 24시간 내에 가해자에게 발부되는 당사자 일방에 대한 임시 금지명령을 신청할 수 있다.

29. 당사자 일방에 대한 임시 금지명령은:
  (ⅰ) 가해자가 가족의 집에서 떠나도록 강제할 수 있고;
  (ⅱ) 부양 자녀에 대한 가해자의 접근을 규제할 수 있고;
  (ⅲ) 가해자가 피해자의 직장이나 피해자가 자주 가는 다른 장소에서 피해자와 접촉하는 것을 제약할 수 있고;
  (ⅳ) 가해자가 피해자의 치료비를 지급하도록 강제할 수 있고;
  (ⅴ) 공동재산의 단독 처분을 제약할 수 있고;

(vi) 피해자와 가해자에게, 가해자가 금지명령을 어기는 경우
에 가해자는 체포되고, 가해자에 대하여 형사소추가 이루
어질 수 있음을 고지할 수 있고;

(vii) 가해자에게 가정폭력 대책법률상의 금지명령 외에도, 그
녀가 검사에게 가해자를 형사소추할 것을 요청할 수 있음
을 고지할 수 있고;

(viii) 피해자에게 가정폭력 대책법률상의 금지명령 및 형사소
추 외에도, 그녀가 민사소송절차를 개시하여 이혼, 별거,
손해배상 등을 신청할 수 있음을 고지할 수 있고;

(ix) 당사자가 관련된 모든 민사소송, 소년법원 절차 및(또는)
형사소송 등에서 당사자가 보호명령을 구하는 각 절차에
서 각 당사자는 법원에 대한 자신들의 통지의무를 이행해
야 한다고 요구할 수 있다.

30. 긴급구제에는, 당사자 일방에 대한 임시 금지명령이 발부된
때로부터 10일을 초과하지 않는 기간 동안에 법원 명령이 발부될 때
까지 유효한, 당사자 일방에 대한 임시 금지명령이 포함된다.

31. 신고인은 이하의 사항을 고지받아야 한다:

(a) 가정폭력 대책법률상의 당사자 일방에 대한 금지명령 외에도
신고인은, 장래의 폭력으로부터 자신을 보호해 줄 법원명령이
나 그 법원명령의 갱신을 신청할 수 있고 (또는 있거나), 피의
자를 형사소추할 것을 검사에게 요청할 수 있다는 점;

(b) 당사자 일방에 대한 금지명령 신청이 그녀가 재판상 별거, 이
혼, 손해배상 등과 같은 다른 민사상 구제절차를 이용하는데
아무런 영향을 끼치지 않는다는 점;

(c) 신고인에 대한 24시간 내의 통지 후, 피고인이 임시 금지명령
의 해제나 변경을 신청할 수 있다는 점.

32. 당사자 일방에 대한 금지명령에 불복하면 법원 절차에 대한

모독죄 기소가 이루어지고, 벌금형 및 구금형이 부과되어야 한다.

B. 보호명령

33. 보호명령은 피해자, 친척, 사회복지요원 또는 가정폭력 피해자에게 도움을 주는 사람이 신청할 수 있다.

34. 보호명령은 당사자 일방에 대한 금지명령이 기한이 만료된 경우 또는 그와 같은 금지명령과 별개로 신청할 수 있다.

35. 보호명령은 피해자, 친척, 사회복지요원, 장래의 폭력이나 폭력의 위협으로부터 가정폭력 피해자를 돕는 이를 보호하기 위해 신청할 수도 있다.

36. 판사는 가정폭력 신고와 보호명령 신청이 있은 지 10일 내에, 심리를 진행해야 한다.

37. 판사는 이 법안이 개괄적으로 규정한 피해자의 권리를 승인해야 한다.

38. 법원의 명령은 이하와 같은 구제의 일부 또는 전부를 제공해야 한다.

(a) 가해자/피고인이 피해자/신고인 및 그녀의 피부양인, 여타 친척, 그리고 가정폭력으로부터 피해자를 돕고 있는 이들에 대하여 장래 폭행을 하지 못하도록 제약하는 것;

(b) 가옥의 소유 관계에 대한 판단 없이, 피고인이 가옥에서 퇴거할 것을 명하는 것;

(c) 피고인이 임대료나 대부금을 계속 지불하도록 명하는 것, 그리고 신고인에게 그리고 신고인 및 피고인 공동의 피부양인에게 부양료(maintenance)를 지급할 것을 명하는 것;

(d) 피고인이 자동차 및(또는) 다른 소유물(personal effects)의 이용을 신고인에게 양도하도록 명하는 것;

(e) 피고인이 피고인의 자녀들에게 접근하는 것을 규제하는 것;

(f) 피고인이 신고인의 직장이나 신고인이 자주 가는 여타 장소에서 신고인과 접촉하는 것을 제약하는 것;

(g) 피고인의 무기 사용 또는 소유가 신고인에게 심각한 위협을 가할 수 있다고 판단한 경우, 총기 또는 법원이 특정한 비슷한 무기를 피고가 구입, 사용 또는 소유하는 것을 금지하는 것;

(h) 피고인이 신고인의 의료비, 상담료, 기타 쉼터에서의 비용을 지불하도록 명하는 것;

(i) 공동 재산의 일방적 처분을 금지하는 것;

(j) 신고인과 피고인에 대하여, 피고인이 금지명령을 위반하는 경우 영장에 의하거나 또는 영장 없이 피고인이 체포될 수 있으며, 피고인에 대하여 형사소추가 행해질 수 있음을 고지하는 것;

(k) 신고인에게 가정폭력 대책법률하의 금지명령과는 별개로, 신고인이 검사에게 피고인에 대한 형사소추를 요구할 수 있음을 고지하는 것;

(l) 신고인에게, 가정폭력 대책법률하의 금지명령과는 별개로, 민사절차를 활용하여, 이혼, 별거, 그리고 손해배상이나 보상을 위한 소송을 제기할 수 있음을 고지하는 것;

(m) 당사자들의 사생활 보호를 위해, 심리를 비공개로(in camera) 진행하는 것.

39. 이러한 절차에서 그와 같은 가정폭력이 발생하지 않았다는 주장에 대한 입증책임은 피고인에게 있다.

40. 판사는 명령을 발부한 지 24시간 내에, 모든 보호명령/금지명령의 사본이, 신고인과 명령에 의해 보호되는 이들이 거주하는 경찰관할지역에게 전달되도록 명해야 한다.

41. 경찰과 법원은 보호명령이 준수되는지 여부를 감시해야 한

다. 보호명령을 준수하지 않는 것은 범죄이다. 보호명령 불준수에 대해서는 법원 절차에 대한 모독죄 기소, 벌금형 및 구금형 부과가 이루어져야 한다.

42. 신고인이 당사자 일방에 대한 금지명령이나 보호명령을 법원에 신청하는 데 드는 비용을 지불할 만한 자력이 없다는 자술서(affidavit)를 제출하는 경우에는, 신고인의 비용지불 없이 상기 명령은 발해져야 한다.

43. 악의적(mala fide)이고 부당한 보호명령 신청이 있는 경우 법원은 신고인이 비용과 손해를 피고인에게 배상하도록 명할 수 있다.

V. 형사절차

44. 검사 또는 검찰총장은 가정폭력 범죄를 소추하는 관리들을 위한 성문의 절차를 개발, 채택, 시행해야 한다.

45. 가정폭력 관련 범죄의 소추를 기각하는 경우 법원은 구체적인 기각사유를 법원서류에 기재하여야 한다.

46. 가정폭력 관련 형사소송에서, 검사는 당해 행위가 가정폭력의 일종임을 기소장(information sheet)에서 주장해야 한다.

47. 피해자의 증언만으로도 충분히 기소가 가능해야 한다. 피해자의 신고가 보강증거 없는 증거(uncorroborated evidences)라는 이유만으로 신고가 배척되어서는 안 된다.

48. 가정폭력 범죄에 대한 유죄판결시, 판결은 사건의 결과에 대해 명시해야 한다.

49. 재판 기간 동안, 가정폭력으로 기소된 피고인은, 감시 없이는 신고인과 접촉해서는 안 된다.

50. 금지명령이나 보호명령의 발부는 후속 형사 절차에서 중요 사실로 채택될 수 있다.

51. 범죄의 성질에 따라, 그리고 피고인이 경한 가정폭력 행위로 처음 기소되어 유죄 인정(plead guilty)을 한 경우에는, 피해자의 동의가 있다면, 피고인에 대하여 보호명령과 함께, 선고유예(deferred sentence)와 상담명령이 부과될 수 있다.

52. 중한 가정폭력 범죄를 저지른 피고인에 대한 유죄판결시, 법원은 일정 기간의 구금형과 상담명령을 선고할 수 있다.

53. 누범(repeated offences), 중한 폭행(aggravated assault), 무기의 사용 등을 포함하고 있는 가정폭력 사건의 경우에는 높은 형의 선고가 권고된다.

54. 중한 폭행의 경우 형 선고 대신하는 상담명령은 권고되어서는 안 된다.

55. 명확한 양형지침이 수립되어야 한다.

Ⅵ. 민사절차

56. 이혼, 재판상 별거, 또는 배상을 위한 민사소송이 진행중인 때에도 보호명령이 발해질 수 있다.

57. 이러한 경우에 보호명령은 민사절차를 대신 해서가 아니라, 민사절차에 부가하여 발부될 수 있다.

58. 보호명령과 금지명령은, 이혼이나 재판상 별거를 위한 신청이 없더라도 별도로 발부될 수도 있다.

59. 금지명령이나 보호명령의 발부는 후속 민사절차에서 중요사실로서 채택될 수 있다.

VII. 서비스 관련 규정

A. 응급서비스

60. 국가는 이하를 포함하는 응급서비스를 제공해야 한다:
   (ⅰ) 72시간 내 위기 개입 서비스;
   (ⅱ) 서비스에 대한 항상적인 접근과 통론(intake);
   (ⅲ) 피해자의 집으로부터 의료 센터, 쉼터, 혹은 안전한 피난처로의 즉각적인 운행;
   (ⅳ) 즉각적인 의료적 보살핌;
   (ⅴ) 응급 법률 서비스와 소개;
   (ⅵ) 안전에 대한 원조와 확신을 주기 위한 위기 상담;
   (ⅶ) 가정폭력 피해자와 가족들과의 모든 연락을 비밀이 보장되는 방식으로 처리하는 것.

B. 비응급서비스

61. 국가는 이하를 포함하는 비응급서비스를 반드시 제공해야 한다:
   ⒜ 상담, 직업훈련 및 소개를 통하여, 가정폭력 피해자의 장기적인 사회복귀에 도움이 될 서비스의 제공;
   ⒝ 상담을 통해 가해자의 사회복귀에 도움이 될 서비스의 제공;
   ⒞ 복지 지원프로그램들과 별도로 운영되는 가정폭력 프로그램;
   ⒟ 공적·사적 서비스 및 프로그램 그리고 국가·지역 서비스 및 프로그램의 협력과 조정을 통한 서비스의 제공.

C. 경찰관 교육

62. 경찰 부서는 경찰관들이 이하의 사항을 숙지하도록 교육 및

훈련 프로그램을 수립·운영하여야 한다:

    (a) 가정폭력의 성질, 범위, 원인과 결과;

    (b) 가정폭력 피해자가 이용가능한 법적 권리와 구제 방법;

    (c) 피해자와 가해자가 이용할 수 있는 서비스와 시설;

    (d) 체포를 행하고, 보호와 조력을 제공하는 경찰관에게 부과된 법적 의무;

    (e) 경찰관의 부상 가능성을 최소화하고 피해자와 피부양인들의 안전을 증진할 수 있는 가정폭력 사건 처리기술.

63. 모든 경찰관 후보생(cadet)은 가정폭력 사건에 대응할 수 있도록 교육받아야 한다.

64. 보다 복잡한 사건의 처리를 위해 경찰관들에게 집중적이고 특화된 교육이 할 수 있는 특별한 경찰조직이 설치되어야 한다.

65. 경찰이 가정폭력 문제에 대하여 민감하게 대응할 수 있도록 교육자, 심리학자, 그리고 피해자가 세미나 프로그램에 참여해야 한다.

D. 사법관 교육

66. 가정폭력 사건 처리와 관련해, 계속적인 사법관 교육 프로그램의 시행을 위해 법규가 제정되어야 한다. 교육 내용에는 이하의 사항에 대한 지침이 포함되어야 한다:

    (ⅰ) 당사자 일방에 대한 금지명령의 발부;

    (ⅱ) 보호명령의 발부;

    (ⅲ) 피해자에게 알려야 할, 피해자가 이용할 수 있는 법적 구제에 관한 지침;

    (ⅳ) 양형지침.

67. 교육은 일정 시간의 기초 과정과 매년 이루어지는 일정 시간의 점검과정을 포함해야 한다.

68. 특별한 가정법원도 설립되어야 하며, 보다 복잡한 사건을 처

리할 수 있도록 집중적이고도 특별한 교육이 사법부에 대하여 제공
되어야 한다.

E. 상담원 교육

69. 국가는 경찰, 판사, 가정폭력 피해자와 가해자를 지원하기
위하여 훈련된 상담원을 제공해야 한다.

70. 형사사법체제의 대체물이 아니라 보충물로서, 가해자를 위한
상담 프로그램이 법적으로 강제되어야 한다.

71. 상담 프로그램은 이하의 목적을 위해 구성되어야 한다:

　　(ⅰ) 가해자가 자신의 폭력 행위에 대해 책임을 지고, 더 이상
　　　　의 폭력을 범하지 않겠다고 약속하도록 도울 목적;

　　(ⅱ) 가해자에게 폭력의 위법성을 교육할 목적.

72. 상담과 가해자 프로그램에 필요한 재원이 폭력 피해자를 위
해 할당된 재원으로부터 충당해서는 안 된다.

73. 법에 의해 폭력 피해자에게도 강제성을 띠지 않는 상담이 제
공되어야 한다. 폭력 피해자를 위한 상담은:

　⒜ 무료로 제공되어야 하며;

　⒝ 장래의 폭력 행위로부터 스스로를 보호하고 정상적인 삶을
　　 회복할 수 있는 단기 및 장기 전략에 대하여 피해자가 스스
　　 로 결정할 수 있도록 힘을 주고 도와야 한다.

제 4 장

매맞는 여성의 대(對)남성 반격행위에 대한 남성중심적 평가

제 4 장

매맞는 여성의 대(對)남성 반격행위에 대한 남성중심적 평가

"정당방위에 대한 전통적 이론은 남성의 경험에 기초해있다. 그 이론은 남성의 정당방위 행동과 상이한 합리적 여성에 의한 정당방위 행동에 대하여 숙고하지도, 또 인정하지도 않는다. … 남성의 경험은 정당방위의 성립요건과 합리적 판단기준 모두에 침투해 있다."

(Phyllis L. Crocker, 1985)

"배우자 사이의 정당방위도 일반적인 정당방위의 경우와 마찬가지로 특별하게 제한되지는 않는다. 밀접한 생활공동체에 속하는 배우자 정당방위의 경우에 침해하는 배우자는 타방배우자에게 〈이해심 깊은 배려에 따른 연대의무〉를 지켜 줄 것을 일방적으로 요구할 수는 없다. 따라서 침해를 받는 배우자에게 항상 〈위험감수의무〉나 〈회피의무〉를 요구할 수는 없다."

(최우찬, 1990)

제 1. 들어가는 말

남성의 아내 또는 동거여성에 대한 구타가 만연한 상황에서 학대당하는 여성이 남성에 대하여 반격행위를 하는 것은 필연적이다.

우리나라의 경우 1990년대 이후 장기간 상습적으로 학대당한 아내가
남편을 살해하는 사건이 매년 발생하고 있고,[1] 미국의 경우 매년 약
750명의 남성이 자신의 아내나 여자친구에 의해 살해되며, 이러한 살
인사건의 대부분에서 여성 피고인은 피살된 희생자 남성에 의해 구
타되었다는 조사가 있다.[2]

　가정폭력 피해 여성이 가정폭력 가해남성에 대하여 반격을 행하
는 상황은 통상 두 가지로 나누어질 수 있다. 즉, 남성에 의한 구타가
진행되는 동안 여성이 반격을 가하는 상황 — '대결상황'(confrontation
situations) — 과, 남성의 구타가 진행되고 있지는 않으나 새로운 공격
이 예상되는 상황에서 여성이 공격을 가하는 상황 — '비대결상황'
(non-confrontation situations) — 이다.[3]

　우리나라에서 장기간의 반복적 가정폭력 피해자인 여성이 가해
자 남성을 반격·살해하는 사건이 발생하였을 때, 여성단체는 피고인
의 정당방위를 주장하며 무죄를 주장하였으나, 법원은 그 행위의 배
경과 동기에 대해서는 동정을 표하면서도 행위 자체는 위법한 것이
라는 입장을 고수해 왔다. 법원은 (i) '대결상황'에서의 반격의 경우,
즉 남성의 구타가 진행중에 피고인 여성이 반격한 경우에 그 방위행
위가 '상당성'을 결하고 있다는 등의 이유로 정당방위의 성립을 부정
하며, (ii) '비대결상황'에서의 반격의 경우, 즉 피고인의 반격이 남성
으로부터 구타를 당하는 과정에 이루진 것이 아니라 남성의 구타가
종료한 후, 예컨대 남성이 수면 중에 이루어진 경우는 정당방위의 요
건인 침해의 '현재성' 또는 방위의 '상당성'이 충족되지 못한다는 이유

1) 한인섭, "가정폭력 피해자에 의한 가해자 살해: 그 정당화와 면책의 논리," 서울
　대학교 법학연구소, 『서울대학교 법학』, 제37권 제2호(1996), 265~266면.
2) Holly Maguigan, "Battered Women and Self-Defense: Myths and Misconcep-
　tions in Current Reform Proposals," 140 *U. Pa. L. Rev.* 379, 397 & n. 67
　(1991).
3) Ibid. at 382, 392~393.

로 피고인에게는 살인죄의 유죄를 인정해 왔다.

그리고 형법학계의 경우 '대결상황'에서의 여성의 반격행위에 대하여 이른바 독일의 "정당방위의 사회윤리적 제한" 이론을 무비판적으로 도입하여 위법성조각을 인정하는 데 인색함을 보여 왔고, '비대결상황'에서의 반격행위에 대해서는 '예방적 정당방위'는 불가하다는 입장을 강조하면서 그 외의 위법성 또는 책임조각의 논리를 발전시키는 데는 소홀하였다.

제4장에서는 먼저 '대결상황'에서 매맞는 여성의 반격행위를 제약하는 "정당방위의 사회윤리적 제한" 이론을 비판적으로 분석한다. 다음으로 '비대결상황'에서의 매맞는 여성의 반격행위가 정당화될 수 있는가에 대한 답을 찾기 위하여 '매맞는 여성 증후군'(Battered Woman Syndrome) 이론의 함의를 분석하고, 이어 '비대결상황'에서의 매맞는 여성의 반격행위의 정당화를 위해서 우리 형법의 위법성조각사유의 종류 중에서 어떠한 것을 활용하는 것이 타당한가를 검토하기로 한다.

제 2. '대결상황'에서 매맞는 여성의 정당방위의 제한 이론 비판

형법 제21조 제1항은 '정당방위'(self-defense, Notwehr)를 "자기 또는 타인의 법익에 대한 현재의 부당한 침해를 방위하기 위한 상당한 행위"라고 정의하고 있다. 형법은 타인의 위법한 침해에 대하여 개인이 자기 스스로를 방위하는 것은 정당한 것이고, 이러한 자기방위가 바로 법질서를 지키는 것임을 확인하고 있는 것이다. 이러한 정당방위는 위법성조각사유이므로, 정당방위에 의하여 행위한 자는 적법하게 행위한 것이 되어 범죄를 구성하지 않는다.

그런데 정당방위의 요건 중 침해의 '현재성' 요건과 방위의 '상당성' 요건이 매맞는 여성의 반격행위에 대한 평가와 관련하여 논란이 된다. '현재성' 요건은 제3절에서 논의하기로 하고, 제2절에는 매맞는 여성이 행한 방위행위가 사회상규에 비추어 상당한 정도를 넘었는가에 관한 문제를 검토하기로 한다.

Ⅰ. 문제상황

현재 판례가 정당방위의 '상당성'을 판단할 때 근거로 삼는 것은 "사회통념"이다. 즉, 대법원은 방위행위는 "행위에 이르게 된 경위, 목적, 수단, 의사 등 제반사정에 비추어 사회통념상 허용될 만한 정도의 상당성 있는 것"[4]이어야 한다라고 설시하고 있고, 정당방위의 성립은 "침해행위에 의하여 침해되는 법익의 종류, 정도, 침해의 방법, 침해행위의 완급과 또 방위행위에 의하여 침해될 법익의 종류·정도 등, 일체의 구체적 사정을 참작하여"[5] 결정하여야 한다라고 밝히고 있다. 이 정도의 내용만으로는 이 기준은 추상적이므로, '대결상황'에서 이루어진 매맞는 여성의 반격행위에 대한 판례의 입장을 먼저 살펴보면서 논의를 전개하기로 한다.

먼저 1994년의 대법원 판결을 보자.[6] 이 사건에서 피고인의 남편은 피고인을 자주 폭행하고 외도를 일삼던 자인데, 사건 당일 술에 취해 귀가하여 피고인의 옷을 벗기고 심하게 구타하다가 부엌에서 칼을 가지고 나와 피고인의 목에 들이대고 "너 죽이고 나도 죽겠다"고 하면서 칼을 피고인의 목과 자신의 목에 들이대는 행동을 수회 반복하였다. 이에 칼끝이 남편의 목쪽으로 향한 사이에 피고인이 남편

---

4) 대법원 1984. 6. 24. 선고 84도242 판결.
5) 대법원 1966. 3. 16. 선고 66도63 판결.
6) 대법원 1994. 3. 22. 선고 93도3336 판결.

의 손을 감싸쥐고 일어나는 바람에 칼이 남편의 목에 꽂혔고, 남편이
칼을 뽑았으나 넘어지면서 옆구리에 꼽혔다. 이에 피고인은 칼을 뽑
아 들었고 남편이 기어서 다가오자 남편의 목을 찔러 살해하였다. 대
법원은 "비록 피해자로부터 새로운 침해가 있을지도 모른다는 염려
가 피고인에게 남아 있었다 하더라도, 그 공격성의 정도에 비추어 이
를 자기의 생명, 신체를 방어하기 위한 행위로 평가하기 어렵다"라고
파악하여, 정당방위나 과잉방위의 적용 주장은 이유 없다고 판시하
였다.[7]

　　그리고 2001년의 대법원 판결을 보자.[8] 이 사건에서 피고인은
자신의 남편으로부터 폭행·협박·변태적 성행위를 강요당하였기에
별거를 하고 이혼소송중에 있었다. 그런데 남편이 피고인을 찾아와
이혼소송을 취하하고 재결합하자고 요구하였으나 피고인이 거절하고
밖으로 도망가려 하자, 남편은 도망가는 피고인을 붙잡고 방안으로
끌고 온 후 부엌에 있던 가위를 가지고 와서 피고인의 오른쪽 무릎
아래 부분을 긋고 피고인의 목을 겨누고 이혼하면 죽이겠다고 협박
하고는 강제로 옷을 벗기고 자신의 성기를 빨게 한 후, 침대에 누워
피고인에게 성교를 요구하였으나 피고인이 거절하자 폭행을 가하면
서 "내 말을 듣지 않으면 죽여버린다"라고 소리치면서 침대 위에서
상체를 일으키는 순간 남편의 계속되는 요구와 폭력에 격분한 피고
인은 상해의 고의를 가지고 침대 밑에 숨겨두었던 칼로 남편 복부를
찔러 사망에 이르게 하였다. 법원은 피고인의 행위가 "방위행위의 한
도를 넘어 선 것으로 **사회통념상** 용인될 수 없어 정당방위나 과잉방위
에 해당하지 않는다"(강조는 인용자)라고 판시하였다.

---

7) 이 사건의 원심판결(부산고등법원 제1형사부 1993. 11. 11. 선고 93노950 판결)
　은 피고인이 처음 남편의 목을 찌른 행위를 방어행위가 아니라 공격행위로 보고,
　그 이후의 피고인의 행위를 피고인이 자신이 도발한 침해에 대한 행위로 보았다.
　대법원은 이 점은 오류라고 파악하였으나, 결론은 타당하였다고 판시하였다.
8) 대법원 2001. 5. 15. 선고 2001도1089 판결.

다음으로 2012년 발생한 사건으로 1심 국민참여재판과 2심 항소심 판결의 결론이 달라진 예를 보자. 피고인의 남편은 알콜 중독자로 평소 술에 취하기만 하면 피고인에게 시비를 걸었는데, 사건 당일 피고인이 치매에 걸린 시어머니를 병원에 모시고 가려던 중 남편이 피고인의 머리카락이 일부 빠질 정도로 머리채를 잡아당기는 방식으로 폭행을 가하자, 이에 피고인은 화가 나서 남편의 움켜진 손을 뿌리치는 한편, 계속해서 덤벼들거나 덤벼들 것으로 예상되는 남편으로부터 벗어나 시어머니를 모시고 병원으로 가기 위하여 남편의 배를 1회 발로 걷어찼고, 남편은 거실 바닥에 머리를 부딪치게 되었다. 남편은 두통을 호소하다가 사건 다음 날 병원에서 가서 영양제 수액주사를 맞다가 침대 바닥에 떨어졌고, 이후 경막하혈종 등 상해를 입었다. 피고인은 폭행치상죄로 기소되었는데, 국민참여재판으로 진행된 제1심에서 배심원 다수는 '상당성'을 인정하여 정당방위를 인정하였고, 제1심 재판부도 이를 인정하였다. 제1심 재판부는 다음과 같이 설시하였다.

> 사회통념상 상당성 여부는 사회 일반의 건강하고 보편적인 인식과 상식에 입각한 판단의 대상이라 할 것인데, 이 사건 국민참여재판의 배심원 다수의 의견이 그 상당성을 인정하고 있다.[9]

그러나 항소심은 원심판결을 파기한다. 그 이유는 (i) 피고인이 피해자 남편을 발로 걷어차기 전에 피고인의 머리채를 잡은 남편의 손을 뿌리친 시점에서 이미 남편의 피고인에 대한 침해행위는 종료되었다, (ii) 침해행위가 종료된 상황에서 피해자의 복부를 발로 걷어찬 행위가 소극적 방어행위에 불과하다고 보기 어렵고, 피고인이 피해자를 미리 공격함으로써 침해행위의 발생을 차단하는 것이 사회통

---

9) 서울중앙지방법원 제29형사부 2013. 6. 25. 선고 2013고합281 판결.

념상 상당성이 있는 행위로서 허용된다고 볼 수도 없다.[10] 즉, '현재
성' 요건과 '상당성' 요건이 모두 충족되지 않는다는 것이다.

여기서 대법원이 가정폭력 피해자의 가해자에 대한 정당방위의
경우 '상당성' 요건을 매우 엄격하게 적용하고, 피고인 여성의 사정을
고려하기보다는 객관적인 제3자의 입장에서 피고인의 방위행위를 평
가하고자 함을 확인할 수 있다. 그러나 판결문에서 왜 피고인의 행위
의 공격성의 정도가 자기의 생명, 신체를 방어하기 위한 행위로 평가
하기 어려운지, 그리고 어떠한 측면에서 방위행위의 한도를 넘어 섰
기에 사회통념상 용인될 수 없는 것인지, 정당방위의 상당성을 인정
하기 어렵다면 왜 '과잉방위'(Notwehrexzeß, 형법 제21조 제2, 3항)에는 해
당되지 않는지 등에 대한 구체적 설명을 찾기는 힘들다. 보다 중요하
게는 대법원이 상정하는 "사회통념"이 어떠한 것인가가 확인되지 않
는다.

이하에서는 정당방위의 '상당성' 요건에 대한 이론적 논의를 비
판적으로 검토하면서 대법원이 근거하는 "사회통념"이 남성편향임을
밝히고자 한다.

II. 정당방위의 '상당성' 요건의 남성편향

1. "상당한 이유"

형법이론에서 정당방위의 '상당성'은 통상 방위의 "필요성"
(Erforderlichkeit)[11]을 의미하는 것으로 이해되고 있다. 그 내용을 상술

---

10) 서울고등법원 제10형사부 2015. 1. 29. 선고 2013노2350 판결. 이 판결은 대법원
   에서 확정된다(대법원 2015. 6. 11. 선고 2015도2759 판결).
11) 김일수·서보학, 『새로 쓴 형법총론』(제9판, 2001), 325-326면; 박상기, 『형법총
   론』(제5판, 2002), 173면; 배종대, 『형법총론』(제6판, 2001), 285면; 손동권, 『형
   법총칙론』(2001), 155면; 신동운, 『형법총론』(2001), 259면; 이재상, 『형법총론』
   (제4판 중판, 2002), 221면; 이정원, 『형법총론』(증보판, 1999), 176면; 정성근·
   박광민, 『형법총론』(2002), 231면. 단, 오영근과 임웅은 '필요성' 개념은 독일

하자면, 먼저 정당방위는 자신의 법익을 보호함과 동시에 법질서를
수호·유지하기 위한 것이므로 반드시 다른 피난방법이 없었을 것 ―
'보충성의 원리' ― 을 요하지 않는다. 따라서 불법한 공격 앞에서 도
망하거나 피해야 할 의무는 없으며, 방위행위를 최후수단이 아닌 최
초수단으로 사용할 수 있다.12)

　　다음으로 방위자는 침해를 회피하지 않고 방위행위를 함에 있어
서 여러 방위수단 중 침해자에게 상대적으로 최소한의 침해를 주는
수단을 택하여야 한다("상대적 최소방위의 원칙").13) 예컨대, 피고인이
피해자로부터 뺨을 맞고 손톱깎기 칼에 찔려 약 1센티미터의 상처를
입자 약 20센티미터의 과도로 피해자의 복부를 찌른 행위,14) 피해자
의 구타에 대하여 식칼로 대항하여 7군데를 찔러 사망케 하는 행
위,15) 맨손으로 공격하는 상대방에 대하여 깨어진 병으로 대항한 행
위16) 등은 "상당한 이유" 요건을 충족시키지 못한다.17)

　　형법에서 유래한 것으로 우리 형법해석에는 불필요하다고 보며 ― 이에 대한
　　비판은 박상기, 174면 참조 ―, 우리 형법상의 '상당성' 개념을 갖고서 설명을
　　전개한다[오영근, 『형법총론』(2002), 368면; 임웅, 『형법총론』(개정판, 2002),
　　218면]. 제4장에서 이상의 교과서를 인용할 때는 저자의 이름으로 인용문헌을
　　대신한다.

12) '필요성'과 관련하여 미국의 일부 주는 방위행위시 '치명적 강제력'(deadly force)
　　을 사용하기 전에 '퇴각의무'(duty to retreat)를 요구하고 있으나, 대다수의 주는
　　이를 요구하지 않고 있다. '퇴각의무'를 요구하는 주의 경우에도 반격자가 자신
　　의 가정에서 공격당하였을 경우에는 이 의무를 적용하지 않는다['주거의 예외'
　　(dwelling exception 또는 castle exception); Model Penal Code, §3.04 (2) (b)
　　(ii) (A) 참조]. 따라서 대부분 가정에서 일어나는 매맞는 여성에 의한 반격행위
　　의 상황에서는 '퇴각의무'는 문제되지 않는다.

13) 임웅, 218면.

14) 대법원 1968. 12. 24. 선고 68도1229 판결.

15) 대법원 1983. 9. 27. 선고 83도1906 판결.

16) 대법원 1991. 5. 28. 선고 91도80 판결.

17) 미국 정당방위의 법리에서도 비치명적인(nondeadly) 공격을 막기 위해 비치명적
　　인 반격을 할 수 있고, 치명적인 공격을 막기 위해 비치명적인 반격을 할 수 있
　　지만, 비치명적인 공격을 막기 위해 치명적인 반격을 행사하는 것은 허용되지 않
　　는다고 본다. 여기서 "치명적"의 의미는 타인의 생명이나 신체에 중대한 위해를

그러나 최소방위 여부에 대한 판단을 엄격한 방위행위에 의해 방위자가 보호하려는 이익과 공격자가 침해받는 이익 사이에 '균형성'을 요구하는 것은 아니다("약화된 비례성").18) 올리버 홈즈의 유명한 언명을 인용하자면, "쳐들고 있는 칼 앞에서 숙고가 요청될 수는 없"19)기 때문이다. 자신의 법익보호가 다급한 상황인 점을 고려할 때 "공격행위 자체를 유효하고 종국적으로 차단할 수 있는가 아닌가 하는 점이 주된 관심사"20)이지, 방위자에게 이익형량을 신중히 행한 후 행동할 것을 요구할 수 없는 것이다. 예컨대, 자신의 음부를 만지고 구타하면서 강제로 키스를 하려는 공격자의 혀를 깨물어 절단하는 것은 허용된다.21)

'상당성'에 대한 이러한 이해에 기초해 보았을 때, 제 2. Ⅰ.에서 소개한 대법원 판결의 사례는 정당방위의 '상당성'이 인정된다고 평가할 수 있다. 특히 2001년 대법원 판결의 사실관계를 보면, 피해자로부터 폭행, 흉기를 목에 들이대는 살해의 위협과 의사에 반하는 강제성교 등 현재의 불법한 침해가 존재하는바, 피고인이 자신의 생명과 신체의 안전, 그리고 성적 자기결정권을 보호하기 위한 행위는 필요한 것이다. 그리고 피고인이 피해자의 복부 외의 곳을 찔러서 자신을 방위할 수 있었다고 판단하여 피고인의 방위행위가 "상대적 최소방위의 원칙"을 충족하지 못한다고 말할 수도 있겠으나, 피고인이 처해 있던 구체적 상황을 고려하면 피고인의 피해자에게 중상해를 입히고자 한 것은 허용된다고 본다. 자신을 방위하려는 피고인의 상해행위가 사망이라는 중한 결과를 초래하였지만, 이러한 중한 결

야기한다는 의미이다[Joshua Dressler, *Understanding Criminal Law* 222(3rd ed. 2001); Wayne R. LaFave, *Criminal Law* 492-493(3rd ed. 2000)].
18) 배종대, 283면.
19) Brown v. United States, 256 U.S. 335, 343(1921).
20) 신동운, 259면.
21) 대법원 1989. 8. 8. 선고 89도358 판결.

과발생을 이유로 방위행위 자체의 상당성을 부정할 수는 없을 것이다.

그리고 2012년 발생 사건에서 머리카락이 빠질 정도로 머리채를 잡아당기는 남편의 배를 1회 발로 차는 것인 "사회통념상 상당성"이 없다는 항소심의 판단도 참으로 납득하기 어렵다. 제1심 재판부의 지적처럼, "사회통념상 상당성" 판단에 대한 우월적 지위는 직업법관이 아니라 배심원이 갖는 것이 타당하며, 이를 부정하는 항소심 재판부의 견해에서는 전문가의 오만이 엿보인다(이와 별도로 머리채를 잡은 남편의 손을 뿌리친 행위와 남편을 발로 찬 행위는 하나의 연결동작으로 순식간에 일어났음에도, 남편의 손을 피고인이 뿌리친 시점에 남편의 공격은 종료되었다는 판단은 매우 작위적이다).

요컨대, 이상의 사건에서 피고인의 방위행위에 대한 평가에서는 1989년 '혀절단 사건'의 접근방식이 채택되어야 했다고 본다.

그리고 설사 십보 양보하여 방위행위의 '상당성'이 부정되어 정당방위가 인정되지 않는다 하더라도, 피고인의 행위는 형법 제21조 제3항 '과잉방위'의 요건, 즉 "야간 기타 불안스러운 상태 하에서 공포, 경악, 흥분 또는 당황으로 인하여 때"에 해당하므로 벌하지 아니하거나 — 필요적 면제사유 —, 동조 제2항의 요건, 즉 "방위행위가 그 정도를 초과한 때는 정황에 의하여 그 형을 감경 또는 면제할 수 있는 요건" — 임의적 감면사유 — 이 충족되므로 형을 감경 또는 면제했어야 했다고 본다.[22] 그리고 이 사례는 제3. Ⅲ. 2.에서 논할 폭력행위등처벌에관한법률 제8조 제1항이 허용하는 "예방적 정당방위"가 적용되어 방위행위의 '상당성' 판단을 하지 않고 정당화될 여지도 있을 것이다.

1994년 대법원 판결의 사례의 경우는 피고인이 피해자에게 첫

---

22) 과잉방위에서의 피고인의 책임조각·감경을 위해서 제3. Ⅱ.에서 후술할 '매맞는 여성 증후군' 이론이 활용될 수 있을 것이다.

번 째로 칼을 꽂은 행위는 상당성이 인정되는 정당방위일 것이나, 이
후 목과 옆구리에 이미 칼이 찔려서 상해를 입은 채로 다가오는 피해
자에 대하여 다시 칼로 목을 찌른 것은 '상당성'을 초과한 과잉방위로
평가할 수 있을 것이다.

2. "정당방위의 사회윤리적 제한" 이론 비판 — 일방적으로 자제해야 할 여성의 정당방위권?

그런데 현재 학계에서는 "상당한 이유"의 한 요건으로[23] 또는
이와 다른 별도 정당방위 성립요건으로[24] "정당방위의 사회윤리적
제한"(sozialethische Einschränkung der Notwehr) 또는 "요구성"(Geboten-
heit 또는 Gebotensein)이 논의되고 있다.

정당방위는 부정(Unrecht)에 대한 정(Recht)의 반격이므로 엄격한
이익형량 없이도 필요한 한도 내에서 허용되는 것인데, 이를 무제한
으로 허용하게 되면 오히려 부정의가 초래될 수 있으므로 제한이 필
요하다는 것이다. 구체적으로는 유아, 정신병자, 명정자(酩酊者) 등 책
임무능력자의 공격에 대한 정당방위, 극히 경미한 법익침해에 대한
정당방위, 부부·친족 등 긴밀한 인적 관계에 있는 자의 침해에 대한
정당방위 등은 허용되지 않는다는 것이다. 특히 부부 상호간에 정당
방위권을 제한하는 논거는 다음과 같이 요약된다.

긴밀한 인적 관계에 있는 자의 침해에 대하여는 이익형량을 고려
하여 자기보호를 위한 필요범위 내에서의 방위행위만이 허용될 것
이다. 가족간에는 사소한 침해에 대해서는 서로 수인할 의무도 있
고, 회피수단을 통하여 자신의 이익을 보호할 수 있다면 먼저 회피
수단을 택하여야 할 것이며, 부득이 방위하는 경우에도 가급적 보호

---

23) 박상기, 178면; 배종대, 286-290면; 손동권, 178면; 신동운, 259면; 오영근, 371
면; 이정원, 178면; 임웅, 220-221면; 정성근·박광민, 232면.
24) 김일수·서보학, 327면; 이재상, 222면.

방위로 그쳐야 한다.

특히 생명을 잃게 하는 방위행위는 엄격한 보충성의 원칙과 이익 균형의 원칙하에 허용되고, 자신의 신체적 이익을 보호하기 위하여 가족에게 치명상을 입히는 행위는 상당성을 벗어난 것으로 평가된다.[25]

이렇게 부부간에는 정당방위의 '상당성' 요건이 매우 엄격하게 적용되어야 한다는 이론은, 바로 가정폭력으로 고통받는 여성의 반격행위가 정당화되지 못하게 하는 중대한 이론적 장애물로 작용하게 된다.

먼저 "정당방위의 사회윤리적 제한"을 '상당성'과 구별되는 정당 방위의 별도의 성립요건으로 파악하는 입장은 문제가 있음을 짚고 넘어가자. 우리 형법 제21조가 포괄적으로 "상당한 이유"라고 규정하고 있는 데 반하여,[26] 독일 형법은 "필요성"(제32조 제2항)과 "요구성"(동조 제1항)을 규정하고 있다. 그리하여 독일에서는 일단 성립한 정당방위를 정당방위의 이념에 비추어 사후적으로 수정하는 장치로서 사회윤리적 제한이라는 틀을 이용하고 있다. 그러나 우리의 경우는 사회윤리적 제한의 문제를 정당방위의 명문의 성립요건인 "상당한 이유" 안에서 규범적인 관점에서 판단해야 하면 족하지, 사회윤리적 제한이라는 "옥상옥"[27]을 정당방위의 독립적 제한원리로 만들 필요는 없다.

그리고 배종대 교수의 지적처럼, 우리나라에서는 정당방위가 실무에서 매우 인색하게 인정되는 있는데, 여기에다가 "사회윤리적 제한이라는 추가적 제한을 인정하면 정당방위는 거의 작동불능에 빠지

---

25) 임웅, 223면.
26) 우리 형법상 상당성 요건의 입법취지에 대해서는 김태명, "정당방위의 상당성 요건에 대한 해석론," 한국형사법학회, 『형사법연구』 제14호(2000), 146–149면 참조.
27) 오영근, 373면.

게 될 것"이다.28) 우리나라에서는 전통적 사회윤리, 국가주의 사상의
영향으로 "과도한 정당방위가 아니라 정당방위에 대한 과도한 또는
부당한 제한이 문제되어 왔음"을 고려할 때, 과도한 정당방위를 제한
하려고 고안된 "정당방위의 사회윤리적 제한" 이론을 그대로 도입하
는 것은 문제가 있다 할 것이다.29) 특히 사회윤리적 제한을 '상당성'
과 구별되는 또 하나의 요건으로 보는 견해에 따르면 사회윤리적 제
한을 넘어서는 정당방위는 '과잉방위'도 되지 못한다는 결론이 되므
로 더욱 문제가 크다.30)

　　다음으로 "정당방위의 사회윤리적 제한" 이론의 문제점을 본격
적으로 검토하기로 하자. 부부는 "서로 부양하고 협조하여야"(민법 제
826조 제1항) 할 의무를 지는바, 일정한 조건하에서 부부간의 정당방위
권을 제한할 필요가 있으며, 정당방위권의 남용은 정당화되지 못한다
는 점은 일반론으로 수용할 수 있다. 정상적인 혼인관계에 유지되고
있는 상태에서 남편의 가벼운 폭행에 대하여 아내가 남편의 생명을
빼앗는 치명적 반격을 가하는 것은 상당하다고 평가받지는 못할 것
이다.

　　그러나 이러한 일반론이 혼인관계가 파탄되었거나 또는 남편이
아내에게 가혹한 폭력을 행하는 상황에서 벌어진 남성의 공격에 대
해서도 여성은 인내하거나 회피해야 하며 남편에 대한 치명적 반격
은 허용되지 않는다는 결론으로 이어져서는 안 된다. 이러한 맥락에
서 저자는 최우찬·김태명 두 교수의 다음과 같은 견해에 동의한다.

---

28) 배종대, 287면.
29) 김태명(각주 26), 158면. 이러한 맥락에서 김태명은 "정당방위권의 적절한 확장
　　이 요구되고 있다"고 주장하고 있으며(Ibid. 159면), 김성천·김형준도 정당방위
　　의 상당성 인정에 인색한 대법원의 입장을 비판하며 "우리나라에서는 오히려 정
　　당방위권을 더 확실하게 보장해 주자는 논의가 필요하다"(김성천·김형준, 『형법
　　총론』(1998), 271-271면)라고 말하고 있는바 저자는 이에 동의한다.
30) 오영근, 371면.

배우자 사이의 정당방위도 일반적인 정당방위의 경우와 마찬가지로 특별하게 제한되지는 않는다. 밀접한 생활공동체에 속하는 배우자 정당방위의 경우에 침해하는 배우자는 타방 배우자에게 〈이해심 깊은 배려에 따른 연대의무〉를 지켜 줄 것을 일방적으로 요구할 수는 없다. 따라서 침해를 받는 배우자에게 항상 〈위험감수의무〉나 〈회피의무〉를 요구할 수는 없다.31)

정당방위를 제한하는 결과 피공격자는 위법한 침해를 회피 또는 수인해야 한다는 부정적인 측면도 무시할 수 없다. 예컨대 부부간에 있어서 정당방위를 제한하는 경우 침해를 받는 배우자보다 침해를 하는 배우자에게 더 유리한 결과가 초래될 수 있다. 특히 가족보호의무를 가지고 있는 국가가 가정폭력을 방치하고 나아가서는 가장의 폭력에 대항한 가족구성원의 자기보호행위에 대하여 정당방위를 부정하는 것은 아내나 자녀와 같이 상대적으로 열악한 지위에 있는 가족구성원의 희생을 강요하는 결과가 된다.32)

요컨대, 남성이 부부상호간의 '연대의무'나 '보증인의무'를 위반하고 여성을 학대하는 데도 여성은 반격을 자제해야 한다는 논리는 현대 민주주의 사회의 부부관계에서 용인될 수 없음은 물론이고, 헌법상의 평등의 원칙(헌법 제11조 제1항)에 위배된다. 그리고 헌법 제36조 제1항은 "혼인과 가족생활은 개인의 존엄과 양성의 평등을 기초로 성립되고 유지되어야 한다"고 선언하고 있음을 명심할 필요가 있다. 따라서 부부간이라 하더라도 공격자가 생명과 신체에 대하여 중대한 위협을 가하는 경우 정당방위권은 공격자에 대하여 제한 없이 행사될 수 있으며, 이에 못미치는 정도의 법익 침해라 하더라도 반복적으로 이루어지는 법익침해에 대해서는 반격행위가 가능하다고 보아야 한다.33) 이 경우 부부

31) 최우찬, "배우자 정당방위," 『익헌 박정근 박사 화갑기념논문집: 현대의 형사법학』(1990), 20면.
32) 김태명(각주 26), 158-159면.
33) 김일수·서보학, 331-332면; 박상기, 180면; 손동권, 160면.

중 피공격자가 공격자를 배려해 주어야 할 의무는 바로 해지되기 때문이다.

한편 현재 우리 교과서들은 부부간의 정당방위를 제한할 필요가 있다는 설명을 하면서, 종종 1969년 독일연방대법원(BGH) 판결 — 일명 '우산꼭지 살인 사건' — 을 예로 들고 있다. 즉, 술 취한 남편의 폭행을 막기 위해 아내가 우산으로 남편을 찔러 죽인 것은 정당방위로 허용되지 않는다는 판결이다.[34] 이와 유사한 독일 판결로 1975년의 연방대법원 판결이 있다.[35] 이 사건에서도 술 취한 남편이 아내를 구타하자 참고 매를 맞던 아내가 손을 등뒤로 더듬어 재떨이를 집어 반격을 하려 하였는데 막상 손에 잡힌 것은 칼이었던바, 남편이 다시 공격을 가해오자 아내는 그 칼로 남편을 찔러 살해한 사건이다. 이에 대하여 법원은 부부간의 정당방위 제한이론을 근거로 정당방위의 성립을 부정하였다.[36]

그러나 이상의 판결과 정반대의 입장을 보이는 판결도 있음에 유념해야 한다. 예컨대 1985년 독일 연방대법원 판결이 그 예이다.[37] 이 사건에서 외도, 마약 및 알콜 중독상태로 가정을 소홀히 한 남편은 사건 발생일, 임신중이었던 아내로부터 돈을 빼앗아 나간 후 술과 마약에 취해 와서는 다시 아내가 출산비용으로 준비해 둔 돈을 빼앗아 나가려고 하였는데, 이 때 아내는 열쇠를 감추고 남편이 나가는 것을 방해하였다. 이에 남편은 아내를 구타하고 가구에 아내의 머리를 부딪치게 하였다. 아내가 부엌칼을 가지고 남편에게 또 때리면 칼로 찌르겠다고 말하였으나 남편은 이를 무시하고 또 아내를 구타하

---

34) BGH NJW 1969, S. 802.

35) BGH NJW 1975, S. 62.

36) "부부는 서로 특별한 인적 관계를 맺고 밀접한 생활공동체를 형성하며, 배우자는 상대 배우자에 대하여 배려의무를 지므로, 방위행위의 필요성은 더 엄격히 적용되어야 한다"(Ibid.).

37) BGH JR 1985, S. 115.

였고, 아내는 칼로 남편의 가슴을 찔러 사망하게 만들었다.

이 사건에서 법원은 아내에 대한 원심의 유죄판결을 파기하면서, 피고인이 남편에게 덜 피해를 주는 수단을 택했다면 침해를 막을 수 있었을지 의심스럽고, 계속적으로 구타하는 남편에 대하여 아내가 배려할 것을 요구할 수 없음을 분명히 하였다.38)

'대결상황'에서 매맞는 아내의 남편에 대한 정당방위를 인정한 미국의 판결도 많이 있는데, 그 중에 대표적인 것만 보기로 하자. 1985년 미국의 'State v. Hundley 판결'39)에서 피고인은 10년의 결혼생활 동안 남편으로부터 이빨, 코, 갈비뼈가 부러지는 등의 가혹한 학대를 당한 결과 더 이상 참을 수 없는 상태가 되어 집을 나와 모텔로 거처를 옮겼다. 그럼에도 남편이 계속 모텔로 전화를 걸어 죽이겠다고 협박을 하자 피고인은 총을 구입해 두고 있었다.

사건 당일 남편은 피고인이 머무르던 모텔방로 찾아와 문을 부수고 침입하여 그녀를 구타·강간한 후에 맥주병으로 휘두르며 피고인에게 담배심부름을 시켰다. 이 때 피고인은 총을 꺼내 방을 떠날 것을 요청하였으나, 남편은 욕설을 퍼부으며 맥주병을 집으려 하였고 피고인은 눈을 감고 총을 쏘아 남편을 사망케 하였다.40) 캔사스주 대법원은 원심이 피고인의 학대의 경험을 제대로 고려하지 않은 채 피고인의 방위행위의 합리성을 평가하였다고 설시하면서,41) 원심의 피고인의 '과실치사'(involuntary manslaughter)에 대한 유죄평결을 파기하였다.

1997년의 'Smith v. State 판결'42)도 중요하다. 이 사건에서 피고

---

38) Ibid. 단, 이 판결에서 법원은 부부간의 정당방위 제한에 대해서는 구체적 논리를 펴지 않았다.
39) 693 P. 2d 475(Kan. 1985).
40) Ibid. at 475-476.
41) Ibid. at 480.
42) 486 S.E.2d 819(Ga. 1997).

인은 18개월의 결혼생활 동안 남편으로부터 지속적으로 학대를 받았다. 남편은 총을 피고인의 머리에 대고 죽이겠다고 협박하기도 하였고, 목을 졸라 의식을 잃게 만든 경우도 있었다. 피고인은 경찰에 신고도 하였고 가출도 하였으나 그때마다 남편이 반성한다고 하여 집으로 돌아왔다. 사건 당일 남편은 아내가 친구와 함께 외출하였다는데 화가 나서 피고인이 집으로 돌아오자 구타를 하고는, 금속깡통을 쳐들고 피고인을 위협하였다. 이에 피고인을 갖고 있던 총으로 남편을 사살하였다.[43)]

죠지아주 대법원은 원심이 배심에게 '매맞는 여성 증후군'[44)]에 대해 구체적으로 설명하지 않은 점은 잘못이라고 판시하면서, 원심의 피고인에 대한 '고살'(故殺, voluntary manslaughter)에 대한 유죄평결을 파기하였다.

요컨대, 부부간에는 정당방위가 제한된다는 일반론은 정상적인 부부관계에 유지되는 것을 전제로만 타당하며, 가정폭력의 피해여성의 반격행위를 제한하는 논변으로 사용되어서는 안 된다. 부부간의 보호와 배려의무는 상호적·조건적인 것이지, 여성에게만 일방적으로 요구되는 무조건적인 의무일 수는 없다.

남편이 이러한 의무를 깨뜨리고 아내의 생명·신체 등의 법익을 중대하게 침해하는 경우 남편은 이제 '타인'이며, 아내는 도망하거나 피해야 할 의무가 없으며, 남편의 불법한 공격을 유효하게 저지시키기 위해서 필요하다면 치명적 방어수단도 사용할 수 있다 할 것이다.

이상의 논지를 도해화하면 아래와 같다.

---

43) Ibid. at 820-822.
44) 이에 대해서는 제3. Ⅱ.에서 후술한다.

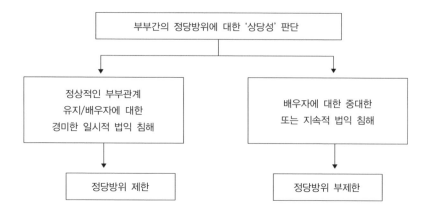

제 3. '비대결상황'에서 매맞는 여성의 반격행위에 대한 평가

I. 문제상황

매맞는 여성의 반격행위는 '대결상황'에서만 발생하지는 않는다. 현실적으로는 여성의 경우 남성에 비하여 육체적 크기나 힘 등에서 열세에 있기에 구타와 학대를 당할 때 반격하지 못하다가, '비대결상황'에서, 예컨대 남성이 구타를 끝내고 잠들었거나 쉬고 있을 때 반격을 하는 경우에 많다. 왜냐하면 여성이 남성의 현실적 공격이 진행될 때 반격하다가는 되려 보다 극심한 구타와 학대를 당할 수 있으며, 따라서 여성의 입장에서는 남성이 공격을 멈춘 순간만이 유일하게 반격할 수 있는 순간일 것이기 때문이다.

실제 우리나라에서 장기간의 가혹한 학대에 시달리던 아내가 사건 당일 날 또 구타를 당한 후에 잠자는 남편을 목 졸라 살해하는 사건이 여러 건 발생한 바 있다.[45]

---

45) 한인섭(각주 1), 265-266면의 [표 1]에 요약되어 있는 1995년의 김명희, 최현옥

2000년대 이후 사회적 주목을 끈 사건을 보면, 2005년 대전의 40대 가정주부인 피고인은 남편으로부터 10년 동안 지속적으로 가정폭력을 당해오다가, 사건 당일 남편이 술에 취해 친정 식구를 욕하고 폭력을 휘두르는데 격분하여 남편이 잠든 사이에 둔기로 남편을 때려 숨지게 하였다.[46] 2005년 창원의 30대 가정주부인 피고인은 남편으로부터 10년 동안 가정폭력을 당했는데, 사건 당일 남편이 술에 취하여 각목으로 머리와 목을 때리고 강제로 성행위를 한 뒤 잠들자 장롱 안에 있는 넥타이로 목을 졸라 살해하였다.[47]

이러한 '비대결상황'에서의 매맞는 여성의 남편살해행위는 위법성조각과 관련하여 '대결상황'에서의 반격행위보다 훨씬 어려운 문제를 던진다.

먼저 남성이 여성을 장기간 반복적으로 구타·학대해 왔음은 사실이나 여성이 남성을 살해할 그 시점에는 남성이 여성을 공격하고 있지 않고 잠을 자고 있었으므로, 전통적인 법리에 따르면 정당방위의 요건인 '침해의 현재성' 요건이 충족되지 않는다. 그리고 여성이 남성을 살해하는 시점에 남성이 공격을 정지하고 있으므로 자신의 생명·신체에 대한 위협이 임박했다는 여성의 믿음은 주관적인 것에 불과하며 객관적으로는 비합리적으로 평가될 것이다. 또한 여성이 위협을 느꼈더라도 그냥 남성과 헤어지면 족하지 남성을 굳이 죽일 필

씨의 남편 살해사건을 보라. 이 사건에 대한 판결번호를 확인할 수 없어 재인용에 그친다.

46) 대전지법 형사4부(재판장 박관근 부장판사)는 18일 가정폭력을 휘두른 남편을 둔기로 살해한 혐의로 기소된 가정주부 A(48)씨에 대한 선고공판에서 징역 3년에 집행유예 5년, 보호관찰 5년을 선고했다(https://www.lawtimes.co.kr/Legal-News/Legal-News-View?serial=22564&kind=AA04&page=2 : 2018. 8. 1. 최종방문).

47) 창원지법 형사3부(재판장 문형배 부장판사)는 피고인에게 징역3년에 집행유예 5년과 함께 중병환자 개호를 포함한 240시간의 사회봉사명령 선고했다(https://www.lawtimes.co.kr/Legal-News/Legal-News-View?serial=19921: 2018. 8. 1. 최종방문).

요는 없는 것이기에, 여성의 남성살해행위 역시 비합리적이며 "상당한 이유"가 없는 행위로 평가될 것이다.

가혹한 가정폭력의 희생자인 피해자가 가해자가 공격을 멈추고 있을 때 가해자를 살해한 행위에 대하여, 피고인 여성의 처지는 충분히 이해가지만 형법 제21조의 정당방위의 요건이 충족되지 못하므로 피고인의 행위는 위법성이 조각되지 않는다라고 말하면 형법해석학의 임무는 끝나는 것일까?

이하에서는 이 질문에 대한 답을 구하기 위하여 먼저 미국에서 확립되어 영미권 형법이론에서 활발히 활용되고 있는 '매맞는 여성증후군'의 내용과 그 함의, 그리고 이에 영향을 받은 영미 정당방위 법리의 수정을 살펴보고, 이어 '비대결상황'에서 매맞는 여성의 반격행위는 우리 형법상 어떻게 평가되어야 하는가를 분석하기로 한다.

II. '매맞는 여성 증후군' 이론과 영미권 정당방위 이론의 변화

1. '매맞는 여성 증후군' 이론의 함의

제3장에서 살펴보았던 남성의 여성에 대한 가정폭력은 미국 사회에서도 예외가 아니다. 콘스탄스 빈의 연구에 따르면 미국에서 여성이 자신의 집에서 구타당하는 사건은 매 15초마다 발생하고 있으며, 1988년에 1075명의 여성이 자신의 배우자에 의하여 살해되었다는 조사연구가 있다.[48] 그리고 매년 1백 8십만에서 6백만 사이의 여성이 자신의 남편이나 남성동거자로부터 학대받고 있으며,[49] 가정폭력으로 입은 여성의 상해는 여성이 가정 외의 타인에 의한 공격으로

---

48) Constance A. Bean, *Women Murdered by the Men They Loved* 38(1992).

49) Nicole M. Montalto, Note, "Mandatory Arrest: The District of Columbia's Prevention of Domestic Violence Amendment Act of 1990," 8 *J. Contemp. Health L. & Pol'y* 337, 337(1992).

부터 입은 상해보다 훨씬 더 심각한 상태라는 통계조사가 있다.50)

　이러한 상황 속에서 1970년대 말, 매맞는 여성의 치료와 보호를 위해 평생을 바친 저명한 미국의 심리학자 러노르 워커가 '매맞는 여성 증후군'(Battered Woman Syndrome; 이하 'BWS'로 약칭) 이론을 정식화하여 제출한다.51) 그렇다면 BWS 이론의 내용은 무엇이고, 매맞는 여성의 반격행위와 관련하여 이 이론이 갖는 실천적 함의는 무엇인가?

　먼저 워커는 매맞는 여성의 사례분석을 통하여 여성구타·학대가 이하의 세 국면의 순환·반복으로 진행됨을 발견하였다.

　그 첫째는 "긴장수립"(tension-building phase) 국면이다. 이 국면에서 남성이 사소한 구타나 언어폭력을 행사하면서 여성과 남성 사이에 긴장이 조성된다.52)

　둘째는 "격심한 구타"(acute battering incident) 국면으로, 남편은 육체적·정신적으로 자신의 아내 또는 여자친구를 학대한다. 이 국면에서 여성은 잔인한 폭력으로 심각한 상해를 입게 되는데, 대부분의 여성은 남성의 폭력이 통제불가능함을 인식하고 또한 그를 설득하려는 어떠한 시도도 소용 없다고 믿게 된다.53)

　셋째는 "조용하고 애정이 있는 휴지"(calm loving respite)국면으로, 남편 또는 남자친구는 다시는 여성을 때리지 않겠다고 단호하게 약속하고, 여성은 이를 믿는다. 이 세 번째 국면은 매맞는 여성의 남편 또는 남자친구가 향후 개선될 수 있다는 믿음을 강화하며, 이 여성이

---

50) Matthew Litsky, Note, "Explaining the Legal System's Inadequate Response to the Abuse of Women: A Lack of Coordination," 8 *J. Hum. Rts.* 149, 149 (1990).
51) 최근에는 이 이론의 대상은 매맞는 여성만이 아니라 매맞는 아동에까지 확장됨에 따라 이 모두를 포괄하여 '매맞는 사람 증후군'(Battered Person Syndrome)이라고도 일컬어지고 있다. '매맞는 아동 증후군' 이론을 수용한 대표적 미국 판결로는 State v. Janes, 850 P. 2d 495(Wash. 1993); State v. Nemeth, 694 N.E. 2d 1332(Ohio 1998)를 보라.
52) Lenore E. Walker, *The Battered Woman* 56(1979).
53) Ibid. at 59-62.

구타하는 남성과의 관계에 감성적으로 묶어주게 만든다. 그리고 이러
한 순환은 반복되며, 폭행과 학대는 점점 더 빈번해지고 악화된다.[54]

　　이러한 삼 단계 순환에 대한 워커의 해명은 여성이 어떻게 가정
폭력의 희생물이 되어 가는가는 잘 보여준다. 그리고 이 이론은 "격
심한 구타" 국면이 전개되기 전인 "긴장수립" 국면에 처해 있는 여성
의 경우, 당장은 구타가 전개되고 있지 않으나 자신의 생명과 신체를
위협하는 제2단계 국면이 곧 개시될 것을 인식하고 두려움에 싸일 수
있다는 것, 매맞는 여성의 경우 타인이 보기에는 사소한 남성의 언동
에서 남성의 폭력이 임박하였음을 감지한다는 것을 밝혀 주었다.

　　미국법상 정당방위의 요건과 관련하여 말하자면,[55] 불법하고 임박
한(unlawful and imminent) 법익침해가 곧 있을 것이고 자신을 방어할 필요성
이 있다는 피고인의 주관적 믿음을 해명해 주고, 또한 그 믿음이 객관적으로
도 합리적인 것임을 보여준다['합리적 믿음'(reasonable belief)의 요건]. 또한
가정폭력의 가해자가 세 번째 국면에서 보이는 태도는 매맞는 여성
으로 하여금 자신의 남성 파트너가 개선될 것이라고 믿게 만들고 그
녀를 가해자 남성에서 묶어 두는 효과를 가져오는바, 이는 왜 매맞는
여성이 자신을 구타하는 남성과의 관계를 간단히 끊어버리지 않는지
를 설명해 준다.[56]

　　워커는 이러한 순환의 결과 피해자는 이른바 "학습된 무기력"
(learned helplessness)으로 고통받게 된다고 파악한다.[57] "학습된 무기
력" 이론은 원래 마틴 세길만에 의해 확립된 것으로, 개에게 일련의
전기충격을 계속 가하자 개는 고통을 피하려고 여러 번 시도하였으
나 결국은 실패하자 나중에는 고통을 피하려는 시도조차 중지하였다

---

54) Ibid. at 65-66.
55) 미국법상 정당방위의 성립요건에 대해서는 Dressler, supra note 17, at 221-223; LaFave, supra note 17, at 491-501 참조.
56) Walker, supra note 52, at 55.
57) Ibid. at 47-49.

제 3. '비대결상황'에서 매맞는 여성의 반격행위에 대한 평가 **235**

는 실험관찰에서 만들어진 것이었다.58) 워커는 이 "학습된 무기력" 현상이 장기간의 반복된 가정폭력을 당한 여성에게도 나타난다고 파악하였다.

즉, 매맞는 여성은 자신이 어떠한 행동을 취하는가와 관계없이 가해자의 무차별적인 그리고 예측불가능한 폭력에 직면해야 하므로 자신의 안전에 대하여 도무지 예측할 수 없게 되는바, 이에 따라 "학습된 무기력"이 만들어지며,59) 매맞는 여성의 경우 자신을 구타하는 남성의 전능함 또는 힘을 믿게 되어 그들에게 대항하는 어떠한 시도도 희망이 없다고 느끼게 된다는 것이다.60) 이상의 점 역시 왜 많은 매맞는 여성이 자신이 처해 있는 상황을 떠나려고 시도하지 않고서 바로 반격행위로 나아가게 되는가를 설명해 준다.

워커는 이상의 점 외에도 매맞는 여성을 둘러싼 문화적 조건, 혼인관련 법률, 구타 남성을 떠나 독립하여 살 수 있는 재정적 여력의 결여, 육체적 힘의 열등함 등 때문에 여성은 자신이 자신의 삶에 대한 통제력을 갖고 있지 못하다고 생각하게 되고, 여성은 남성의 구타와 학대를 감내하게 된다고 보았다.61)

이상과 같은 BWS 이론은 매맞는 여성에 불리한 영향을 주는 여러 잘못된 관념을 없앨 수 있다. 예를 들어, 매맞는 여성은 매를 즐기는 사람(masochist)이다, 여성이 구타남성과의 관계를 종결하지 않을 것을 보면 그 남성의 폭력은 여성이 주장하는 것처럼 심각하지 않을 수 있다, 매맞는 여성도 자신의 남편을 도발한 책임이 있으니 매맞을 만하다 등등의 관념이 잘못된 것임을 보여준다.

---

58) Martin E.P. Segilman, "Alleviation of Learned Helplessness in the Dog," 256 *J. Abnormal Psycol.* 265(1965); Martin E. P. Segilman, *Helplessness: On Depression, Development and Death*(1975).

59) Walker, supra note 52, at 47-49.

60) Ibid. at 75.

61) Ibid. at 52.

그리고 BWS 이론은 장기간의 반복적인 가정폭력을 당하는 피해자가 어떠한 상태에 놓이게 되는지를 보여준다. 특히 가정폭력 피해자가 왜 쉽게 가해자 남성을 떠나지 못하는지, '비대결상황'에서도 그녀는 왜 남성의 공격이 임박하였다고 믿고 두려움에 떨게 되는지, 그리고 그녀는 왜 남성과의 관계를 쉽게 종결하지 못하고 있다가 살인이라는 극단적인 방법을 취하게 되는지 등등의 의문에 대한 설득력 있는 답을 제시하고 있다.

BWS 이론이 여성은 "합리적 자기통제 능력이 없다는 불쾌한 인식"을 강화하여, 형법이론 속에서 "여성에 대한 부정적인 정형(stereotype)을 제도화"하고 있다는 날카로운 비판이 여성주의 일각에서 제기되고 있지만,62) BWS는 미국 여성주의 운동 및 형법이론·실무계에서는 ─ 수용의 방식과 정도에는 차이가 있지만 ─ 확립된 이론으로 받아들여지고 있다. 1984년 'State v. Kelly 판결'63) 이 BWS를 공식적으로 수용한 이후 BWS는 현재 대다수의 미국 주의 형사재판에서 감정인(expert witness)의 감정의견으로 제시되어, 남성에 의한 불법한 공격이 임박하였고 반격행위가 필요하다는 여성 피고인의 믿음이 합리적이었는가에 대하여 배심이 평가하는 데 도움이 되도록 적극 사용되고 있으며, 피고인의 BWS에 대한 감정의견 제출이 기각되면 원심파기사유가 되고 있다.

또한 BWS 이론은 미국 외의 여러 코몬 로 국가에도 확산되었다.64) 캐나다의 경우 미국과 마찬가지로 매맞는 여성의 반격행위의

---

62) Anne M. Coughlin, "Excusing Women," 82 *Cal. L. Rev.* 1, 5-6(1994). 비슷한 비판으로는 Peter Margulies, "Identity on Trial: Subordination, Social Science Evidence, and Criminal Defense," 51 *Rutgers L. Rev.* 45, 48(1998) 참조.

63) 478 A.2d 364(N.J. 1984).

64) 미국 외의 코몬 로 국가에서의 BWS 이론의 수용에 대해서는 Alexandar L. Wannop, "Survey: Battered Woman Syndrome and the Defense of Battered Women in Canada and England," 15 *Suffolk Transnat'l L. Rev.* 251(1995); Martha Shaffer, "The Battered Woman Syndrome Revisited: Some Complicating

위법성을 조각하는 정당방위 항변을 보강하는 이론으로, 또는 영국에
서는 책임을 감면하는 '도발'(provocation)[65] 항변을 보강하는 이론으
로 사용되고 있다.

우리 형사법정에서도 BWS는 **피고인 여성의 반격행위의 위법성을 조
각하는 정당방위 · 긴급피난의 변론을 보강하는 감정의견** 또는 **피고인 여성의
과잉방위 · 과잉피난 ― 책임조각 · 감경사유 ― 변론을 보강하는 감정의견**으로
사용될 수 있을 것이다.

물론 '자유심증주의'(형사소송법 제308조)의 원칙이 있기에 감정인
의 감정결과가 반드시 법관을 구속하는 것은 아니다.[66] 그렇지만 자
유심증주의에서의 자유는 법관의 자의를 의미하는 것은 아니고 '논리
법칙'(Denkgesetz)과 '경험법칙'(Erfahrungsgesetz)에 부합하는 합리적 · 과
학적 심증주의이다. 이렇게 볼 때 BWS 이론은 이 '경험법칙'의 내용
으로서 법관이 심증형성시 유념해야 할 사항으로 파악되어야 할 것

Thoughts Five Years After R. v. Lavallee," 47 *Univ. of Toronto L. J.* 1(1997);
Julie Stubbs & Julia Tolmie, "Falling Short of the Challenge? A Comparative
Assessment of the Australian Use of Expert Evidence on the Battered Woman
Syndrome," 23 *Melbourne U. L. R.* 709(1999)등 참조.

65) Homicide Act of 1957, Section 3. 이 항변이 인정될 경우 피고인은 '모
살'(murder)로는 유죄평결을 받지 않으며 '고살'(manslaughter)로 죄목이 낮추어
진다. 특히 1992년의 'R. v. Ahluwalia 판결'[4 All E.R. 889(Eng. C.A. 1992)]이
중요한데, 이 판결은 '도발'의 항변에 대한 객관적 판단기준을 수정한다. 즉, 법원
은 '합리적 제3자' 기준을 지지하면서도, 매맞는 여성의 심리적 특성이 배심에 의
해 고려될 수 있다고 판시하였다(Ibid. at 894-896). 한편 영국에서도 일부 논자
는 미국의 경우처럼 정당방위의 항변을 활용해야 한다고 주장하고 있지만[Aileen
McColgan, "In Defense of Battered Women Who Kill," 13 *Oxford J. Legal
Stud.* 508(1993); Celia Wells, "Battered Woman Syndrome and Defences to
Homicide: Where Now?," 14 *Legal Studies* 266(1994)], 영국의 경우 정당방위의
요건 중 전통적인 '임박성'과 '합리성' 요건을 엄격히 고수하고 있기에[Andrew
Ashworth, *Principles of Criminal Law* 140-146(3rd ed. 1999)], 미국이나 캐나
다와 달리 이러한 주장은 힘을 얻지 못하고 있다.

66) 대법원 1966. 7. 5. 선고 66도529 판결; 대법원 1971. 3. 31. 선고 71도212 판결;
대법원 1990. 11. 27. 선고 90도2210 판결.

이다.

2. 영미권 정당방위 법리의 변화

BWS 이론은 영미권의 정당방위의 법리에 많은 변화를 가져온다. 전통적 정당방위의 법리는 비등한 육체적 능력을 가진 두 남자 사이의 대결상황을 전제로 구성된 이론이기에, 매맞는 여성의 상황을 전혀 도외시하고 그녀에게 불이익을 줄 수밖에 없는 본질적 한계가 있다는 비판이 제기되었다.[67] 필리스 크로커의 말을 인용하자면,

> 정당방위에 대한 전통적 이론은 남성의 경험에 기초해있다. 그 이론은 남성의 정당방위 행동과 상이한 합리적 여성에 의한 정당방위 행동에 대하여 숙고하지도, 또 인정하지도 않는다. … 남성의 경험은 정당방위의 성립요건과 합리적 판단기준 모두에 침투해 있다.[68]

이하에서는 어떠한 면에서 이러한 비판이 제기되었는지를 살펴보면서, BWS 이론의 영향으로 정당방위의 침해의 '임박성' 요건과 매맞는 여성의 반격행위에 대한 '합리성' 평가기준이 어떠한 변화를 보이고 있는지를 검토한다.

(1) '임박성' 요건의 완화

전통적인 영미 정당방위 법리에서의 불법한 공격의 '임박성'(im-minence)[69] 요건은 우리 형법상 정당방위의 '침해의 현재성' 요건과

---

67) Maguigan, supra note 2, at 385; Walter W. Steele, Jr. & Christine W. Sigman, "Reexamining the Doctrine of Self-Defense to Accomodate Battered Women," 18 *Am. J. Crim. L.* 169, 177(1991).

68) Phyllis L. Crocker, "The Meaning of Equality for Battered Women Who Kill Men in Self-Defense," 8 *Harv. Women's L.J.* 121, 123, 126(1985).

69) '모범형법전'은 '임박성'이라는 개념 대신에 "현재 상황에서 즉각적으로 필요한" (immediately necessary … on the present occasion)이라는 개념을 사용한다

동일하며, 이는 '비대결상황'에서는 충족되지 못하는 것으로 파악된
다. "살인을 정당화하는 위험은 임박한 것이어야 하며, 위험이 임박
해질 것이라는 공포로는 충분하지 않다"70)는 것이다.

이러한 입장은 1988년 'State v. Stewart 판결'71)에서 잘 드러난
다. 이 사건에서 피고인과 피고인의 딸은 재혼한 남편에 의한 장기간
의 학대로 고통받고 있었으며, 남편은 피고인의 머리에 총을 대고 죽
이겠다고 협박한 적도 있었다. 피고인이 자살시도를 하여 입원하였다
가 퇴원하여 집에 온 날 남편은 구강성교를 강제하고는 잠이 들었고,
피고인은 잠자고 있는 남편을 사살하였다.72) 이 판결에 캔사스주 대
법원은 다음과 같이 판시하였다.

[원심의 배심에 대한] 정당방위에 대한 평결지침(instruction)은 오
류였다. 그러한 상황에서 매맞는 여성이 잠자고 있는 그녀의 배우자
로부터 생명을 위협하는 임박한 위험에 대한 공포를 가졌다고는 합
리적으로 생각할 수 없다. … 이 사건에서 이와 달리 판단한다면, 학
대자의 과거 또는 미래의 행동을 이유로 학대자를 처형하는 것을 사
실상 허용하는 셈이 될 것이다.73)

정당방위의 '임박성' 요건은 정당방위권이라는 강한 권리가 미래
의 법익침해 예방을 위해서까지 확산되는 것을 막기 위한 것으로 일

[Model Penal Code, 3.04(1)].

70) People v. Lucas, 324 p. 2d. 933, 936(Cal. Ct. App. 1958). 이 요건에 대한 다음
과 같은 죠지 프렛처의 정식화도 유명하다. 즉, "공격자에 대한 선제적 공격은
너무 빨리 행사된 불법적 강제력이며, 성공한 공격자에 대한 복수는 너무 늦게
행사된 불법적 강제력이다"[George P. Fletcher, *A Crime of Self-Defense:
Bernhard Goetz and the Law on Trial* 20(1988)].
71) 763 P. 2d. 572(Kan. 1988). 또한 State v. Norman, 378 S.E. 2d 8(N.C. 1989)도
참조하라.
72) Ibid. at 574-575.
73) Ibid. at 578-579.

반적으로 필요한 요건이다. 그러나 이러한 전통적인 입장에 집착하면 "매맞는 아내가 자신의 남편이 자신을 죽이도록 기다릴 것인가 아니 면 그를 먼저 치명적 공격을 가할 것인가 사이의 딜레마에 문자 그대 로 직면한다"[74]는 점을 간취(看取)하지 못하는 문제가 있다.

그리하여 요건은 매맞는 여성의 "정당방위의 권리행사가 유일하 게 효과적인 시간에 그 행사를 가로막는"[75] 경향이 있다는 비판이 제기되기 시작하였고, BWS 이론의 문제의식을 수용하면서 '임박성' 의 요건을 완화시키는 판결이 1980년대 초·중반 이후 연이어 등장한 다. 예컨대, 1983년의 'State v. Leidholm 판결,'[76] 1984년 'State v. Allery 판결,'[77] 1986년 'State v. Gallegos 판결'[78] 및 1989년 'State v. Norman 판결'[79] 등은 장기간의 가혹한 가정폭력 피해자 여성이 수면중인 남성을 살해하였거나 또는 공격을 멈추고 휴식을 취하고 있는 남성을 총이나 칼로 살해한 경우 정당방위를 인정하였다.

이 중에서 특히 악명높은 'Norman 판결'의 사실관계를 살펴보 자. 이 사건에서 피고인의 남편은 알콜 중독자로 25년의 결혼생활 동 안 피고인을 주먹은 물론이고 야구방망이 등의 흉기를 사용하여 구 타해 왔고, 담뱃불로 피고인을 지지거나 피고인을 개처럼 짖고 개밥 그릇에 개밥을 먹도록 강요하는 등 학대해 왔는데, 사건 나기 전의 수년 동안에는 피고인의 뜻에 반하여 매춘을 강요하고 하루에 최저 100불을 벌어오지 못하면 가혹하게 구타하였다. 남편은 종종 피고인 을 죽이겠다고 협박하였다.

살인이 발생하기 전 36시간 동안 피고인은 또 남편으로부터 학

---

74) Loraine Patricia Eber, Note, "The Battered Wife's Dilemma: To Kill or to Be Killed," 32 *Hastings L.J.* 895, 928(1981).
75) Kelly, 478 A.2d at 385 n. 23.
76) 334 N.W. 2d 811(N.D. 1983).
77) 682 P. 2d 312(Wash. 1984).
78) 719 P. 2d 1268(N.M. Ct. App. 1986).
79) 378 S.E.2d 586(N.C. 1989).

대를 당하였고, 이후 남편이 잠들자 피고인은 인근의 친정집에 가서 총을 들고 와 자고 있는 남편을 살해하였다.[80] 노쓰캐롤라니아주 대법원은 피고인의 행위는 정당방위의 요건을 충족시킨다고 설시하면서, 살인죄 유죄를 인정한 원심을 파기하였다.

한편 제 2. Ⅱ. 2.에서 살펴본 1985년의 'Hundley 판결'은 ─ 사안 자체는 '대결상황'에서의 여성의 반격행위였지만 ─, 정당방위의 '임박성' 요건을 수정해석하며 피고인의 정당방위를 인정하는 새로운 시도를 하여 주목받았다. 즉 법원은 '임박성'과 '즉각성'(immediate)을 구별하면서, 전자는 법익침해가 발생할 준비가 되었거나 박두한 경우(ready to take place or impending)를 뜻하며, 후자는 전자보다 좁은 개념으로 시간적 지체없이(without loss of time) 바로 법익침해가 일어나는 경우를 뜻한다고 파악하면서 전자가 정당방위의 법리에서 적절한 개념이라고 파악한 것이다.[81] 그 이유로 '즉각성' 개념은 "장기간에 걸쳐 체계적으로 만들어져 온 공포와 두려움의 축적의 본질을 없애 버"린다는 점이 지적되었다.[82]

BWS 이론을 수용한 카나다의 지도적 판결인 1990년 'R. v. Lavallee 판결'[83]도 동일한 문제의식을 공유하고 있다. 이 사건은 상습적인 구타남편이 피고인을 가혹하게 구타하고 난 뒤, 파티에 참석하고 돌아와서 죽여버리겠다고 협박하고 등을 돌리고 방을 나갈 때 피고인인 아내가 뒤에서 총을 쏘아 남편을 살해한 사건이다. 대법원은 BWS 이론은 제3자의 관점에서는 남성의 공격이 임박한 것이 아니라고 할지라도 매맞는 여성의 입장에서는 자신이 죽음 또는 심각한 신체상해에 직면해 있다는 인식은 합리적일 수 있음을 설명해 줄 수 있고, 매맞는 여성이 남성을 살해하는 대신 그와의 관계를 단절하

---

80) Ibid. 587-589.
81) Hundley, 693 P. 2d at 479.
82) Ibid.
83) [1990] 1 S.C.R. 852(Can.).

는 것을 합리적 대안으로 파악할 수 없었던가도 설명해 준다고 지적한다.[84]

그리고 법원은 '임박성'의 요건은 매맞는 아내의 남성살해사건의 경우에는 적용하기 힘들다는 견해를 펴는데, 이와 관련하여 윌슨 대법관은 매맞는 여성에게 남성의 공격이 진행될 때까지 기다리라고 요구하는 것은 "그녀에게 '할부피살'(murder by installment)을 언도하는 것과 동일하다"라고 비판한 바 있다.[85]

(2) 반격행위의 합리성 판단에 있어 '합리적 매맞는 여성' 기준의 등장과 문제점

한편 전통적 법리에 따르면 자신이 위험에 처해 있고 반격이 필요하다는 매맞는 여성의 주관적 믿음은 객관적으로 평가된다. 즉, 배심은 가상의 "합리적인 인간"(reasonable person)이라도 그가 당해 피고인과 동일하게 행동하였을 것인가, 그리고 반격행위는 그 상황에서 합리적이었던가를 평가하게 된다.[86]

그러나 BWS이론의 영향으로 매맞는 여성의 남성에 대한 반격이 합리적인가 여부는, "합리적 매맞는 여성"(reasonable battered woman)의 기준에 따라 판단되어야 한다는 판결이 등장한다.[87] 그 이유는 방위행위를 해야 할 필요성에 대한 합리적 여성의 반응은 합리적 남성의 반응과는 다르다는 것이었다. 특히 위에서 언급한 1983년의

---

84) Ibid. at 872-873.

85) Ibid. at 883.

86) 이와 관련된 지도적 판결로는 People v. Goetz, 497 N.E.2d 41(N.Y. 1986)이 있다.

87) 매맞는 여성의 반격행위와 직접 관련된 판결은 아니지만 1977년 'State v. Wanrow 판결'[559 P. 2d 548(Wash. 1977)]은 "합리적 여성" 기준을 제시한 지도적 판결이다. 이 사건에서 피고인은 체구가 작고 다리가 부러진 상태에 있었는데, 피해자가 피고인의 아이를 성적 학대하였는가 여부로 다툰 후 거구의 피해자가 술에 취한 채 피고인의 집에 들어와서 위협적 언동을 보이자 총으로 살해하여 2급 모살죄로 유죄평결을 받았는데, 워싱턴주 대법원은 "합리적 여성"의 기준을 적용하여 정당방위를 인정하고 원심을 파기하였다.

'Leidholm 판결'[88)]에서 노쓰다코다주 대법원은 피고인이 BWS 상태
에 있음을 주목하여 피고인의 유죄를 평결한 원심을 파기하고, 다음
과 같이 설시하였다.

　사실의 판단자[＝배심: 인용자]는 피고인이 강제력을 사용하였던 상
황이 임박한 해악으로부터 자신을 보호하기 위해서는 강제력의 사
용이 필요하다는 진지하고 합리적인 믿음을 피고인의 마음 속에서
창출하기에 충분한가를 판단하기 위해서는, 그 상황을 피고인의 관
점에서 평가하여야 한다. … 피고인의 행동은 피고인과 정신적·육
체적 특성이 동일한 사람, 그리고 피고인이 보는 것을 보고 피고인
이 아는 것을 아는 사람의 관점에서 평가되어야 한다.[89)]

　보다 최근의 판결인 2000년 'State v. Edwards 판결'[90)]은 이 점
을 보다 선명하게 부각시킨다. 이 사건에서 피살자인 남편은 피고인

---

88) 이 사건에서 남편으로부터 구타를 당해 온 피고인은 남편과 함께 파티에서 많은
　술을 마시고 돌아 온 후 언쟁이 시작되었는데, 피고인이 보안관에게 전화를 하려
　하자 남편은 이를 가로막고 피고인을 마루바닥에 밀어 넘어뜨리고, 집 밖으로 끌
　고 나와 수회 땅 바닥으로 밀어 넘어뜨렸다. 이후 남편은 침대에서 잠이 들었고,
　피고인은 칼로 잠자는 남편을 살해하였다. 법원은 피고인의 고살 유죄평결을 파
　기하였다.

89) Leidholm, 334 N.W. at 816-818. 1984년의 'Allery 판결' 역시 같은 입장을 밝힌
　다. 이 사건에서 피고인은 남편으로부터 권총이나 칼을 사용한 학대를 받아 이혼
　소송을 제기하고 접근금지명령을 받아내었는데, 사건 당일 집에 오니 남편이 집
　안에 있음을 발견하였다. 남편은 소파에 앉아 피고인에게 "내 생각에서 오늘 너
　를 죽여야만 하겠다"라고 말하여 피고인은 침실 창문으로 탈출하려 하였으나 실
　패하였고, 방 바깥에서 금속성 소리가 나서 남편이 부엌에 칼을 찾아 갖고 있다
　고 판단하고 총을 들고 달려나가 남편을 살해하였다. 그런데 남편은 여전히 소파
　에 앉아 있는 상태였다. 피고인은 2급 모살죄로 유죄평결을 받았으나, 워싱톤주
　대법원은 "배심원은 정당방위의 문제를 고려할 때 자신을 피고인의 입장에 위치
　시키고, 그녀가 그 순간 알고 있었던 것에 비추어 그녀의 행동이 정당한 것인가
　를 판단해야 함을 이해해야 한다"(Allery, 682 P. 2d at 314)라고 설시하며 원심
　을 파기하였다.

90) 60 S.W.3d 602(Mo. Ct. App. 2000).

과 그들의 아이들을 장기간 학대를 하면서 죽이겠다고 위협하였는데, 사건 당일에 피고인을 납 막대기로 내려쳤고, 남편이 자기를 죽일 것 같다고 겁을 먹은 피고인이 자신에 대하여 욕을 퍼붓는 남편을 사살하였다.[91] 미주리 항소법원은 피고인에 대한 고살의 유죄평결을 파기하면서, 배심원이 피고인의 '합리적 믿음'에 대하여 "가상의 합리적·신중한 인간이 생각하는 바를 기초로" 평가하는 것은 잘못이고, "**장기화된 학대의 역사를 고려하면서, 매맞는 여성 증후군으로 고통받고 있는 합리적 사람이라면 어떻게 인식하고 반응하였을 것인가 하는 관점**"에서 평가해야 한다고 판시하였다.[92]

　이러한 매맞는 여성 행위의 합리성에 대한 주관적 평가는 매맞는 여성의 처지를 전면적으로 수용하여 정당방위의 법리를 바꾸려는 시도이다. 그런데 이러한 합리성 판단기준을 전면적으로 주관화하는 것이 당해 사건의 피고인에게는 적정한 결과를 가져올지는 모르지만, 정당방위 일반에 적용되는 방위행위의 합리성 평가기준으로는 문제가 있다.

　미국 사례를 예로 들자면, 지하철 안에서 무장하지 않은 네 명의 흑인청소년이 다가와 돈을 달라고 하자 총을 쏘아 살해 또는 상해를 입힌 백인 성인의 행위도,[93] 자신과 언쟁을 벌인 동양계 이웃청년이 무술 전문가라고 생각하고 그가 자신에게 다가오자 총을 쏘아 상해를 입힌 신경증이 있는 백인 노인의 행위도[94] 그 행위자의 주관적 판단만을 기준으로 하면 합리적이었다고 평가될 수 있으므로 ― 두 사건의 판결은 객관적 기준을 택하였으므로 정당방위가 인정되지 않았다 ―, 정당방위의 요건의 규범적 역할은 사라지고 말 것이기 때문이다.

---

91) Ibid. 604-605.
92) Ibid. at 615(강조는 인용자).
93) Goetz, 497 N.E. 2d 41.
94) State v. Simon, 646 P.2d 1119(Kan. 1982).

수잔 에스트리치는 매맞는 여성의 변호를 위해 전면적으로 주관적 평가기준을 채택하자는 주장을 펴는 여성변호사의 책에 대한 서평에서 이 점을 날카롭게 지적한 바 있다. 그녀는 전면적인 객관적 평가기준이 피고인에게 가혹한 것임을 지적하면서도, 전면적인 주관적 기준을 일반적 기준으로 채택하게 되면 정당방위 사건의 모든 종류의 피고인마다 판단기준이 달라져야 하는 문제가 있음을 비판하였다. 그리고 그녀는 매맞는 여성의 반격행위를 남성중심적 시각으로 평가하는 것도 문제이지만, 그 행위를 일률적으로 모두 합리적인 것으로 보고 정당화하려는 논변에도 문제가 있음을 비판하였다.95) 그리하여 그녀는 **"피고인의 주관적 인식과 가상적 합리적 인간의 인식 사이의 균형"**(강조는 인용자)을 맞추는 것이 중요하다고 강조한 것이다.96)

이러한 그녀의 입장은 모범형법전과 캘리포니아주 대법원이 취하고 있는 '주·객관적 종합설'과 동일하다고 보인다. 미국 '모범형법전'의 경우는 반격행위의 합리성 판단은 "합리적 제3자가 피고인의 상황 속에서" 이루어져야 한다고 규정함으로써,97) 객관적 기준을 "부분적으로 주관화"시켰다.98) 그리고 1996년 'People v. Humphrey 판결'99)에서 동 법원은 "합리성 판단에 대한 궁극적인 기준은 객관적인 것이지만, 합리적인 인간이 피고인의 입장에 서서 방어의 필요성을 믿을 것인가를 배심이 판단할 때 피고인 자신이 처해 있던 모든 관련 상황을 고려해야 한다"라고 판시한 바 있다.

---

95) Susan Estrich, "Defending Women"(Book Review, Cynthia Gillespie, Justifiable Homicide: Battered Women, Self-Defense and the Law(1989), 88 *Mich. L. Rev.* 1430, 1434–1435(1990).

96) Ibid. at 1434.

97) Model Penal Code, §2.02.

98) Sanford H. Kadish & Stephen J. Schulhofer, *Criminal Law and Its Process, Cases and Materials* 761(7th ed. 2001).

99) 921 P.2d 1, 7(Cal. 1996).

(3) 소 결

이상에서 본 것처럼 BWS 이론의 영향으로 영미 정당방위의 법리는 변화하고 있다. 전통적 법리에 맞서서 침해의 '임박성' 요건과 매맞는 여성의 반격행위에 대한 '합리성' 평가기준을 수정하려는 입장이 등장하고 있지만, 그 내에서도 편차가 많으며 또 과도한 수정경향을 보이는 경우도 있음을 알 수 있다. 그러나 분명한 것은 현대 영미 형법이론이 기존의 정당방위의 법리가 간과한 남성편향을 직시하면서 매맞는 여성의 고통과 처지를 감싸 안으려 노력하고 있다는 점이다.

Ⅲ. 한국 형법상의 위법성조각사유의 적용

우리 법원은 '비대결상황'에서 발생한 매맞는 여성의 남성살해에 대하여 예외 없이 유죄판결을 내렸다.[100] 제2에서 보았듯이 '대결상황'에서 발생한 여성의 남성살해에 대해서도 정당방위 인정을 거부하는 것이 법원의 입장이니 만큼, '비대결상황'에서의 살해에 대하여 법원의 입장변화를 기대하는 것은 난망(難望)한 일일지도 모른다. 이 문제는 전 사회에 충격을 던져 준 1992년 '김보은씨 사건'을 계기로 학계에서 많은 논의가 전개되었던바, 기존의 연구성과를 정리하면서 저자의 입장을 제시하기로 한다.

특히 제3에서 살펴 본 BWS 이론의 함의와 영미권의 법리 변화를 주목하면서도, '비대결상황'에서의 매맞는 여성의 남편반격행위를 우리 형법의 해석론으로는 어떠한 접근을 하는 것이 타당한가를 검토하고자 한다. 특히 형법상 정당방위(제21조)와 긴급피난(제22조)의 요건, 폭력행위등처벌에관한법률 제8조 제1항의 수정된 정당방위의 요건 간의 차이가 부각될 것이다.

---

100) 한인섭(각주 1), 265-266면의 [표 1] 참조.

1. 긴급피난 적용의 타당성

먼저 대법원은 1992년 '김보은씨 사건 판결'에서 이전에 침해행위가 있었고 또 "그러한 침해가 그 후에도 반복하여 계속될 염려가 있었다면" 반격행위 순간 침해행위가 진행되고 있지 않더라도 "현재의 부당한 침해가 있었다고 볼 여지가 없는 것은 아니"라고 판시한 바 있다.101) 이러한 입장을 문언 그대로 해석하자면 '비대결상황'에서의 반격행위도 정당방위의 침해의 현재성 요건을 충족시키는 것으로 해석할 수 있는 여지를 발견할 수 있다. '비대결상황'에서 폭행·협박행위 자체는 종료하였으나, 계속적인 폭행·협박행위의 반복가능성으로 피고인의 신체 내지 행동의 자유에 대한 침해는 지속되고 있기 때문이다.102)

이러한 맥락에서 한인섭 교수는 우리나라에서 발생한 가정폭력 피해자에 의한 가해자 살해사례를 풍부하게 분석하고 BWS 이론에 의지하면서,103) '비대결상황'에서의 침해의 '현재성'을 명시적으로 인정한다.

구타자의 행위는 피구타자의 입장에는 예측불가능한 것이며, 잠시 쉬었다가 언제 다시 구타가 이루어질지 알 수 없다. 피구타자가 지금 '현재' 구타당하지 않는 막간에도 구타의 '현실적인' 위협상태에 놓여 있으며, 피구타자는 폭력의 손아귀에 놓여 있는 상태이다. … 포괄적으로 볼 때 폭력행위의 연장선상에 있다고 판단되면, 그 중간의 일시적 휴식시점은 침해상태가 연속되는 것으로 볼 수 있으며, 따라서 침해의 현재성이 인정되어야 한다. 여성의 입장에서 위험의 현재성은 누적적 침해의 연장선상에서 이루어진 침해위협의 상존성

---

101) 대법원 1992. 12. 22. 선고 92도2540 판결.
102) 하태훈, "형법 제21조의 정당방위상황," 『차용석 교수화갑기념논문집』(1994), 190면.
103) 한인섭(각주 1), 279-285면.

으로 이해하는 것이 가능하다.104)

그리고 박상기 교수도 BWS 이론을 언급하면서,105) "계속되는 가정 내 폭력의 경우 침해의 현재성 여부 및 방위행위의 정도를 판단 하는 데에는 폭력의 피해자가 갖는 심리적 특수상태에 대한 고려가 필요하다"라고 강조하고, 정당방위의 현재성은 언어적 의미가 아니라 "장래의 예상되는 침해의 정도 및 현실화될 가능성을 토대로 판단되 어야 한다"는 관점 하에서 침해의 '현재성'을 인정하고 있다.106)

이상의 의견은 BWS 이론이 던지는 함의를 우리 형법상 정당방 위의 요건의 수정을 통해 받아들이려는 시도이다. 그러나 필자는 BWS의 문제의식을 수용하려는 이러한 입장에 동의하면서도, 우리 형법체계와 관련하여 볼 때 '비대결상황'에서 매맞는 여성의 반격행 위를 정당방위의 이론으로 끌어들이는 것은 문제가 있다고 본다. 우 리 형법은 정당방위와 긴급피난을 엄격히 구별하고 있고 이에 따른 이론구성도 별도로 이루어져 있다는 점을 직시할 때, 저자는 '비대결 상황'에서 발생한 매맞는 여성의 남성살해는 원칙적으로 정당방위가 아니라 긴급피난으로 평가하면서 위법성 또는 책임조각이 논해져야 한다고 본다.

그 이유는 다음과 같다.

첫째, '비대결상황'의 '현재성'에 대한 문제이다. 우리 형법상 정 당방위는 "자기 또는 타인의 법익에 대한 현재의 부당한 **침해**를 방위 하기 위한 상당한 행위"(제21조, 강조는 인용자)이며, 긴급피난은 "자기 또는 타인의 법익에 대한 현재의 **위난**을 피하기 위한 상당한 행위"(제 22조, 강조는 인용자)이다. 여기서 '침해'(Angriff)와 '위난'(Gefahr)의 개념

---

104) Ibid. at 280-281.
105) 박상기, 168면.
106) Ibid.

차이를 고려하면, '침해의 현재성'과 '위난의 현재성'은 구별될 수밖에 없다.

BWS 이론에 따를 경우 '비대결상황'도 정당방위의 현재성 요건을 충족한다고 볼 수 있겠으나, 우리 형법조문상의 구별을 존중할 때 정당방위의 경우 불법적 법익침해는 "직접 목전에 임박한 상태"이어야 하지만, 긴급피난의 현재성은 "법익침해의 발생이 근접한 상태," "법익침해가 즉시 또는 곧 발생할 것으로 예견되는 경우"를 의미하는 바 후자의 현재성의 시간적 범위가 전자의 그것보다 넓다.[107] 이러한 법조문의 구별을 고려하면 '비대결상황'은 바로 후자의 경우에 해당한다고 파악해야 한다.

둘째, 제2에서 서술하였듯이 정당방위는 '부정'에 대한 '정'의 반격이므로 그 방위행위의 상당성은 '보충성'과 '균형성'까지는 요구하지 않는 '필요성'을 의미하며, 따라서 그 요건이 충족되면 불법한 침해자의 생명까지 빼앗는 것이 허용되는 매우 강력한 권리이다. 따라서 '침해의 현재성'을 확장시키면 매맞는 여성의 남성 살해사건의 경우에는 타당한 결론을 도출할 수 있을지 모르나, 그 외의 정당방위 사건에서 정당방위의 성립범위가 과도하게 확대되는 문제가 발생한다.

'비대결상황'에서 발생한 매맞는 여성의 반격행위를 긴급피난으로 파악할 때 발생하는 난점은 피난행위로 생명이 박탈되는 경우이다. 긴급피난의 엄격한 '상당성' 기준은 행위자의 피난행위가 필요성, 보충성 및 균형성의 요건을 충족할 것을 요구한다.[108] 장기간의 가정

---

107) 김성천·김형준, 265, 288면; 김일수, 323, 339면; 배종대, 281, 311면; 손동권, 150, 170면; 신동운, 256, 278-279면; 이재상, 218, 236면; 이정원, 170, 187면; 정성근·박광민, 224, 246면. 단, 오영근은 정당방위의 침해의 현재성보다 긴급피난에서의 위난의 현재성이 넓게 해석되어서는 안 된다는 입장을 취한다(오영근, 389면).

108) 김성천·김형준, 290-291면; 김일수, 340-347면; 박상기, 193-196면; 배종대, 313-317면; 손동권, 171-173면; 신동운, 279-283면; 오영근, 391-393면; 이재상, 237-240면; 이정원, 189-192면; 정성근·박광민, 250-254면.

폭력으로 BWS 상태에 있는 여성이 '비대결상황'에서 행한 피난행위가 남성에게 상해나 중상해를 입혔다면 그 행위는 '정당화적 긴급피난'으로 평가받고 위법성이 조각되는 데는 문제가 없을 것이다.

그러나 생명박탈의 경우는 보다 신중이 요구된다. 통상 긴급피난의 균형성 요건은 엄격한 것이므로 긴급피난시 보호법익의 침해되는 이익보다 본질적(wesentlich)으로 — 독일형법 제34조의 문언을 빌자면 — 또는 현저히 우월해야 한다고 말해진다. 그리고 생명 — 그 보유자가 극악한 '말종'(末種)의 인간이라 하더라도 — 의 가치의 최고성을 존중해야 함은 분명하기 때문이다. 이용식 교수의 말처럼, "나쁜 그리고 위험한 인간도 임박한 위험 때문에 훼손될 수 있는 물건은 아니"[109]기 때문이다.

그리하여 아무리 도덕적으로 나쁜 자의 생명도 그 어떠한 법익보다 귀중한 것이고 그 생명은 대체불가능한 것이므로, 타인의 생명을 박탈하는 긴급피난은 정당화되지는 않고 책임만이 조각될 뿐이라는 견해가 제출되는 것은 필연적이다('면책적 긴급피난설'). 김일수와 이용식 두 교수는 이 입장을 분명히 하고 있다. 먼저 김일수 교수는 '김보은씨 사건 판결'에 대한 평석에서 피고인의 행위는 '균형성'의 요건을 충족시키지 못하므로 정당화적 긴급피난은 아니며 면책적 긴급피난이라고 보고 있는바,[110] '비대결상황'에서의 여성의 피난행위가 남성을 살해한 것이라면 위법성 자체를 조각하지 않고 책임이 조각되어 불법이 된다는 결론을 내릴 것으로 보인다. 그리고 이용식 교수도 '김보은씨 사건 판결'에 대한 평석에서, 잠재적 공격자를 잠자는 도중에 살해하는 것은 위법성을 조각하는 '방어적 긴급피난'으로 볼 수 없고, '면책적 긴급피난'만이 가능할 뿐이다라는 입장을 개

---

109) 이용식, "정당방위와 긴급피난의 몇 가지 요건," 형사판례연구회, 『형사판례연구 [3]』(1995), 99면.

110) 김일수, "장기적인 위난과 면책적 긴급피난," 고려대학교 법학연구소, 『판례연구』 제7집(1994), 313면.

진하였다.111)

그렇지만 '비대결상황'에서 매맞는 여성의 남성살해는 **일률적으로**
면책될 뿐이라고 말하는 데는 동의할 수 없다. '정당화'건 '면책'이건
피고인은 불법이라는 점에서 차이가 없어 보이지만, 한인섭의 말처럼
"형벌을 안 받거나 적게 받는 것도 중요하지만, 행위 자체의 정당성
에 대한 법적 평가가 더욱 중요"112)하기 때문이다(그리고 피난행위자의
공범에 대한 처벌과 관련해서도 실익이 있다). 매맞는 여성의 살해행위에
대하여 책임의 문제로만 국한시켜 파악한다는 것은 매맞는 여성의
반격행위는 잘못된 것, 틀린 것, 올바르지 않은 것이지만, 그 상황에
서 여성의 정신적·육체적 상태를 고려하여 용서해 주어야 한다는 의
미이다. 그렇지만 피고인 여성의 살해행위가 도덕적으로나 법적으로
도 정당하였다고 판단할 수 있는 상황은 존재한다고 본다.

장기간의 가혹한 학대로 BWS 상태에 있는 여성은 사실상 남성
의 노예상태에 놓여진다. 상습적으로 반복되는 남성에 의한 구타와
학대를 도저히 개선할 수 없는 조건하에서 여성은 육체적 고통을 겪
을 뿐만 아니라, 자신의 인간으로서 갖는 존엄과 가치는 완전히 황
폐화된다. 사실 장기간의 반복적인 아내 구타는 "천천히 진행되는
살인과정"(slow homicidal process)"113)이라고 불려질 만하다.114) 그리
고 가정폭력에 대하여 이웃, 친척은 물론 경찰도 소극적으로 대응
하는 상황, 그리고 자신의 탈출시도마저 무위로 끝나버리는 상황이
엄연히 존재한다. 이상의 점을 고려하면 가정폭력 피해자에게 — 김
일수가 언급한 — "노예상황으로부터의 탈출을 위한 최후수단으로서

111) 이용식(각주 109), 99면.
112) 한인섭(각주 1), 277면.
113) Robbin S. Ogle & Susan Jacobs, *Self-Defense and Battered Women Who Kill*
77(2002).
114) 1990년대 우리나라에서 발생한 가정폭력 피해자의 가해자 살인사건에서 여성이
살해를 결심하기 전에 어떠한 상태에 놓여 있었는가에 대해서는 한인섭(각주 1),
264-275면을 보라.

살해행위를 고려할 수 있는 사정"115)이 존재할 수 있음을 인정해야
한다.

　애이린 맥콜건은 장기간의 가혹한 가정폭력으로 고통받는 여성
이 가해자 남성이 수면중에 살해하는 것은 테러리스트에 인질로 잡
힌 여성이 자고 있는 테러리스트를 살해하는 것과 유사한 것이라고
적절하게 비유한 바 있다.116) 그리고 불법국가를 종식시키기 위한 시
민의 '최후수단'으로 '저항권' 행사가 정당화되는 것처럼, — 제인 코헨
의 비유를 빌리자면 — "사적 전제 체제"(regimes of private tyranny)117)
를 종식시키기 위한 '최후수단'으로 극악한 남편을 살해한 행위는 —
면책만이 아니라 — 정당화될 수 있다고 말할 수 있지 않을까?

　매맞는 여성의 피난행위의 '상당성' 여부를 판단할 때 남성이 여
성에게 행한 가정폭력의 강도, 빈도와 기간, 피고인 여성의 심리적·
육체적 상태, 피난행위의 방식 등을 종합적으로 고려해야 한다. 이러
한 종합판단의 결과 살해 대신 상해나 중상해로도 가정폭력상태를
벗어날 수 있는 가능성이 있었다고 판단한다면 정당화적 긴급피난은
되지 못할 것이다. 그렇지만 가정폭력 가해자의 생명이 박탈되는 결
과가 발생하면 무조건 정당화는 불가능하다는 결론을 내려서는 안
된다. 긴급피난의 피해자가 바로 위난을 유발한 당사자인 '방어적 긴급피난'
(defensiver Notstand)의 경우에는 위난유발자의 이익은 보호가치가 낮
아지며, 따라서 보호이익이 침해이익보다 본질적으로 우월관계에 있
지 않거나 또는 심지어 낮은 가치일 경우에도 정당화될 수 있는 것이
다.118) 똑같이 무고한 여러 생명 중 한 생명을 희생하여 다른 생명을

115) 김일수(각주 110), 316면.
116) McColgan, supra note 61, at 518.
117) Jane Maslow Cohen, "Self-Defense and Relations of Domination: Moral and
　　Legal Perspectives on Battered Women Who Kill: Regimes of Private Tyranny:
　　What Do They Mean to Morality and for the Criminal Law?," 57 *U. Pitt. L.*
　　Rev. 757(1996).
118) 김일수·서보학, 346면; 배종대, 317면.

살리는 '공격적 긴급피난'(aggressiver Notstand)[119]과는 달리 '방어적 긴급피난'은 위난을 유발한 당사자에 대한 피난행위이기에 이익형량을 완화되는 것이 합리적이기 때문이다.

이러한 점에서 저자는 BWS 상태에 놓인 여성이 (i) 가정폭력 가해자에 의해 생명박탈의 위협이 상존한 상태에 놓여 있었거나,[120] (ii) 생명박탈의 위협의 수준은 아니었더라도 인간의 존엄을 박탈하는 정도의 장기간의 극심한 정신적·육체적 고통에 놓여 있었던 경우에는 매맞는 여성이 최후수단으로 가정폭력 가해자를 '비대결상황'에서 살해하였더라도 '정당화적 긴급피난'으로 위법성이 조각될 수 있다고 생각한다. 우리나라의 '김보은씨 사건'이나 제3장에서 살펴본 1988년 'Norman 판결' 등은 이 경우에 해당할 것이다.

2. 폭력행위등처벌에관한법률이 허용한 '예방적 정당방위'

전술하였듯이 '비대결상황'에서 발생한 매맞는 여성의 남성살

---

119) 영미법에서 '긴급피난'(necessity)은 통상 이러한 '공격적 긴급피난'을 가리킨다 (이 점이 영미에서 '비대결상황'에서 발생한 매맞는 여성의 반격행위가 '긴급피난'이 아니라 '정당방위'의 틀에서 논의되는 이유이기도 하다). 대표적인 예로는 유명한 1884년의 'Regina v. Dudley and Stephens 판결'[14 Q.B.D. 273(1884)]이 있다. 이 사건에서 세 명의 성인선원과 17살 된 소년이 그들이 탔던 배가 침몰한 후 구명선을 타고 있었는데, 구명선에 탄 지 20일째, 식량이 떨어진 지 9일째, 물이 떨어진 지 7일째가 되자 선원들은 극도로 허약해 졌다. 결국 선원 중의 피고인들은 생존을 위하여 소년을 죽이고 그의 살을 먹었다. 4일이 지난 후 4명의 선원은 발견되어 구조되었다. 그리고 미국 판결로는 1842년의 'United States v. Holmes 판결'[26 F. Cas. 360, 1 Wall Jr. 1(C.C.E.D.Pa. 1842)]이 있다. 이 사건에서는 침몰하는 배에 너무 많은 사람이 타서 배가 가라앉을 지경이 되자 1등 항해사가 아내가 구명선에 타지 않은 남성은 모두 배 밖으로 던질 것을 명령하고, 이를 보조한 피고인이 기소된 사건이다. 이상의 두 사건에 대해서는 Kadish & Schulhofer, supra note 98, at 822-824를 참조하라.
120) 이용식 교수도 이 경우는 정당화사유로 인정하고 있다[이용식(각주 109), 998면]. "방어적 긴급피난을 본래의 이익형량규준에 따라 해결할 경우 살해의 허용을 전적으로 배제할 수 없으나, 이는 위험이 직접 임박하여 생명을 위협하는 경우에 한정되어야 할 것이다"(Ibid.).

해를 원칙적으로 긴급피난으로 파악하여야 하겠으나, 현행법상 정당방위의 적용이 가능한 경우가 있음을 유의해야 한다. 즉, 매맞는 여성의 행위가 폭력행위등처벌에관한법률 제8조에 해당될 경우이다.[121]

폭력행위등처벌에관한법률 제8조 제1항은 "이 법에 규정된 죄를 범한 자가 흉기 기타 위협한 물건 등으로 사람에게 위해를 가하거나 **가하려 할 때** 이를 **예방** 또는 방위하기 위하여 한 행위는 벌하지 아니한다"(강조는 인용자)라고 규정하여 **"예방적 정당방위"**(Präventive-Notweher)를 명문으로 인정하고 있으며, 형법 제21조 정당방위 규정의 "상당한 이유" 요건이 삭제되어 있다. 그리고 '임의적 감면'을 규정하는 형법 제212조 제2항의 과잉방위 규정과 달리, 폭력행위등처벌에관한법률 제8조 제2항의 과잉방위는 '필요적 감면'을 규정하고 있다.

이 특칙이 적용되는 범죄 중 제4장의 주제와 관련된 범죄는 동법 제2조에 규정되어 있다. 동조 제1항은 "상습적으로 형법 제257조 제1항(상해), 제260조 제1항(폭행), 제276조 제1항(체포, 감금), 제283조 제1항(협박), 제319조(주거침입, 퇴거불응), 제324조(폭력에 의한 권리행사방해), 제350조(공갈) 또는 제366조(손괴)의 죄를 범한 자"를 처벌하고, 제2항은 "야간에 또는 2인 이상이 공동하여 제1항에 열거된 죄를 범한 때"는 형을 가중한다고 규정하고 있다.

따라서 (i) "상습적으로" 또는 "야간 또는 2인 이상이 공동하여" 여성에 대하여 폭행, 상해 등을 가하는 남성이 (ii) "흉기 기타 위험한 물건" 등으로 여성에게 위해를 가하거나 가하려 하는 경우는 — '대결상황'은 물론 — '비대결상황'에서도 여성은 예방적 방위행위를 할 수 있으며, 그 방위행위의 상당성에 대한 평가는 불필요하다는 해석이

---

121) 김태명, 『정당방위의 요건으로서의 상당성에 관한 연구』(서울대학교 법학박사학위논문, 2000), 37-38면; 박상기, 167-168면; 신동운, 257면; 한인섭(각주 1), 300면.

가능하다.

물론 이에 대하여 폭력행위등처벌에관한법률이 '가정외'의 폭력에 대한 처벌을 목적으로 하는 것이 아닌가 하는 의문이 제기될 수 있다고 본다. 그러나 먼저 동법 제1조는 동법의 목적을 "집단적·상습적 또는 야간에 폭력행위를 자행하는 자 등을 처벌"(제1조)하는 것이라고 규정하여 규제대상의 세 가지 행위양태를 병렬적으로 열거하고 있는바, 문언해석상으로 여기의 "폭력행위"에 '가정내'의 폭력이 포함되지 않는다고 해석할 이유는 없다. 그리고 입법사적으로 볼 때 1962년 동법 개정시 제1조에서 "사회질서를 문란하게 하고 사회적 불안을 조성하는 자"라는 문언이 삭제되었다는 점을 주목할 필요가 있다. 1961년 동법 제정 당시의 입법목적에 따르자면 폭력행위에 대하여 동법이 적용되려면 "사회질서문란"이나 "사회적 불안 조성"을 야기해야 하였으나, 1962년 동법의 목적 개정으로 동법 위반범죄는 '사회적 범죄'로서의 성격을 가지는 것이 아님을 분명히 한 것이다.

요컨대 폭력행위등처벌에관한법률의 정당방위 조항은 '비대결상황'에서 가정폭력 피해자가 상습적 가정폭력 가해자에게 치명적 반격을 가한 행위는 정당화될 수 있는 발판을 제공하고 있으며, 이것이 활용될 것인가 여부는 이제 법실무에 달려 있다. 단, 이 정당방위의 특칙이 제공되는 동법 제2조의 '상습범'은 단지, 폭행, 상해 등의 범죄를 수차례 범하는 것을 의미하는 것이 아니라 그러한 범행을 저지르는 것이 '습벽'(習癖)이 된 상태인 경우를 의미함을 유의해야 할 것이다.

이상과 같은 저자의 견해를 도해화하면 다음과 같다.

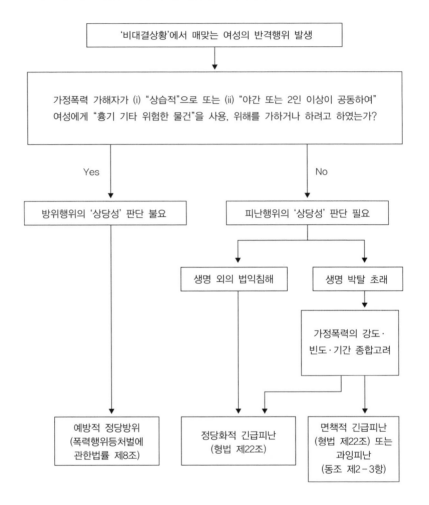

제 4. 맺음말

현재 법원은 매맞는 여성의 남성살해에 대하여 위법성을 조각하거나 책임을 감면하는 데 매우 인색하다. 그러나 가정폭력의 심각성이 날로 더해 가는 우리 현실에서 형법학은, 가정폭력 피해여성의 처

절한 처지를 보다 깊이 이해하고 공감을 표하면서 기존의 정당방위·
긴급피난의 법리를 되새겨 보아야 한다.

대부분의 교과서에서 당연한 것으로 기술되어 있는 "정당방위의
사회윤리적 제한" 이론은 남성이 여성을 학대하는데도 여성은 반격
을 자제해야 한다고 강요하여 여성의 정당방위권 행사를 옭아 매는
이론이므로 정정되어야 한다. 그리고 매맞는 여성의 남편살해에 대하
여 단지 양형만의 문제가 아니라 위법성 또는 책임 조각의 논리를 정
밀하게 구축하는 것이 형법학의 중요한 과제이다. 특히 '비대결상황'
에서 발생한 반격행위를 형법적으로 평가할 때 "천천히 진행되는 살
인과정"으로 평가되는 장기간의 반복적 아내학대의 성격을 직시할
필요가 있다고 본다. 장기적·상습적인 가정폭력이 여성을 어떠한 상
태로 빠뜨리게 되는가에 대하여 설득력 있는 설명을 제공하는 BWS
이론을 참조하고, 우리 형법조문체계를 고려하면서 이 반격행위를 예
방적 정당방위, 정당화적·면책적 긴급피난 또는 과잉피난으로 평가
해야 할 것이다.

맺음말

여성주의는 여성의 "억눌리고 지배당하고 가치폄하된 경험"을 중시하고, "성에 기초한 불이익"과 "권리를 제한하는 사회적 맥락"[1]에 초점을 맞추면서 법에 대한 분석을 전개한다. 이러한 여성주의의 문제의식에 대하여 우리 형사법학 내에서는 이를 무시·외면하는 분위기가 강하다. 여성주의 이론 전체에 대한 총체적 분석이 형사법학의 과제는 아니겠지만, 최소한 여성주의가 형사법에 대하여 제기한 비판에 대해서는 형사법학은 답할 의무가 있다. 성중립을 표방하는 형사법의 이론과 실무 뒤에 남성중심적·가부장적 이데올로기가 숨어 있지는 않은가에 대한 검토작업은 이제 형사법학의 주변적 과제로 치부되어서는 안 된다. "하늘 아래 절반은 여성"이므로!

이 책은 현행 형사법의 이론과 실무가 남성편향을 명시적·묵시적으로 전제하고 있으며, 여성의 경험과 처지를 의식적·무의식적으로 무시하고 있음을 살펴보았다.

이 책에서 밝힌 저자의 주장을 요약하자면, (1) 폭행·협박을 사용하여 타인의 성적 자기결정권을 침해하는 행위는 그 대상과의 혼인 여부에 관계 없이, 그 행위양태가 어떠하든 범죄임이 명백히 선언되고 처벌되어야 하며, 이를 위하여 '최협의의 폭행·협박설'은 폐기되고 경(輕)한 강간죄의 구성요건이 신설되어야 한다, (2) 미성년자 위계간음죄에 대한 판례의 축소해석은 변경되어야 하며, 미성년자 의제강

---

1) 박은정, "여성주의와 비판적 법이론," 한국법철학회, 『현대법철학의 흐름』(1996), 283, 299면.

간 관련 구성요건은 나이대별로 재구성되어야 한다, (3) '지속적 성희
롱'의 경우 민사적 제재를 넘어 경범죄로 규정되어 형사처벌되어야
한다, (4) 성폭력범죄 피해자가 형사절차에서 '제2차 피해자화'되는 것
을 막고 자신의 인격과 프라이버시를 지키면서 피의자·피고인과 대
등하게 맞설 수 있도록 현행법상 피해자 보호조치를 활성화하고, 영
미법 국가의 '강간피해자보호법'(Rape Shield Law)을 도입하여야 한다,
(5) 성폭력 사건 수사가 진행되는 동안 ― 객관적 증거에 의하여 성폭
력범죄에 대한 허위사실 신고임이 확인된 경우 외에는 ― 피해자에
대한 무고에 대한 수사는 잠정적으로 중단하여야 한다, (6) 가정폭력
처벌법은 아내구타를 보다 신속하고 효과적으로 방지할 수 있는 실
효적인 조치를 구비하여야 한다, (7) 학대하는 남성에 대한 여성의 반
격행위를 제한하는 "정당방위의 사회윤리적 제한" 이론은 정정되어
야 하며, 매맞는 여성의 남편살해행위를 형법적으로 평가할 때 "매맞
는 여성 증후군"(Battered Woman Syndrome) 이론의 함의를 수용하여
위법성 또는 책임 조각의 문제가 적극적으로 검토되어야 한다 등이다.

　　이러한 저자의 견해에 대하여 형사법학 내에서 "여성편향적 이
익형량"[2]이라는 비판이 제기될 것으로 예상된다. 그러나 남성편향으
로 휘어져 있는 형사법을 똑바로 펴는 작업, 형사법 현실에서 여성이
'보호'받아야 할 현실이 있음을 인정하고 '보호'를 위한 새로운 시스템
을 구축하는 것은 리얼리즘이지 여성편향이나 과보호라고 불려질 것
은 아니다.

　　사실 저자의 제안은 형사법의 구조적 '남성편향'을 중화(中和)하
자는 제안이며, 이는 '민주주의 일반'(democracy in general)의 요구일
뿐이다. 우리가 아는 '정의의 여신'(Goddess of Justice)의 모습은 두 눈
을 눈가리개로 가리고 한 손에 칼과 다른 손에는 저울을 든 모습이
다. 이 눈가리개는 법의 '추상성,' '중립성,' '공정성' 등을 상징하는 것

---

2) 이상돈, 『형법학』(1999), 79면.

이지만, 이는 동시에 법과 정의에 대한 여성의 관점을 배제한다는 의미를 함축하고 있지 않을까? 그 눈가리개는 스스로 한 것일까, 아니면 강요된 것일까? 그리고 눈이 가리워진 여신은 자신의 저울이 남성편향으로 기울어져 있음을 모르고 있는 것은 아닐까? 형사법학은 이 의문에 답해야 한다. 그리고 형사법은 추상적·성중립적 인간을 전제로 할 뿐이므로, 적용대상의 성은 애초에 개의하지 않는다는 논변도 예상되지만, 이는 형사법의 이론과 실무 속에 실제 존재하는 성편향을 외면하고 보편성의 개념 뒤로 도망가는 주장이다. 이론의 보편성은 선험적으로 주어지는 것이 아니라 구체적 현실과 맞부딪치고 그속에서 개념과 원리를 확보하여 추상화할 때 만들어지는 것이다.

정부, 국회, 법원 등 국가기관이 이상과 같은 문제의식을 수용하여 법률과 판례를 바꿀 때, 성차별적 수사실무를 비판하면서 "여성에게 조국은 없다"고 외치며 거리에 나온 여성의 마음을 돌릴 수 있을 것이다.

한편, 저자는 폭행·협박·위력이 행사되지 않은 '비동의간음'의 범죄화, 가정폭력범죄인의 '의무적 체포' 등은 동의할 수 없음을 밝혔다. 그리고 성폭력피해를 고발한 여성을 위한 사실적시 명예훼손죄 폐지론이나 성폭력 피해자에 대한 무고죄 적용금지론도 문제점을 가지고 있다고 평가했다.

현대 민주주의 형사법의 원리의 관점에서 볼 때 모든 반여성적 행위를 일률적으로 범죄화하거나 피의자·피고인의 헌법적 권리를 박탈하려는 여성주의의 요구는 수용할 수는 없다. 여성보호를 위하여 무조건 국가형벌권을 동원하려는 경향은 경계를 요한다. 국가형벌권에 의존한 여성보호가 여성주의의 중심목표가 된다면 역효과가 예상된다. "형법이라는 큰 쇠망치"[3]는 불법성이 명백하고 중한 반사회적

3) Joshua Dressler, "Where We Have Been, and Where We Might Be Going: Some Cautionary Reflections on Rape Law Reform," 46 *Clev. State L. Rev.*

행위에 한하여 집중적으로 행사되어야 하고, 그렇지 않은 반사회적 행위에 대한 제재는 법률이 아닌 사회규범이나 형법이 아닌 다른 법률에 맡겨두어야 한다는 것이 현대 민주주의 형법의 대원칙이다. 예컨대, 폭행·협박·위력이 사용되지 않은 '비동의간음'을 범죄화하면, 아내강간이 인정되는 법체제 하에서 이 새로운 법조문은 부부 사이에도 적용될 것인바, 과잉범죄화의 부작용은 분명히 예상된다. 이 점에서 이러한 '비동의간음'은 '민사불법'으로 의율되어야 한다는 것이 저자의 생각이다. 여성주의는 "좋은 일을 할 수 있는 국가의 힘을 과대평가하고 동시에 해를 끼칠 수 있는 국가의 힘을 과소평가"[4]해서는 안 된다. 이는 이 책의 제2판 및 저자의 다른 책『절제의 형법학』 등에서 일관되게 유지하고 있는 방침이다. 1993년 유엔 총회에서 결의된 "여성에 대한 폭력의 근절을 위한 선언"(Declaration on the Elimination of Violence against Women)[5] 제4조 (d)도 여성에 대한 폭력을 제거하기 위하여 형사·민사·노동·행정적 제재가 다양하게 개발되어야 함을 명시하고 있다.

그리고 형법을 통하여 성적 자기결정권을 보호할 때에도 범죄구성요건의 '명확성의 원칙'은 지켜져야 한다. 형사절차에서 성폭력범죄 피해자를 보호하는 조치는 강화하는 것을 넘어, 피고인의 공정한 재

409, 414(1998).

4) Donna Coker, "Crime Control and Feminist Law Reform in Domestic Violence Law: A Critical Review," 4 *Buff. Crim. L. Rev.* 801, 805, 823(2001).

5) G.A. res. 48/104, 48 U.N. GAOR Supp. (No. 49) at 217, U.N. Doc. A/48/49 (1993). 동 선언은 "여성에 대한 폭력"을 "여성에게 육체적, 성적, 심리적 해악이나 고통을 초래하는 또는 초래하는 경향이 있는 모든 성(gender)에 기초한 폭력행위"(제1조)라고 정의하고 있으며, 그 예로는 "가정 내에서 발생하는 육체적, 성적, 심리적 폭력"(제2조 (a)), "강간, 성적 남용(sexual abuse), 직장·교육기관 등의 장소에서의 성희롱과 위협(intimidation), 여성매매, 강제된 성매매를 포함하는, 일반 공동체에서 발생하는 육체적, 성적, 심리적 폭력"(제2조 (b)), "어느 장소에서 일어나건 국가에 의해 범해지거나 묵과되는 육체적, 성적, 심리적 폭력"(제2조 (c)) 등을 규정하고 있다.

판을 받을 헌법적 권리를 박탈해서는 안 되며, "합리적 의심의 여지 없는 증명"(beyond reasonable doubt)의 원칙과 "의심스러울 때는 피고인의 이익으로"(in dubio pro reo)라는 형사소송법의 대원칙을 폐기해서는 안 된다.

　성적자기결정권과 관련한 저자의 입론을 압축 도해화하면 다음과 같다.

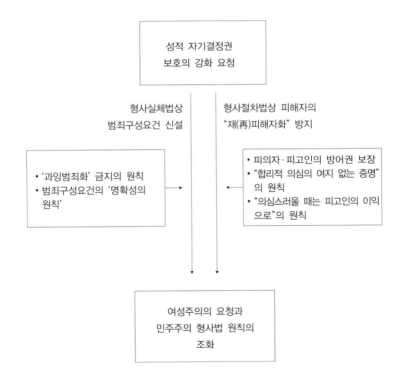

　이상의 점에서 여성주의와 형사법은 소통하며 '교집합'을 만들어 내야 하며, 이 점에서 — 캐써린 맥키넌의 저서명을 역으로 사용하자면6) — 여성주의는 "조절"(modified)되어야 한다.

---

6) Catharine A. MacKinnon, *Feminism Unmodified: Discourses of Life and Law* (1987).

참 고 문 헌

1. 국내문헌

공미혜, "가족주의와 가부장적 테러리즘으로서의 아내구타 ─ 부산 '여성의 쉼 터' 이용자를 중심으로," 한국가족학회, 『가족학논집』 제9집(1997).

권오걸, "강간죄의 객체에 대한 해석론과 형법정책론 ─ 법률상의 처를 중심 으로," 경북대학교 법학연구소, 『법학논고』 제32호(2010).

권정희, "가정폭력의 실태와 법적 고찰," 이화여자대학교 법학연구소, 『법학논 집』 제6권 제1호(2001. 6).

김광일, "구타당하는 아내의 정신의학적 연구," 김광일 편, 『가정폭력 ─ 그 실 상과 대책』(1988).

_____, "아내구타의 허상과 실상," 김광일 편, 『가정폭력 ─ 그 실상과 대책』 (1988).

김기석, "부부강간행위의 강간죄 성립여부," 『형사정책연구』 제60호(2004. 12).

김병주, "가정폭력 관련범죄에 대한 평가와 전망," 한국형사법학회, 『형사법연 구』 제10호(1998).

김성언, 『성폭력의 실태와 원인에 관한 연구(Ⅱ)』 (한국형사정책연구원, 1998).

김성천, "청소년의 성보호," 중앙법학회, 『중앙법학』 제7집 제3호(2005).

김성천 · 김형준, 『형법총론』(1998).

_____ · _____, 『형법각론』(2000).

김숙자, "가정폭력특별법안의 방향과 내용," 『가정폭력방지법 시안공청회 자 료집』(1996. 10. 29).

김승권 · 조애저, 『한국 가정폭력의 개념 정립과 실태에 관한 연구』(한국보건 사회연구원, 1998).

김은경, 『가정폭력범죄의 형사절차상 위기개입 방안연구』(한국형사정책연구 원, 2002).

김은애, "'아내'의 강간죄 객체성 인정에 대한 소고," 이화여자대학교 법학연구소, 『법학논집』 제15권 제4호(2011).

김익기·심영희·박선미·김혜선, 『가정폭력의 실태와 대책에 관한 연구 — 서
    울시의 남편의 아내폭력 현황을 중심으로』(한국형사정책연구원, 1992).

김일수, "장기적인 위난과 면책적 긴급피난," 고려대학교 법학연구소, 『판례연
    구』 제7집(1994).

_____, "합동강간치상자의 불능미수 — 대법 1996. 6. 11, 96도791," 고려대학
    교 법학연구소, 『판례연구』 제8집(1996. 9).

_____, 『형법각론』(제4판, 2001).

_____, 한국형법 Ⅲ[각론 상](개정판, 1997).

_____, 한국형법 Ⅳ[각론 하](1997).

김일수·서보학, 『새로 쓴 형법총론』(제9판, 2001).

김재민, "가정폭력 관련 특별법 체계의 개선방향," 한국피해자학회, 『피해자학
    연구』 제21권 제2호(2013. 10).

김정인, 『성희롱 행동의 이해와 실제』(2000).

김태명, 『정당방위의 요건으로서의 상당성에 관한 연구』(서울대학교 법학박
    사학위논문, 2000).

_____, "정당방위의 상당성 요건에 대한 해석론," 한국형사법학회, 『형사법연
    구』 제14호(2000).

김학태, "아내강간에 대한 법이론적 논쟁과 판례 분석에 관한 연구," 한국외
    국어대학교 법학연구소, 『외법논집』 제34권 제1호(2010).

김한균, "형법상 의제강간죄의 연령기준과 아동·청소년의 성보호," 한국형사
    법학회, 『형사법연구』 제25권 제1호(2013).

김혜선, "아내구타에 대한 경찰의 개입," 국회도서관 입법조사분석실, 『입법조
    사연구』 제237호(1996).

김혜정, "시대의 변화에 따른 강간죄의 객체 및 행위태양에 관한 재구성," 한
    국비교형사법학회, 『비교형사법연구』 제9권 제1호(2007).

김희정, "청소년기의 특성을 고려한 청소년과의 '합의'에 의한 성관계의 강간
    죄 처벌에 관한 고찰 — 미국의 사례를 중심으로 — ," 『형사법의 신동향』
    통권 제51호(2016. 6).

노성호·김성언·이동원·김지선, 『성폭력범죄의 양형실태에 관한 연구』(한국
    형사정책연구원, 2000).

류병관, "성폭력 피해자 보호를 위한 증거제한에 관한 연구 — 미국의 강간피해자보호법(Rape Shield Law)을 중심으로 — ," 전남대학교 법학연구소, 『법학논총』 제28집 제1호(2008).

_____, "형사절차상 성폭력 피해자의 2차 피해자화 방지 대책," 한국법정책학회, 『법과 정책 연구』 제6집 제1호(2006).

류화진, "우리 형법상 아내강간의 강간죄 성립여부," 한국여성정책연구원, 『여성연구』 통권 제67호(2004).

박상기, 『형법총론』(제5판, 2002).

_____, 『형법각론』(제4판, 2002).

박선미, "여성학적 관점에서 본 강간범죄의 재판과정," 한국형사정책학회, 『형사정책』 제4호(1989).

박소현, "가정폭력규제입법에 대한 비교법적 검토," 『의정논총』 제8권 제2호(2013).

박용철, "미국법상 성격증거배체법칙과 그 예외로서의 강간피해자보호법 도입 가능성에 대한 소고," 한국피해자학회, 『피해자학연구』 제17권 제2호(2009).

박은정, "여성주의와 비판적 법이론," 한국법철학회, 『현대법철학의 흐름』(1996).

배은경, "성폭력 문제를 통해 본 여성의 시민권," 한국여성연구회, 『여성과 사회』 제8호(1997).

배종대, "부부강간죄 도입은 불필요한 과잉입법이다," 『대한변협신문』 제40호(2002. 1. 17).

_____, 『형법각론』(제4판, 2001).

_____, 『형법총론』(제6판, 2001).

배종대·이상돈, 『형사소송법』(제4판, 2001).

백형구, 『형법각론』(1999).

_____, 『형사소송법』(제7정판, 2000).

법무부, 『법무자료 205집 프랑스 신형법』(1996).

법원행정처, 『외국의 양형제도 연구』(2003).

변종필, "강간죄의 폭행·협박에 관한 대법원의 해석론과 그 문제점," 한국비교형사법학회, 『비교형사법연구』 제8권 제2호(2006).

변화순 · 원영애 · 최은영, 『가정폭력의 예방과 대책에 관한 연구』 (한국여성개
　　발원, 1993).

변화순 · 윤영숙 · 강선혜, 『한국 가족정책에 관한 연구 — 여성 · 아동복지 서비
　　스를 중심으로』 (한국여성개발원, 1990).

서거석 · 김운회, "가정폭력에 대한 경찰의 대응실태와 문제점 — 가정폭력범
　　죄의 처벌 등에 관한 특례법을 중심으로 —," 한국형사정책학회, 『형사정
　　책』 제14권 제1호(2002).

서보학, "성폭력 범죄와 형법 정책," 『현상과 인식』 제22권 제1 · 2호(1998. 7).

＿＿＿, "형사절차상 성범죄 피해아동 보호방안," 한국형사정책연구원, 『형사
　　정책연구』 제7권 제4호(통권 제28호, 1996 겨울호).

서일교, 『형사소송법』 (8개정판, 1979).

소병도, "성폭력 범죄에 있어서 무고죄 수사의 개선방안," 『홍익법학』 제18권
　　제2호(2017).

손동권, "고소불가분의 원칙과 강간범에 대한 공소권의 행사," 형사판례연구
　　회, 『형사판례연구 1』 (1994).

＿＿＿, 『형법총칙론』 (2001).

신동운, 『형법총론』 (2001).

＿＿＿, 『형사소송법』 (1993).

신동운 · 최병천, 『형법개정과 관련하여 본 낙태죄 및 간통죄에 관한 연구』 (한
　　국형사정책연구원, 1991).

신상숙, "성폭력의 의미구성과 '성적 자기결정권'의 딜레마," 한국여성연구회,
　　『여성과 사회』 제13호(2001).

신성자, "직장에서 발생하는 성적 성가심의 유형, 부정적 영향 그리고 피해여
　　성의 개인적 상황적 특성에 관한 연구," 경남대학교 사회과학연구소, 『사
　　회과학연구』 제5집(1993).

신양균, 『형사소송법』 (2000).

신윤진, "'의제화간'의 메카니즘 — 강간죄 해석에 있어서의 최협의 폭행 · 협박
　　설 비판 —," 한국성폭력상담소 편, 『성폭력, 법정에 서다』(2007).

심영희 · 윤성은 · 김선영 · 박선미 · 강영수 · 조정희, 『성폭력의 실태 및 대책에
　　관한 연구』 (한국형사정책연구원, 1990).

심재근, "가정 내의 폭력과 공격성 — 아내구타의 이론과 발생빈도 그리고 구

타양상," 김광일 편, 『가정폭력 — 그 실상과 대책』(1988).

오영근, 『형법총론』(2002).

_____, 『형법각론』(2002).

_____, "2013년도 형법판례 회고," 한국형사판례연구회, 『형사판례연구』제22호(2014).

유기천, 『형법학(각론강의 상)』(전정신판, 일조각, 1983).

윤상민, "성희롱의 형사처벌 문제," 『법과 정책연구』제6집 제2호(2006).

윤영철, "형법의 법익론 관점에서 본 부부강간의 문제," 『형사정책연구』제69호(2007).

이경자·윤영숙·서명선, 『성폭력의 예방과 대책에 관한 연구』(한국여성개발원, 1992).

이상돈, 『형법학』(1999).

이수연, "직장 내 성희롱에 관한 실태조사," 한국여성민우회, 『사무직여성』(1994).

이영란, "성폭력특별법의 형법적 고찰," 한국피해자학회, 『피해자연구』제3호(1994).

이용식, "정당방위와 긴급피난의 몇 가지 요건," 형사판례연구회, 『형사판례연구(3)』(1995).

_____, "판례를 통해서 본 성(性)에 대한 법인식의 변화: 혼인빙자간음죄·강간죄·간통죄를 중심으로," 한국형사법학회, 『형사법연구』제21권 제4호(2009).

이은영, "법여성학의 위상과 이념," '법과 사회' 이론연구회, 『법과 사회』(1993년 하반기).

이재상, 『형법총론』(제4판 중판, 2002).

_____, 『형법각론』(제4판, 2000).

_____, 『형사소송법』(제6판, 2002).

이재상·이호중, 『형사절차상 피해자보호방안』(한국형사정책연구원, 1993).

이정원, 『형법총론』(증보판, 1999).

_____, 『형법각론』(증보판, 2000).

이종갑, "아내강간의 성립에 대한 소고," 한양대학교 법학연구소, 『한양법학』제23집(2008. 4).

이창섭, "'강간' 개념의 해석과 입법론," 한국형사법학회, 『형사법연구』 제26권 제2호(2014).

이호중, "가정폭력범죄의 처벌에 관한 특례법 10년의 평가," 한국형사정책연구원, 『형사정책연구』 제19권 제3호(2008).

_____, "성폭력 처벌규정에 대한 비판적 성찰 및 재구성," 한국형사정책학회, 『형사정책』 제17권 제2호(2005).

_____, "최협의설의 자성? — 2005도3071판결의 의미와 시사점 —," 한국성폭력상담소 편, 『성폭력 조장하는 대법원 판례 바꾸기』(2006).

임 웅, 『비범죄화의 이론』(1999).

_____, 『형법각론』(2001).

_____, 『형법총론』(개정판, 2002).

임웅·소재용, "소급효금지원칙과 판례변경의 소급효 — 형법 제16조(위법성의 착오)와 관련하여 —," 성균관대학교 비교법연구소, 『성균관법학』 제16권 제1호(2004).

장영민, "판례변경의 소급효(I)," 이화여자대학교 법학연구소, 『법학논집』 제4권 제4호(2000).

장영민·손지선, "처의 성적 자기결정권 보호: 부부강간죄의 성립여부에 관한 고찰," 이화여자대학교 법학연구소, 『법학논집』 제6권 제1호(2001. 6).

장임다혜, "여성의 언어와 경험에 기초한 강간죄 해석의 가능성," 한국성폭력상담소 편, 『성폭력, 법정에 서다』(2007).

장필화·김정희·이미경·안연선·이명선, "직장 내 '성희롱'에 대한 이해와 대처방안의 모색 — 지침서개발을 중심으로 —," 이화여자대학교 한국여성연구소, 『여성학논집』 제11권(1994. 12).

정경자, "성폭력 피해현황과 그 대책," 한국피해자학회, 『피해자학연구』 제2호(1993).

정성근·박광민, 『형법총론』(2002).

_____·_____, 『형법각론』(2002).

정세종, "가정폭력범죄에 대한 형사사법기관의 대응에 관한 비판적 고찰," 한국공안행정학회, 『한국공안행정학회보』 제60호(2016).

정영일, "피고인에게 불리한 판례변경과 형법 제1조 제1항," 『지송이재상교수화갑기념 형사판례의 연구 I』(2002).

정현미, "성전환수술자의 강간죄의 객체 여부," 형사판례연구회, 『형사판례연구(6)』(1998).

_____, 『성폭력범죄 형사절차상 피해자보호』(한국형사정책연구원, 1999).

_____, "가정폭력특례법의 문제점과 개정방향," 『이화여자대학교 법학논집』 제17권 제2호(2012. 12).

정희진, 『저는 오늘 꽃을 받았어요 ― 가정폭력과 여성 인권』(2001).

조은경, "강간피해의 심리적 반응에 대한 고찰," 한국피해자학회, 『피해자학연구』 제3호(1994).

조준현, 『형법각론』(2002).

차용석, 『형사소송법』(1997).

천진호, "피고인에게 불리한 판례변경과 소급효금지원칙," 『지송이재상교수화갑기념 형사판례의 연구 I』(2002).

최우찬, "배우자 정당방위," 『익헌 박정근 박사 화갑기념논문집: 현대의 형사법학』(1990).

최은순, "여성과 형사법," '법과 사회' 이론연구회 편, 『법과 사회』(1993년 하반기).

최인섭, 『강간범죄의 실태에 관한 연구』(한국형사정책연구원, 1992).

하태훈, "형법 제21조의 정당방위상황," 『차용석 교수화갑기념논문집』(1994).

한국여성개발원, 『여성폭력방지 종합대책(사안): 성폭력·가정폭력을 중심으로』(2001. 8. 27).

한국여성민우회, 『남녀 직장인의 성의식 및 성문화에 관한 실태보고서』(1998).

_____, 『성희롱: 당신의 직장은 안전합니까?』(2000).

한상훈, "최근 독일의 성폭력범죄에 대한 입법과 성적 자기결정의 보호성," 『인도주의 형사법과 형사정책 ― 우범 이수성 선생 화갑기념논문집』(2000).

한영수, "'청소년의 성을 사는 행위'와 '위계에 의한 청소년간음행위'의 구별," 형사판례연구회, 『형사판례연구』 제11호(2003).

한인섭, "가정폭력 피해자에 의한 가해자 살해: 그 정당화와 면책의 논리," 서울대학교 법학연구소, 『서울대학교 법학』, 제37권 2호(1996).

_____, "가정폭력법의 법적 구조와 정책지향에 대한 검토," 서울대학교 법학연구소, 『서울대학교 법학』 제39권 제2호(1998. 8).

_____, "성폭력의 법적 문제와 대책," 한국인간발달학회, 『인간발달연구』 제3권 제1호(1996).

_____, "성폭력특별법과 피해자보호: 그 문제와 개선점," 한국피해자학회 『피해자학연구』 제3호(1994).

_____, "형법상 폭행개념에 대한 이론(異論)," 한국형사법학회, 『형사법연구』 제10호(1998).

허인숙, "가정폭력 법과 정책의 재설계," 『젠더리뷰』 2017년 봄호.

2. 외국문헌

Allison, Jullie A. & Lawrence S. Wrightsman, *Rape: The Misunderstood Crime* (1993).

American Law Institute, Model Penal Code and Commentaries.

Amir, Menachem, *Patterns in Forcible Rape* (1971).

_____, "Forcible Rape," *Rape Victimology* (1975).

Ashworth, Andrew, *Principles of Criminal Law* (3rd ed. 1999).

Augustine, Rene I., "Marriage: The Safe Have for Rapists," 29 *J. Fam. L.* 559 (1991).

Barry, Susan, "Spousal Rape: The Uncommon Law," 66 *A.B.A.J.* 1088 (1980).

Bean, Constance A., *Women Murdered by the Men They Loved* (1992).

Berger, Vivian, "Rape Law Reform at the Millennium," 3 *Buff. Crim. L. Rev.* 513 (2000).

_____, "Man's Trial, Women's Tribulation: Rape Cases in the Courtroom," 77 *Colum. L. Rev.* 1 (1977).

Blackstone, William, *Commentaries* Vol. 1 (Layton Press 1966) (1765).

Bohmer, Carol & Audrey Blumberg, "Twice Traumatized: The Rape Victim and the Court," 58 *Judicature* 391 (1975).

Boone, Shacara, "New Jersey Rape Shield Legislation: From Past To Present — The Pros And Cons," 17 *Women's Rights L. Rep.* 223 (1996).

Brownmiller, Susan, *Against Our Will: Men, Women and Rape* (1975).

Burgess, Ann W. & Lynda L. Holmstrom, "Rape Trauma Syndrome," 131

Am. J. of Psychiatry 981 (1974).

Burt, Martha R., "Cultural Myth and Supports for Rape," 38 *J. Personality & Soc. Psychol.* 217 (1980).

Check, James V.O. & Neil M. Malamuth, "An Empirical Assessment of Some Feminist Hypotheses About Rape," 8 *Int'l J. Women's Studies* 415 (1985).

Cohen, Jane Maslow. "Self-Defense and Relations of Domination: Moral and Legal Perspectives on Battered Women Who Kill: Regimes of Private Tyranny: What Do They Mean to Morality and for the Criminal Law?," 57 *U. Pitt. L. Rev.* 757 (1996).

Coker, Donna, "Crime Control and Feminist Law Reform in Domestic Violence Law: A Critical Review," 4 *Buff. Crim. L. Rev.* 801 (2001).

Coughlin, Anne M., "Excusing Women," 82 *Cal. L. Rev.* 1 (1994).

Crocker, Phyllis L., "The Meaning of Equality for Battered Women Who Kill Men in Self-Defense," 8 *Harv. Women's L. J.* 121 (1985).

Dressler, Joshua, "Where We Have Been, and Where We Might Be Going: Some Cautionary Reflections on Rape Law Reform," 46 *Clev. State L. Rev.* 409 (1998).

_____, *Understanding Criminal Law*(3rd ed., 2001).

Dworkin, Andrea, *Our Blood: Prophecies and Discourses on Sexual Politics* (1976).

Eber, Loraine Patricia, Note, "The Battered Wife's Dilemma: To Kill or to Be Killed," 32 *Hastings L.J.* 895 (1981).

Elliott, Catherine, *French Criminal Law* (2001).

Elliott, Catherine & Frances Quinn, *Criminal Law* (4th ed. 2002).

Ellis, David, "Toward a Consistent Recognition of the Forbidden Inference: The Illinois Rape Shield Statute," 83 *J. Crim. L. & Criminology* 395 (1992).

Engels, Frederick, *The Origin of Family, Private Property and the State* (1972).

Epstein, Deborah, "Effective Intervention in Domestic Violence Cases: Rethinking the Roles of Prosecutors, Judges, and the Court System," 11 *Yale J. L. & Feminism* 3 (1999).

Equal Employment Opportunity Commission, "Guidelines on Discrimination Because of Sex," 29 *C.F.R.* 1694 (1989).

Estrich, Susan, "Rape," 95 *Yale L. J.* 1087 (1986).

_____, *Real Rape* (1987).

_____, "Defending Women" (Book Review, Cynthia Gillespie, Justifiable Homicide: Battered Women, Self-Defense and the Law (1989), 88 *Mich. L. Rev.* 1430 (1990).

Finkelhor, David & Kersti Yllo, *Licence to Rape: Sexual Abuse of Wives* (1985).

Fishman, Clifford S., "Consent, Credibility, and the Constitution: Evidence Relating Sex Offense Complaint's Past Sexual Behaviors," 44 *Cath. U. L. Rev.* 709 (1995).

Fletcher, George P., *A Crime of Self-Defense: Bernhard Goetz and the Law on Trial* (1988).

Galvin, Harriett R., "Shielding Rape Victims in the State and Federal Courts: A Proposal for the Second Decade," 70 *Minn. L. Rev.* 763 (1986).

Griffin, Susan, "Rape: The All-American Crime," *Forcible Rape: The Crime, the Victim, and the Offender* (1977).

_____, *Rape: The Politics of Consciousness* (1986).

Hale, Mattew, *The History of the Pleas of the Crown*, Vol. 1 (S. Emlyn ed. 1778).

Hartwig, Patricia A. & Georgette B. Sandler, "Rape Victims: Reasons, Responses, and Reforms," *The Rape Victim* (Deanna R. Nass ed. 1977).

Haxton, David, "Rape Shield Statutes: Constitutional Despite Unconstitutional Exclusions of Evidence," 1985 *Wis. L. Rev.* 1219.

Hilf, Michael G., "Marital Privacy and Spousal Rape," 16 *New Eng. L. Rev.* 31 (1980).

Hirschel, J. David et al., "Review Essay on the Law Enforcement Response to Spouse Abuse: Past, Present, and Future," 9 *Just. Q.* 247 (1992).

Jacob, Herbert, *Silent Revolution: The Transformation of Divorce Law in the United States* (1988).

Jefferson, Michael, *Criminal Law* (5th ed. 2001).

Jones, Ann, *Women Who Kill* (1980).

Kadish, Sanford H. & Stephen J. Schulhofer, *Criminal Law and Its Process, Cases and Materials* (7th ed. 2001).

Kaiser, Gunther, *Kriminologie*, 2. Aufl. 1988.

Kittichaisaree, Kriangsak, *International Criminal Law* (2001).

LaFave, Wayne R., *Criminal Law* (3rd ed., 2000).

Levy, D. G., H. B. Applewhite & M. D. Johnson, trans., *Women in Revolutionary Paris 1789-1795: Selected Documents* (1979).

Litsky, Matthew, Note, "Explaining the Legal System's Inadequate Response to the Abuse of Women: A Lack of Coordination," 8 *J. Hum. Rts.* 149 (1990).

Lowery, Daniel, "The Sixth Amendment, The Preclusionary Sanction, and Rape Shield Laws: Michigan v. Lucas, 111 S. Ct. 1743 (1991)," 61 *U. Cin. L. Rev.* 297 (1992).

MacKinnon, Catharine A., "Not a Moral Issue," 2 *Yale L. & Policy Rev.* 321 (1984).

_____, *Feminism Unmodified: Discourses of Life and Law* (1987).

_____, *Toward a Feminist Theory of the State* (1989).

Madigan, Lee & Nancy C. Gamble, *The Second Rape: Society's Continued Betrayal of the Victim* (1991).

Maguigan, Holly, "Battered Women and Self-Defense: Myths and Misconceptions in Current Reform Proposals," 140 *U. Pa. L. Rev.* 379 (1991).

Maine, Henry, *Ancient Law* (Dorset Press 1986) (1861).

Margulies, Peter, "Identity on Trial: Subordination, Social Science Evidence, and Criminal Defense," 51 *Rutgers L. Rev.* 45 (1998).

McColgan, Aileen, "In Defense of Battered Women Who Kill," 13 *Oxford J. Legal Stud.* 508 (1993).

Mill, John Stuart, *The Subjection of Women* (The M.I.T. Press 1970) (1869).

Mitra, Charlotte L., "···For She Has No Right or Power to Refuse Her Consent," 1979 *Crim. L. Rev.* 558.

Montalto, Nicole M., Note, "Mandatory Arrest: The District of Columbia's

Prevention of Domestic Violence Amendment Act of 1990," 8 *J. Contemp. Health L. & Pol'y* 337 (1992).

Note, "Marital Raper: A Higher Standard is in Order," 1 *Wm. & Mary J. of Women & L.* 183 (1994).

_____, "To Have and to Hold: The Marital Rape Exemption and the Fourteenth Amendment," 99 *Harv. L. Rev.* 1255 (1986).

Ogle, Robbin S. & Susan Jacobs, *Self-Defense and Battered Women Who Kill* (2002).

Ordover, Abraham P., "Admissibility of Patterns of Similar Sexual Conduct: The Unlamented Death of Character for Chastity," 63 *Cornell L. Rev.* 90 (1977).

Orenstein, Aviva, "No Bad Men!: A Feminist Analysis of Character Evidence in Rape Trial," 49 *Hastings L. J.* 664 (1998).

Parrot, Andrea & Laurie Bechhofer, eds., *Acquaintance Rape: The Hidden Crime* (1991).

Pateman, Carole, *The Sexual Contract* (1988).

Pizzey, Erin, *Scream Quietly or the Neighbours Will Hear* (1974).

Radin, Peggy, "Market Inalienability," 100 *Harv. L. Rev.* 1928 (1985).

Richards, David A. J., "Commercial Sex and the Rights of the Person: A Moral Argument for the Decriminalization of Prostitution," 127 *U. Pa. L. Rev.* 1195 (1979).

Robayo, Linda, "The Glen Ridge Trial: New Jersey's Cue to Amend its Rape Shield Statute," 19 *Seton Hall Legis. J.* 272 (1994).

Ross, Beverly J., "Does Diversity In Legal Scholarship Make a Difference?: A Look At the Law of Rape," 100 *Dick. L. Rev.* 795 (1996).

Russell, Diana, "The Prevalence and Incidence of Forcible Rape and Attempted Rape of Females," 7 *Victimology* 81 (1982).

_____, *Rape in Marriage* (2d ed. 1990).

Schulhofer, Stephen J. "The Feminist Challenge in Criminal Law," 143 *U. Pa. L. Rev.* 2151 (1994).

_____, *Unwanted Sex: The Culture of Intimidation and the Failure of Law* (1998).

Schwartz, Susan, "An Argument for the Elimination of the Resistance

Requirement from the Definition of Forcible Rape," 16 *Loy. L.A. Rev.* 567 (1983).

Segilman, Martin E.P., "Alleviation of Learned Helplessness in the Dog," 256 *J. Abnormal Psycol.* 265 (1965).

_____, Helplessness: *On Depression, Development and Death* (1975).

Shaffer, Martha, "The Battered Woman Syndrome Revisited: Some Complicating Thoughts Five Years After R. v. Lavallee," 47 *Univ. of Toronto L. J.* 1 (1997).

Sherman, Lawrence W., *Policing Domestic Violence: Experiments and Dilemmas* (1992).

Siegel, Weintraub, Note, "The Marital Rape Exemption: Evolution to Extinction," 43 *Clev. St. L. Rev.* 351 (1995).

Smeaton, George & Donn Byrne, "The Effect of R-Rated Violence and Erotica, Individual Difference, and Victim Characteristics on Acquaintance Rape Proclivity," 21 *J. Res. Personality* 171 (1987).

Smith, J. C. & Brian Hogan, *Criminal Law* 454 (9th ed. 1999).

Soshnick, Andrew Z., Comment, "The Rape Shield Paradox: Complainant Protection Amidst Oscillating Trends of State Judicial Interpretation," 78 *J. Crim. L. & Criminology* 644 (1987).

Spohn, Cassia & Julie Horney, *Rape Law Reform: A Grassroots Revolution and Its Impact* (1992).

Steele, Jr., Walter W. & Christine W. Sigman, "Reexamining the Doctrine of Self-Defense to Accomodate Battered Women," 18 *Am J. Crim. L.* 169 (1991).

Straus, Murray A. et. al., *Behind Closed Doors: Violence in the American Family* (1980).

Stubbs, Julie & Julia Tolmie, "Falling Short of the Challenge? A Comparative Assessment of the Australian Use of Expert Evidence on the Battered Woman Syndrome," 23 *Melbourne U. L. R.* 709 (1999).

Temkin, Jennifer, *Rape and the Legal Process* (2nd ed. 2002).

Torrey, Morrison, "When Will We Be Believed? Rape Myths and the Idea of a Fair Trial in Rape Prosecutions," 24 *U.C. Davis L. Rev.* 1013 (1991).

US Commission on Civil Rights, *Under the Rule of Thumb* (1982).

UN Commission on Human Rights, *A Framework for Model Legislation on Domestic Violence* (E/CN.4/1996/53/Add.2) (2 Feb. 1996).

UN Declaration on the Elimination of Violene against Women, G.A. res. 48/104, 48 U.N. GAOR Supp. (No. 49), U.N. Doc. A/48/49 (1993).

UN Human Rights Committee, *Concluding observations of the Human Rights Committee: Republic of Korea.* 01/11/99. CCPR/C/79/ Add.114.

Walker, Lenore E., *The Battered Woman* (1979).

Wannop, Alexandar L., "Survey: Battered Woman Syndrome and the Defense of Battered Women in Canada and England," 15 *Suffolk Transnat'l L. Rev.* 251 (1995).

Warshaw, Robin, *I Never Called It Rape* (1988).

Wells, Celia, "Battered Woman Syndrome and Defences to Homicide: Where Now?," 14 *Legal Studies* 266 (1994).

West, Nora, Note, "Rape in the Criminal Law and the Victim's Tort Alternative: A Feminist Analysis," 50 *U. Toronto Fac. L. Rev.* 96 (1992).

West, Robin L., "Legitimating the Illegitimate: A Comment on Beyond Rape," 93 *Colum. L. Rev.* 1442 (1993).

Williams, Wendy W., "The Equality Crisis: Some Reflections on Culture, Courts, and Feminism," 7 *Women's Rts. L. Rep.* 175 (1982).

델 마틴(곽선숙 역), "아내 구타와 결혼 계약," 김광일 편, 『가정폭력 ― 그 실상과 대책』(1988).

안드류 카르멘(조병인 역), "피해자비난론 대 피해자옹호론,"『피해자학연구』 제2호(1993).

요한네스 베셀스(허일태 역),『독일형법총론』(1991).

大塚 仁,『刑法各論(現代法律學全集)』上卷(改訂版·昭 59, 靑林書院).

林幹人,『刑法各論』(平 11, 東京大出版會).

淺田和茂 外,『刑法各論』[補正版] (靑林書院, 2000).

색 인

저자 약력

1965년 부산 출생
1986년 서울대학교 법과대학 졸업(40회)
1989년 서울대학교 대학원 법학과 석사
1991년 서울대학교 대학원 법학과 박사과정 수료
1995년 미국 University of California at Berkeley School of Law, 법학석사(LL.M.)
1997년 미국 University of California at Berkeley School of Law, 법학박사(J.S.D.)
1998년 영국 University of Oxford Centre for Socio-Legal Studies, Visiting Research
　　　 Fellow; 영국 University of Leeds Centre for Criminal Justice Studies,
　　　 Visiting Scholar
1992~1993년, 1999~2000년 울산대학교 법학부 교수
2000~2001년 동국대학교 법과대학 교수
2003년 한국형사법학회 수여 '정암(定庵) 형사법 학술상' 수상
2008년 서울대학교 법과대학 수여 '우수연구상' 수상
2001~현재 서울대학교 법과대학/법학전문대학원 교수(형사법 담당)
2017. 5.~2019. 7. 대통령 민정수석비서관
2019. 9.~10. 법무부장관

저 서

「양심과 사상의 자유를 위하여」(책세상, 2001)
「절제의 형법학」(박영사, 제2판, 2015)
「위법수집증거배제법칙」(박영사, 전면개정판, 2017)
「형사법의 성편향」(박영사, 전면개정판 보정, 2020)

역 서

「인권의 좌표」(명인문화사, 2010)
「차이의 정치와 정의」(공역; 모티브북, 2017)

전면개정판 보정

형사법의 性편향

초판발행	2003년 3월 20일
전면개정판발행	2018년 9월 10일
전면개정판 보정발행	2020년 8월 30일

지은이	조 국
펴낸이	안종만·안상준

편 집	김선민
기획/마케팅	조성호
표지디자인	조아라
제 작	우인도·고철민·조영환

펴낸곳	(주) **박영사**
	서울특별시 종로구 새문안로3길 36, 1601
	등록 1959. 3. 11. 제300-1959-1호(倫)
전 화	02)733-6771
f a x	02)736-4818
e-mail	pys@pybook.co.kr
homepage	www.pybook.co.kr
ISBN	979-11-303-3697-8 93360

정 가   19,000원